제2판

동물보호법
강의

박주연·서국화·김슬기·이혜윤·안나현

박영사

제2판 머리말

　동물보호법 강의를 출간한 지 벌써 3년여의 시간이 흘렀습니다. 그사이 동물 보호법은 전부개정(법률 제18853호, 2022. 4. 26. 공포, 2023. 4. 27. 시행(일부 2024. 4. 27.))이 되었고, 전부개정 이후에도 2차례의 일부 개정이 있었습니다. 이번 판에 서는 전면 개정 및 일부 개정된 법 내용을 추가하고, 일부 판례와 설명에 대한 보완을 하였습니다.

　동물보호법의 전부개정은 동물보호 및 동물복지에 대한 국민의 인식변화 와 반려가구의 증가 등에 발 맞추어 전반적인 개편을 한 것으로, 주요하게는 동 물학대 행위를 구체화하고 맹견에 대한 여러 제도를 신설하였으며 사육포기 동 물의 인수 제도를 마련하는 등 동물의 권리와 복지에 대한 실질적이고 유의미 한 개정입니다.

　지난 2023년도를 돌아보면 불법 번식장 사례, 신종 펫샵 이슈, 동물원의 동 물 탈출 사건 등 동물권과 관련된 부정적인 사건을 마주하며 과연 우리의 현실 이 나아지고 있는지 의구심이 들기도 했습니다. 반면 동물보호법 전부개정을 포 함하여, 개식용 종식 특별법안의 통과에 여야가 합의하였고, 동물원 및 수족관의 관리에 관한 법률이 개정되었으며, 야생생물보호법 개정안이 국회를 통과하여 사육곰의 사육 및 증식이 종식되는 등 희망적인 법 개정 소식도 들려왔습니다.

　최근 동물권과 동물복지에 대한 법조계의 연구나 판례도 늘어나고 있으며, 실무가, 대중들의 동물권이나 동물법에 대한 관심도 비약적으로 늘어나고 있음 을 실감하게 됩니다. 부족하지만 저희의 개정판이 이러한 관심과 연구에 도움이 되기를 바라며, 개정판 출간에 도움을 주신 모든 분들에게 깊이 감사드립니다.

2024년 1월
저자 일동

머리말

　역사적으로 인류는 생존의 많은 부분을 동물에 의존해야 했고, 그러한 이유로 동물들과 밀접한 관계를 맺어 왔습니다. 그러나 현대사회의 인간은 그 필요성을 넘어 과도하게 동물을 이용, 착취하고 있으며, 동물에 대한 비윤리적인 대우와 학대는 끊임없이 발생하고 있습니다.

　인간이 함께 살아가는 비인간동물을 어떻게 대해야 하는지에 대한 근본적인 고민과 반성이 필요한 시점입니다. 생명체인 동물들을 가급적 이용하지 않고, 어쩔 수 없이 이용하더라도 살아 있는 동안 본연의 습성에 따라 살 수 있도록 하며, 생명을 빼앗아야 하더라도 인도적이고 고통을 최소화하는 방법으로 하여야 한다는 원칙은 유네스코의 세계 동물권리의 선언을 굳이 언급하지 않아도 인간이 응당 갖추어야 할 윤리의식이라 할 것입니다.

　한국의 동물보호법은 1991년 단 12개의 조문으로 제정되었다가 그때그때의 사회적 이슈와 현실적 필요에 따라 조금씩 개정되어 왔고 47개 조문으로 이루어진 지금의 모습에 이르렀습니다. 그동안 동물보호법은 다른 법률에 비하여 학문적, 학술적으로 큰 관심을 받지 못했던 것이 사실입니다. 그러나 최근 반려인구가 크게 증가하고 동물을 둘러싼 분쟁과 학대범죄가 빈번히 발생하면서 동물보호의 기본 법률이라 할 수 있는 동물보호법에 대한 질문과 개선 요구가 많아지고 있습니다.

　이에 저자들은 수년간의 동물권리 활동을 바탕으로, 법률가의 관점에서 동물보호법을 해석하고, 올바른 입법 방향을 제시하기 위하여 본서를 집필하게 되었습니다. 본서는 동물보호법에 대한 전문적 지식을 접하고자 하는 법학도와 법조인을 주요 독자로 예정하고 있으나, 해당 분야에 종사하고 있는 다른 전문가들과 실무가, 대중이 이해하기에도 큰 어려움이 없도록 하였습니다.

저자들의 활동에 도움을 주시는 많은 분들에게 감사드리며, 미력하나마 본서
가 한국의 동물보호법과 동물권리·복지의 발전에 기여할 수 있기를 소망합니다.

2020년 6월
저자 일동

일러두기

집필 과정에서 동물보호법이 여러 차례 개정되었습니다. 전부 개정이 한 차례 있었으며 전후로도 일부 개정이 이루어졌습니다. 연구 및 인용하실 때에 기준이 되는 법률을 정확히 확인하시고 유의하시기 바랍니다.

본문에 나오는 동물보호법은 전부 개정된 동물보호법을 반영하기 위해 시행 이전인 법률 제19486호(2023. 6. 20. 일부개정, 시행 2024. 4. 27.) 법률을 기준으로 작성하였고, 법률 제19880호(2024. 1. 2. 일부개정, 2025. 1. 3. 시행) 법률의 개정사항 중 제4조의2 신설 조항을 추가 반영하였습니다.

본문 중 제1장~제3장(제6조~제10조)은 박주연 변호사, 제3장(제11조~제14조) 및 제7장은 서국화 변호사, 재3장 제4절은 김슬기 변호사, 제4장~제5장은 이혜윤 변호사, 제6장은 안나현, 이혜윤 변호사가 각 집필하였습니다.

본 교과서 집필 기준이 된 동물보호법(법률 제19486호, 2023. 6. 20. 일부개정)의 전체 내용은 부록 마지막 장에 QR코드를 삽입하여 수록하였습니다.

차 례

제1장 총 칙   ⋯ 9

　제1조 목적 11

　제2조 정의 14

　제3조 동물보호의 기본원칙 21

　제4조 국가·지방자치단체 및 국민의 책무 23

　제4조의2 동물보호의 날 24

　제5조 다른 법률과의 관계 25

제2장 동물복지종합계획의 수립 등   ⋯ 27

　제6조 동물복지종합계획 29

　제7조 동물복지위원회 31

　제8조 시·도 동물복지위원회 33

제3장 동물의 보호 및 관리   ⋯ 35

　제1절 동물의 보호 등 37

　　제9조 적정한 사육·관리 37

　　제10조 동물학대 등의 금지 42

　　제11조 동물의 운송 73

　　제12조 반려동물 전달 방법 76

　　제13조 동물의 도살방법 79

　　제14조 동물의 수술 82

제15조 등록대상동물의 등록 등 86

제16조 등록대상동물의 관리 등 94

제2절 맹견의 관리 등 99

제17조 맹견수입신고 99

제18조 맹견사육허가 등 99

제19조 맹견사육허가의 결격사유 100

제20조 맹견사육허가의 철회 등 100

제21조 맹견의 관리 101

제22조 맹견의 출입금지 등 101

제23조 보험의 가입 등 102

제24조 맹견 아닌 개의 기질평가 103

제25조 비용부담 등 104

제26조 기질평가위원회 104

제27조 기질평가위원회의 권한 등 105

제28조 기질평가에 필요한 정보의 요청 등 105

제29조 비밀엄수의 의무 등 106

제3절 반려동물행동지도사 112

제30조 – 제33조 반려동물행동지도사 등 112

제4절 동물의 구조 등 115

제34조 동물의 구조·보호 등 115

제35조 동물보호센터의 설치 등 115

제36조 동물보호센터의 지정 등 116

제37조 민간동물보호시설의 신고 등 117

제38조 시정명령 및 시설폐쇄 등 119

제39조 신고 등 119

제40조 공고 120

제41조 동물의 반환 등 121

제42조 보호비용의 부담 121

제43조 동물의 소유권 취득 122

제44조 사육포기 동물의 인수 등 122

제45조 동물의 기증·분양 123

제46조 동물의 인도적인 처리 등 124

제4장 동물실험의 관리 등   ··· 137

제47조 – 제48조 동물실험의 원칙 등 139

제49조 동물실험의 금지 등 145

제50조 미성년자 동물 해부실습의 금지 150

제51조 – 제58조 동물실험윤리위원회의 설치, 기능 등 152

제5장 동물복지축산농장의 인증   ··· 165

제59조 – 제68조 동물복지축산농장의 인증, 표시, 관리 등 167

제6장 반려동물 영업   ··· 177

제69조 영업의 허가 179

제70조 맹견취급영업의 특례 189

제71조 공설동물장묘시설의 특례 190

제72조 동물장묘시설의 설치 제한 191

제72조의2 장묘정보시스템의 구축, 운영 등 193

제73조 영업의 등록 194

제74조 허가 또는 등록의 결격 사유 200

제75조 영업의 승계 202

제76조 휴업·폐업 등의 신고 204

제77조 직권말소 205

제78조 영업자 등의 준수사항 206

제79조 등록대상동물의 판매에 따른 등록신청 216

제80조 거래내역의 신고 217

제81조 표준계약서의 제정 및 보급 219

제82조 교육 220

제83조 – 제85조 허가 또는 등록의 취소, 과징금 부과, 영업장 폐쇄 등 223

제86조 출입·검사 등 229

제87조 고정형 영상정보처리기기의 설치 등 235

제88조 동물보호관 238

제89조 학대행위자에 대한 상담, 교육 등의 권고 243

제90조 명예동물보호관 245

제91조 수수료 249

제92조 청문 251

제93조 권한의 위임·위탁 253

제94조 실태조사 및 정보의 공개 256

제95조 동물보호정보의 수집 및 활용 259

제96조 위반사실의 공표 262

제7장 벌 칙   ··· 265

제97조 – 제98조 벌칙 269

제99조 양벌규정 276

제100조 수강명령 등의 병과 277

제101조 과태료 279

부 록   ··· 293

상고심 제출 의견의 요지 295

의 견 서 300

판례색인 325

제1장 총 칙

제1조 목적

제2조 정의

제3조 동물보호의 기본원칙

제4조 국가·지방자치단체 및 국민의 책무

제4조의2 동물보호의 날

제5조 다른 법률과의 관계

제1조 목적

이 법은 동물의 생명보호, 안전 보장 및 복지 증진을 꾀하고 건전하고 책임 있는 사육문화를 조성함으로써, 생명 존중의 국민 정서를 기르고 사람과 동물의 조화로운 공존에 이바지함을 목적으로 한다.

1. 조문 해설

「동물보호법」은 1991. 5. 31. 제정된 이래 사회적 이슈와 정책적 필요를 반영하여 여러 차례 개정되어 왔으나, 동물학대 및 안전사고가 지속적으로 발생하는 한편, 반려가구가 늘어나면서 동물복지에 대한 사회 인식이 높아짐에 따라 전면적인 제도 개선이 요구되었다.[1] 이에 따라 2022. 4. 26. 「동물보호법」은 11년 만에 전부 개정되었으며(이하 '개정 동물보호법', 또는 '개정 법'이라 한다), 조항 수도 기존의 47개 조에서 101개 조로 대폭 늘었다.

개정된 내용을 요약하면 '동물학대 행위 등의 보완', '반려동물 전달방법 보완', '맹견의 범위 확대 및 맹견 수입신고, 사육허가 제도 도입', '기질평가위원회 설치 및 맹견 안락사 근거 마련', '반려동물행동지도사 자격제도 도입', '동물보호센터 종사자 의무 강화 및 민간동물보호시설의 신고 의무 마련', '사육포기동물 인수제도 도입', '일정 동물실험기관 내 전임수의사 제도 마련', '동물복지축산농장 인증 갱신제 등 보완', '동물판매업에 대한 허가제 등 반려동물 영업자 의무 강화', '국가동물보호정보시스템 구축', '동물학대행위자에 대한 수강명령 병과 조항 마련' 등이라 할 수 있다.[2]

본 조는 이 법의 입법 취지와 법 해석의 방향을 제시하는 중요 내용인 법의 '목적'을 담고 있다. 개정 전 동물보호법 본 조의 내용과 비교해볼 때, "동물에 대한 학대행위의 방지등 동물을 적정하게 보호·관리하기 위하여 필요한 사항을

---

1 국가법령정보센터, '동물보호법' 전부개정 이유 중 발췌.
2 구체적인 개정 내용은 각 조문해설 부분에서 더 설명하기로 한다.

규정함으로써"라는 문구가 삭제된 것 외에는 동일한 내용을 규정하고 있다.

2. 입법과제

　　동물복지 선진국들의 동물보호법 목적을 살펴보면, 동물의 생명체로서의 '존엄성'과 인간의 동물에 대한 '책임'을 명시해 두고 있다. 먼저 독일의 「동물보호법(Tierschutzgesetz)」은 "이 법률의 목적은 공동생명체로서의 동물에 대한 인간의 책임을 바탕으로 그들의 생명과 복지를 보호하기 위함에 있다. 누구도 합리적인 이유 없이 동물에게 고통, 불쾌감 또는 상해를 입혀서는 안 된다."고 규정하며,3 오스트리아의 「동물보호에 관한 연방법(Bundesgesetz über den Schutz der Tiere)」 역시 위와 유사하게 "이 연방법은 공동생명체인 동물에 대한 인간의 특별한 책임에 기초하여 동물의 생명과 복지를 보호하는 것을 그 목적으로 한다"고 규정한다.4 또한, 스위스 「동물보호법(Tierschutzgesetz)」은 해당 법의 목적을 '동물의 존엄성과 복지를 보호하기 위함'이라고 규정한다.5

　　비(非)인간 동물 역시 인간과 같은 생명체로서 그 자체로 존엄성과 고유의 권리를 지닌다.6 인간은 인간 위주의 사회에서 동물이 스스로 지키고 주장할 수 없는 권리와 자유를 존중하고 보장해주어야 하는 책임이 있다고 할 것이다. 법

3　§ 1. Grundsatz: Zweck dieses Gesetzes ist es, aus der Verantwortung des Menschen für das Tier als Mitgeschöpf dessen Leben und Wohlbefinden zu schützen. Niemand darf einem Tier ohne vernünftigen Grund Schmerzen, Leiden oder Schäden zufügen.

4　§ 1. Zielsetzung: Ziel dieses Bundesgesetzes ist der Schutz des Lebens und des Wohlbefindens der Tiere aus der besonderen Verantwortung des Menschen für das Tier als Mitgeschöpf.

5　Art. 1 Zweck: Zweck dieses Gesetzes ist es, die Würde und das Wohlergehen des Tieres zu schützen.

6　1780년경 영국의 철학자 제레미 벤담(Jeremy Bentham)은 '최대 다수의 최대 행복'이라는 공리주의를 바탕으로, '동물도 고통을 느낄 수 있는 만큼 인간과 달리 취급할 이유가 없고, 동물도 행복을 추구할 권리가 있다'고 하였으며, 1890년경 사상가 헨리 솔트(Henry Salt)는 저서 '동물의 권리(Animal Rights)'를 통해 '사람이 권리를 가진다면 의심의 여지없이 동물도 권리를 가진다.'고 하였다. 모든 동물이 생래적으로 동일하게 생존, 자유의 권리, 행복을 추구할 권리, 존중될 권리 등을 보유하며, 어떠한 동물도 학대 또는 잔혹행위의 대상이 되어서는 안 된다는 것은 1978년 유네스코(UNESCO)가 선포한 '동물의 권리에 관한 세계적 선언(Universal Declaration of Animal Rights 17-10-1978)'에서도 구체적으로 명시되었으며, 이를 바탕으로 각국 동물권, 동물복지의 기본 개념이 정립되고 있다.

의 '목적'은 법의 입법취지를 나타내고 법을 해석·적용할 때 그 방향성을 제시한다는 점에서 중요하다. 본 조는 '동물을 적정하게 보호·관리'하기 위함이라는 개정 전의 문구는 삭제하였으나, 여전히 동물을 '사육'의 대상으로 본다는 한계점을 갖는다.7 이 법은 동물보호의 기본법이므로, 최소한 그 목적으로 '동물의 생명과 자유, 복지의 존중 및 사람과 동물의 조화로운 공존을 위한 인간의 책임'을 명확히 하는 데 중점을 두어야 한다고 본다. 그러므로 위와 같은 외국 입법례를 참고하여, "이 법은 동물에 대한 인간의 책임을 바탕으로 동물의 생명과 건강을 보호하고 동물의 복지와 처우를 증진시킴으로써 사람과 동물이 조화롭게 공존하며 생명이 존중받는 사회로 나아가도록 함을 목적으로 한다."와 같은 문구로 개정됨이 바람직할 것이다.

---

7 '사육'의 사전적인 의미는 어린 가축이나 짐승이 자라도록 먹여 기른다는 것이다. 그런데 최근에는 반려동물을 기르는 인구가 크게 늘어나면서, 인간과 동물이 감정적으로 교류하고 서로 의지하는 가족과 같은 관계가 형성되고 있으며, 반려동물이 돌봄, 교육의 대상으로까지 확대됨에 따라, '양육', 즉 아이를 보살펴서 자라게 한다는 의미의 단어가 널리 사용되고 있다. 소유자등이 자신의 동물에 대해 갖는 돌봄 의무는 단순히 먹이를 주는 것에 그치지 않는다는 점에서 '사육'이라는 단어는 적절치 않다.

제2조 정의

이 법에서 사용하는 용어의 뜻은 다음과 같다.

1. "동물"이란 고통을 느낄 수 있는 신경체계가 발달한 척추동물로서 다음 각 목의 어느 하나에 해당하는 동물을 말한다.
   가. 포유류
   나. 조류
   다. 파충류·양서류·어류 중 농림축산식품부장관이 관계 중앙행정기관의 장과의 협의를 거쳐 대통령령으로 정하는 동물
2. "소유자등"이란 동물의 소유자와 일시적 또는 영구적으로 동물을 사육·관리 또는 보호하는 사람을 말한다.
3. "유실·유기동물"이란 도로·공원 등의 공공장소에서 소유자등이 없이 배회하거나 내버려진 동물을 말한다.
4. "피학대동물"이란 제10조제2항 및 같은 조 제4항제2호에 따른 학대를 받은 동물을 말한다.
5. "맹견"이란 다음 각 목의 어느 하나에 해당하는 개를 말한다.
   가. 도사견, 핏불테리어, 로트와일러 등 사람의 생명이나 신체 또는 동물에 위해를 가할 우려가 있는 개로서 농림축산식품부령으로 정하는 개
   나. 사람의 생명이나 신체 또는 동물에 위해를 가할 우려가 있어 제24조제3항에 따라 시·도지사가 맹견으로 지정한 개
6. "봉사동물"이란 「장애인복지법」 제40조에 따른 장애인 보조견 등 사람이나 국가를 위하여 봉사하고 있거나 봉사한 동물로서 대통령령으로 정하는 동물을 말한다.
7. "반려동물"이란 반려(伴侶)의 목적으로 기르는 개, 고양이 등 농림축산식품부령으로 정하는 동물을 말한다.
8. "등록대상동물"이란 동물의 보호, 유실·유기(遺棄) 방지, 질병의 관리, 공중위생상의 위해 방지 등을 위하여 등록이 필요하다고 인정하여 대통령령으로 정하는 동물을 말한다.
9. "동물학대"란 동물을 대상으로 정당한 사유 없이 불필요하거나 피할 수 있는 고통과 스트레스를 주는 행위 및 굶주림, 질병 등에 대하여 적절한 조치를 게을리하거나 방치하는 행위를 말한다.
10. "기질평가"란 동물의 건강상태, 행동양태 및 소유자등의 통제능력 등을 종합적으

로 분석하여 평가 대상 동물의 공격성을 판단하는 것을 말한다.

11. "반려동물행동지도사"란 반려동물의 행동분석·평가 및 훈련 등에 전문지식과 기술을 가진 사람으로서 제31조제1항에 따른 자격시험에 합격한 사람을 말한다.

12. "동물실험"이란 「실험동물에 관한 법률」 제2조제1호에 따른 동물실험을 말한다.

13. "동물실험시행기관"이란 동물실험을 실시하는 법인·단체 또는 기관으로서 대통령령으로 정하는 법인·단체 또는 기관을 말한다.

1. 조문 해설

먼저, 제1호는 이 법이 적용되는 "동물"의 범위를 정하고 있다. 이 법에서 "동물"은 고통을 느낄 수 있는 신경체계가 발달한 척추동물로서 포유류, 조류, 또는 파충류·양서류·어류 중 농림축산식품부장관이 관계 중앙행정기관의 장과의 협의를 거쳐 대통령령으로 정하는 동물 중 어느 하나에 해당하는 동물을 말한다. 이에 따라 동물보호법 시행령(대통령령 제33435호) 제2조는 동물의 범위를 '식용을 목적으로 하지 않는' 파충류·양서류·어류로 정하고 있으므로, 결국 이 법의 적용을 받는 동물은 척추동물 중 ① 포유류, ② 조류 및 ③ 식용을 목적으로 하지 않는 파충류·양서류·어류에 해당한다.

제2호는 동물에 대한 적정한 보호·관리, 유기 금지 및 동물 등록 의무 등이 존재하는 주체인 "소유자등"을 정의하고 있다. "소유자등"이란 동물의 소유자와 일시적 또는 영구적으로 동물을 사육·관리 또는 보호하는 사람을 말한다. 즉, 일시적으로라도 동물을 기르고 보호하는 자는 동물의 소유자와 동일한 책임을 부담하게 된다.

제3호는 "유실·유기동물"에 대하여, "도로·공원 등의 공공장소에서 소유자등이 없이 배회하거나 내버려진 동물"로 정의하고 있으며, 개정 전 동물보호법 제4조 제1항 제2호 가목에서 규정하던 것을 '정의' 규정의 체계화를 위해 본 조에 새롭게 추가한 것이다.

제4호는 "피학대동물"에 대하여, "제10조 제2항 및 같은 조 제4항 제2호에 따른 학대를 받은 동물"이라고 정의하고 있다. 이는 개정 전 동물보호법 제4조

제1항 제2호 나목에서 규정하던 것을 '정의' 규정의 체계화를 위해 본 조에 새롭게 추가하는 한편, 변경된 '학대 등 금지조항'을 반영한 것이다.

제5호는 "맹견"을 정의하고 있다. "맹견"은 1. 도사견, 핏불테리어, 로트와일러 등 사람의 생명이나 신체에 위해를 가할 우려가 있는 개로서 농림축산식품부령으로 정하는 개8 또는 2. 사람의 생명이나 신체 또는 동물에 위해를 가할 우려가 있어 제24조 제3항에 따라 시·도지사가 맹견으로 지정한 개를 말한다. 위 2.의 내용은 이번 개정 시 추가된 조항으로, 1.에 따른 5종의 맹견 외 일반 견들의 경우에도 공격적인 기질을 갖춘 경우가 있고, 매해 약 2천 건의 물림 사고가 발생하는 현실을 고려하여, 기질평가위원회의 평가에 따라 맹견을 '지정'할 수 있도록 한 것이다. 이에 따라 맹견의 범위는 개정 전에 비해 상당히 확대되었다.

제6호는 "봉사동물"에 관하여 "장애인복지법 제40조에 따른 장애인 보조견 등 사람이나 국가를 위하여 봉사하고 있거나 봉사한 동물로서 대통령령으로 정하는 동물"이라고 정의하고 있다. 이에 따라 법 시행령 제3조는 '1. 장애인복지법」 제40조에 따른 장애인 보조견, 2. 국방부(그 소속 기관을 포함한다)에서 수색·경계·추적·탐지 등을 위해 이용하는 동물, 3. 농림축산식품부(그 소속 기관을 포함한다) 및 관세청(그 소속 기관을 포함한다) 등에서 각종 물질의 탐지 등을 위해 이용하는 동물, 4. 국토교통부, 경찰청, 해양경찰청(각 그 소속 기관을 포함한다)에서 수색·탐지 등을 위해 이용하는 동물 및 5. 소방청(그 소속 기관을 포함한다)에서 효율적인 구조활동을 위해 이용하는 119구조견'을 "봉사동물"로 정하고 있다. 개정 전 동물보호법에는 '장애인 보조견 등 사람이나 국가를 위하여 봉사하고 있거나 봉사한 동물'에 대하여 동물실험이 금지되는 것으로 규정하고 있었을 뿐 "봉사동물"에 관한 별도의 정의 규정이 없었으나, 이번 개정 시 봉사동물에 대한 용어가 새로 정의되었으며, 봉사동물에 대해서는 동물실험이 금지되는 외에도 그 실태조사와 정보 공개가 이루어져야 한다(제94조 제1항 제2호).

---

8 이에 대해 동물보호법 시행규칙(농림축산식품부령 제584호) 제2조는 '도사견과 그 잡종의 개, 핏불테리어(아메리칸 핏불테리어를 포함한다)와 그 잡종의 개, 아메리칸 스태퍼드셔 테리어와 그 잡종의 개, 스태퍼드셔 불 테리어와 그 잡종의 개, 로트와일러와 그 잡종의 개'를 정하고 있다.

제7호부터 제9호는 각각 "반려동물"(반려의 목적으로 기르는 개, 고양이 등 농림축산식품부령으로 정하는 동물9), "등록대상동물"(동물의 보호, 유실·유기 방지, 질병의 관리, 공중위생상의 위해 방지 등을 위하여 등록이 필요하다고 인정하여 대통령령으로 정하는 동물10) 및 "동물학대"(동물을 대상으로 정당한 사유 없이 불필요하거나 피할 수 있는 고통과 스트레스를 주는 행위 및 굶주림, 질병 등에 대하여 적절한 조치를 게을리하거나 방치하는 행위)를 정의하고 있다. 개정 전 동물보호법 제2조 제1호의2, 제1호의3 및 제2호에서 각각 규정하던 내용을 그대로 정한 것이다.

제10호는 "기질평가"의 정의를 새롭게 규정하고 있다. 기질평가란 동물의 건강상태, 행동양태 및 소유자등의 통제능력 등을 종합적으로 분석하여 평가 대상 동물의 공격성을 판단하는 것을 말한다. 이번 개정으로 인하여 맹견을 기르려는 사람은 '맹견사육허가'를 받아야 하고, 맹견 아닌 개가 사람이나 동물에게 위해를 가한 경우에는 기질평가를 받아야 할 수 있는 등 맹견과 관련하여 여러 제도가 새로 도입되었다. 새로 도입된 제도에 "기질평가"가 포함되기 때문에 이에 대해 정의할 필요가 있어 마련된 것이다.

제11호는 "반려동물행동지도사"에 대해 정의하고 있다. 반려동물행동지도사란 반려동물의 행동분석·평가 및 훈련 등에 전문지식과 기술을 가진 사람으로서 제31조 제1항에 따른 자격시험에 합격한 사람을 말한다. 난립하는 동물훈련사, 사설 교육 시설의 전문성을 담보하기 위해 이번 개정 시 반려동물행동지도사 자격 제도가 도입되었으며, 이를 통해 반려동물행동지도사의 자격시험, 업무, 명의대여 금지 등의 내용이 새로 규정되었다.

제12호 및 제13호는 각각 "동물실험"(「실험동물에 관한 법률」제2조 제1호에 따른 동물실험11) 및 "동물실험시행기관"(동물실험을 실시하는 법인·단체 또는 기관으로서 대통령령으로 정하는 법인·단체 또는 기관12)을 정의하고 있다. 개정 전 동물보호

---

9 법 시행규칙 제3조는 이에 대해 '개, 고양이, 토끼, 페럿, 기니피그 및 햄스터'를 정하고 있다.

10 법 시행령 제4조는 이에 대해 '다음 각 호의 어느 하나에 해당하는 월령 2개월 이상인 개'라고 정하면서, 각 호에 '1.「주택법」제2조제1호에 따른 주택 및 같은 조 제4호에 따른 준주택에서 기르는 개, 2. 제1호에 따른 주택 및 준주택 외의 장소에서 반려 목적으로 기르는 개'라고 규정하고 있다.

11 즉, 교육·시험·연구 및 생물학적 제제(製劑)의 생산 등 과학적 목적을 위하여 실험동물을 대상으로 실시하는 실험 또는 그 과학적 절차를 말한다.

법 제2조 제4호 및 제5호의 내용을 그대로 규정한 것이다.

2. 입법과제

본 조 중 "동물"의 범위와 관련하여서는 그 정의가 모호하거나 범위가 한정적이라는 한계가 있다.

먼저 "동물"의 범위와 관련하여, 법이 보호하는 동물의 범위를 설정하는 것은 법정책적인 문제임을 고려하더라도, 동물보호의 기본법인 이 법에서 척추동물 중에서도 식용을 목적으로 하는 파충류·양서류·어류를 법의 적용대상에서조차 제외하고 있는 점은 문제이다. 대다수 국가에서는 고통을 느낄 수 있는 신경체계가 발달한 '척추동물'[13] 전부를 보호대상에 포함시키고 있고,[14] 영국, 스위스, 뉴질랜드 등의 나라에서는 척추동물 외에도 일부 무척추동물까지 동물보호(복지)법상 "동물"의 범위에 포함시키고 있다.[15]

---

[12] 동물을 이용하여 동물실험을 시행하는 법인·단체 또는 기관으로서, 국가·지방자치단체의 기관, 「국가연구개발혁신법」에 따른 연구개발기관 또는 「식품위생법」, 「건강기능식품에 관한 법률」, 「약사법」 등 특별법에 따른 식품, 건강기능식품, 의약품, 의약외품, 첨단바이오의약품, 의료기기, 체외진단의료기기, 화장품, 마약의 제조·수입·판매를 업으로 하는 법인, 단체, 기관, 위 각 품목에 대한 안전관리를 목적으로 하거나 그 연구업무를 위탁받아 수행하는 법인, 단체, 기관, 「의료법」에 따른 의료기관, 「사료관리법」에 따른 사료나 「농약관리법」에 따른 농약의 품질관리를 목적으로 하는 법인, 단체, 기관 등이 포함된다(법 시행령 제5조).

[13] 척추동물(vertebrates)은 포유류, 조류, 파충류, 양서류, 경골어류, 연골어류, 칠성장어류, 먹장어류의 8강으로 이루어져 있다. 머리에는 두개(頭蓋)속에 뇌가 들어 있고, 눈, 코, 귀 등의 감각기관이 있으며, 앞 끝에 입이 열려 있다. 몸의 등쪽으로 관 모양의 중추신경이 있으며 외견상 좌우대칭성이 일반적으로 관찰된다. 아가미 또는 허파로 호흡한다.

[14] 예를 들어, 대만 「동물보호법」 제3조 제1항 "동물: 개, 고양이 및 기타 사람에 의하여 길러지며 보살핌을 받는 척추동물로서 경제동물, 실험동물, 반려동물 및 기타 동물을 포함한다."(第三條 一、動物：指犬、貓及其他人為飼養或管領之脊椎動物、包括經濟動物、實驗動物、寵物及其他動物). 독일 동물보호법 제4조 제1항 중 "척추동물은 마취를 한 상태 또는 경우에 따라 고통을 피할 수 있는 상황에서만 살해할 수 있다."(§ 4 (1) Ein Wirbeltier darf nur unter wirksamer Schmerzausschaltung (Betäubung) in einem Zustand der Wahrnehmungs- und Empfindungslosigkeit oder sonst, soweit nach den gegebenen Umständen zumutbar, nur unter Vermeidung von Schmerzen getötet werden.) 등 참조.

[15] 영국은 2022년 '모든 척추동물'을 보호 대상으로 하던 「동물복지법」의 적용범위를 갑각류, 두족류 등 무척추동물로까지 확대했다(Animal Welfare (Sentience) Act 2022 Section 5). 스위스는 「동물보호법

　　그런데 우리나라의 경우 '식용을 목적으로 하는 파충류·양서류·어류'를 동물보호법의 적용대상에서 제외하는데, 여기서 '식용을 목적으로 하는'의 의미가 다소 불분명하여 어떤 경우에 식용을 목적으로 하는 것인지 구분하기가 어렵다.16 나아가, 식용을 목적으로 한다고 하여 고통을 느낄 줄 아는 위 동물들에 대한 무분별한 고통 유발 등의 행위가 무조건 허용된다고 볼 수도 없다.17 무엇보다 이 법은 동물보호의 가장 기본법으로서 동물의 '생명'보호를 목적으로 하고 있다는 점에서 동물의 정의 단계에서부터 동물의 범위를 제한하는 것은 타당하지 않다. 그보다는 '동물'의 개념을 모든 척추동물 및 (고통을 느낄 줄 알고 지적능력이 있는) 일부 무척추동물18로 가능한 한 확대하여 '모든 동물이 보호를 받을 수 있다'는 대원칙 하에, 법감정상 차이가 있을 수 있는 동물의 범주를 구

(Tierschutzgesetz)」 제2조에서 "이 법률은 척추동물에 적용된다. 연방의회는 이 법률이 적용되는 무척추동물의 범위 및 구체적인 법의 적용범위를 결정한다."(Art. 2 Geltungsbereich: Das Gesetz gilt für Wirbeltiere. Der Bundesrat bestimmt, auf welche wirbellosen Tiere es in welchem Umfang anwendbar ist.)고 정하고 있으며, 이에 따라 동물복지법 시행령(Tierschutzverordnung) 제1조는 "이 시행령은 척추동물, 두족류(cephalopods), 십각류 동물(decapods)의 관리 및 이러한 동물의 보호 및 사용을 규율한다."고 규정하여, 문어, 오징어, 새우, 게와 같은 무척추동물도 법령상 '동물'의 개념에 포함하고 있다(Art. 1 Gegenstand: Diese Verordnung regelt den Umgang mit Wirbeltieren, Kopffüssern (Cephalopoda) und Panzerkrebsen (Reptantia), ihre Haltung und Nutzung sowie Eingriffe an ihnen). 뉴질랜드 「동물복지법(Animal Welfare Act 1999)」 또한 문어, 오징어, 게, 랍스터 등을 '동물'에 포함하고 있다(Art 2. Interpretation: (1)animal — (a) means any live member of the animal kingdom that is — (i) a mammal; or (ii) a bird; or (iii) a reptile; or (iv) an amphibian; or (v) a fish (bony or cartilaginous); or (vi) any octopus, squid, crab, lobster, or crayfish (including freshwater crayfish);).

16　식용을 목적으로 '기르는' 혹은 '채집'하는 등의 추가적인 문구 없이 '식용을 목적으로 하는' 문구 그 자체는 상당히 불명확하다. 예를 들어 '낚시 카페'와 같은 곳에서 오락을 위해 낚시를 하다가 잡은 물고기를 회 떠 먹을 경우, 위 물고기는 식용을 목적으로 하는 어류인지 아닌지 쉽게 파악할 수 없다. 또 다른 예로, 내내 야생에서 살다가 포획되어 횟집 수족관에 갇힌 물고기는 식용 어류인지 아닌지도 판단하기 어렵다.

17　2004. 11.경 일식 주방장이 물고기의 살을 발라낸 뒤 수족관에 넣어 헤엄칠 수 있는지 실험하여 물의를 빚은 사건이나 몸통의 5%에 불과한 샥스핀을 얻기 위하여 멸종위기종 등 매년 7,300만 마리의 상어를 지느러미만 잘라내고 바다에 던져 고통 속에 죽게 하는 행위 등은 동물학대로 볼 가능성이 충분히 있으며, 이러한 행위에 대한 제재가 필요하다.

18　과학적 연구 결과에 따르면, 척추동물이 아닌 게와 새우 등도 고통을 느낄 줄 알고, 문어와 낙지는 지적능력도 높다(Caroline B. Albertin, et al, 'The octopus genome and the evolution of cephalopod neural and morphological novelties', NATURE, 2015. 8. 12. 등 참조).

분하여 법 조항의 적용여부를 개별적으로 제한하는 것이 타당하다고 본다. 위와 같이 동물의 범위를 확대하더라도, 어류를 먹는 식습관, 낚시 등은 형법 제20조의 '사회상규에 위배되지 않는 행위'로서 위법하지 않으므로, 법적용의 현실적인 어려움이나 일반적인 법감정에 반할 위험도 적다고 할 것이다.

제3조 동물보호의 기본원칙

누구든지 동물을 사육·관리 또는 보호할 때에는 다음 각 호의 원칙을 준수하여야 한다.
 1. 동물이 본래의 습성과 몸의 원형을 유지하면서 정상적으로 살 수 있도록 할 것
 2. 동물이 갈증 및 굶주림을 겪거나 영양이 결핍되지 아니하도록 할 것
 3. 동물이 정상적인 행동을 표현할 수 있고 불편함을 겪지 아니하도록 할 것
 4. 동물이 고통·상해 및 질병으로부터 자유롭도록 할 것
 5. 동물이 공포와 스트레스를 받지 아니하도록 할 것

1. 입법취지 및 연혁

본 조는 이 법의 제정 시부터, 동물을 사육·관리·보호하는 자는 누구든지 생명의 존엄성과 가치를 인식하고 그 동물이 본래의 습성과 신체의 원형을 유지하면서 정상적으로 살 수 있도록 노력하여야 한다는 기본원칙을 규정하고 있었다. 이후 2011. 8. 4. 전부개정을 통해 현행법과 같이 5개 각 호의 구체적인 내용이 기재되었으며, 다만 위 각 호의 원칙을 '준수하도록 노력하여야 한다'고 권고적으로만 규정되어 있었다. 그러나 2017. 3. 21. 개정 시, 동물의 보호자 등의 동물복지 준수 '의무'를 보다 명확히 규정하기 위한 목적으로, '노력' 부분이 삭제되고 '준수하여야 한다'고 문구가 변경되었으며, 2022. 4. 26. 전부개정 이후에도 해당 내용이 그대로 유지되었다.

2. 조문 해설

본 조는 누구든지 동물을 사육·관리, 보호하는 자가 준수하여야 할 동물보호의 기본원칙 5가지를 정하고 있다. 누구든지 동물을 기르거나 보호하는 자는 동물이 본래의 습성과 신체의 원형을 유지하면서 정상적으로 살 수 있도록 해야 하고, 동물이 갈증 및 굶주림을 겪거나 영양이 결핍되지 않도록 해야 하며, 동물이 정상적인 행동을 표현할 수 있고 불편함을 겪지 않도록 해야 하고,

동물이 고통이나 상해, 질병을 겪지 않도록 해야 하며, 동물이 공포와 스트레스를 받지 않도록 해야 한다. 이 5가지 원칙은 영국 농장동물복지위원회[19]가 1979년에 '동물의 5대 자유'[20]로서 정한 내용과 동일하고, 위 동물의 5대 자유는 전 세계 동물복지의 기본적인 개념으로 통용되고 있다. 본 조는 이러한 동물복지의 기본 개념을 받아들여 누구든지 자신이 기르거나 보호하는 동물에 대해 위와 같은 기본원칙을 준수할 의무가 있음을 명시하였다는 점에서 타당하다. 그러나 본 조의 내용은 '원칙'만을 규정할 뿐이어서 그 구체적인 실현을 위해서는 세부적인 이행 조항과 위반 시 이를 제재하는 조항이 뒷받침되어야 한다.

---

[19] Farm Animal Welfare Committee(FAWC). 이 위원회는 2019. 10. 1. Animal Welfare Committee(AWC)로 명칭이 변경되었다.

[20] Five Freedoms: 1. Freedom from Hunger and Thirst: by ready access to fresh water and a diet to maintain full health and vigor.

2. Freedom from Discomfort: by providing an appropriate environment including shelter and a comfortable resting area.

3. Freedom from Pain, Injury or Disease: by prevention or rapid diagnosis and treatment

4. Freedom to Express Normal Behavior: by providing sufficient space, proper facilities and company of the animal's own kind.

5. Freedom from Fear and Distress: by ensuring conditions and treatment which avoid mental suffering.

제4조 국가·지방자치단체 및 국민의 책무

① 국가와 지방자치단체는 동물학대 방지 등 동물을 적정하게 보호·관리하기 위하여 필요한 시책을 수립·시행하여야 한다.

② 국가와 지방자치단체는 제1항에 따른 책무를 다하기 위하여 필요한 인력·예산 등을 확보하도록 노력하여야 하며, 국가는 동물의 적정한 보호·관리, 복지업무 추진을 위하여 지방자치단체에 필요한 사업비의 전부 또는 일부를 예산의 범위에서 지원할 수 있다.

③ 국가와 지방자치단체는 대통령령으로 정하는 민간단체에 동물보호운동이나 그 밖에 이와 관련된 활동을 권장하거나 필요한 지원을 할 수 있으며, 국민에게 동물의 적정한 보호·관리의 방법 등을 알리기 위하여 노력하여야 한다.

④ 국가와 지방자치단체는 「초·중등교육법」 제2조에 따른 학교에 재학 중인 학생이 동물의 보호·복지 등에 관한 사항을 교육받을 수 있도록 동물보호교육을 활성화하기 위하여 노력하여야 한다. 〈신설 2023. 6. 20.〉

⑤ 국가와 지방자치단체는 제4항에 따른 교육을 활성화하기 위하여 예산의 범위에서 지원할 수 있다. 〈신설 2023. 6. 20.〉

⑥ 모든 국민은 동물을 보호하기 위한 국가와 지방자치단체의 시책에 적극 협조하는 등 동물의 보호를 위하여 노력하여야 한다. 〈개정 2023. 6. 20.〉

⑦ 소유자등은 동물의 보호·복지에 관한 교육을 이수하는 등 동물의 적정한 보호·관리와 동물학대 방지를 위하여 노력하여야 한다. 〈개정 2023. 6. 20.〉

　　본 조는 동물보호에 대한 국가·지방자치단체 및 국민의 책무에 대해 규정하고 있다. 개정 전 동물보호법 제4조에서 규정하고 있던 국가·지방자치단체의 책무 중 '동물복지종합계획 수립·시행'에 관한 내용은 별도의 조항(제6조)으로 신설되었다. 본 조에는 국가와 지방자치단체의 동물 보호를 위한 시책 수립 및 시행, 필요한 인력·예산 확보 노력에의 책무 등을 규정하는 한편, 동물 소유자 등을 포함한 모든 국민의 동물 보호 책무를 명시하였다. 또한 2023. 6. 20. 일부개정을 통해 국가와 지방자치단체의 동물보호교육 활성화 노력 및 이를 위한 예산 지원에의 책무를 명시하였다.

제4조의2 동물보호의 날

① 동물의 생명보호 및 복지 증진의 가치를 널리 알리고 사람과 동물이 조화롭게 공존하는 문화를 조성하기 위하여 매년 10월 4일을 동물보호의 날로 한다.
② 국가와 지방자치단체는 동물보호의 날의 취지에 맞는 행사와 교육 및 홍보를 실시할 수 있다.
〈신설 2024. 1. 2.〉

　　2024. 1. 2. 일부 개정을 통해 동물보호법에 최초로 '동물보호의 날' 조항이 신설되었다. 이미 국제적으로 '세계 동물의 날'로 지정되어 있는 매년 10월 4일, 동물권 수호 및 동물복지 증진을 위한 다양한 행사가 각국에서 열리고 있는 것을 감안하여, 우리나라에서도 정식으로 위 날을 동물보호의 날로 지정하여 기념하도록 정한 것이다. 동물보호를 위한 정부 주관 기념일을 마련하려는 개정안은 여러 차례 발의된 바 있지만 실제 개정으로 이어지지는 못하였는데, 21대 국회에서 2021. 3. 2. 제안된 김민철 의원 대표 발의 법안(의안번호 2108440)이 반영된 개정안이 통과되면서 본 조가 신설되었다. 동물보호의 날을 지정하는 목적은 이를 통해 동물의 생명존중, 안전보장 및 복지 증진에 대한 국민의 보편적 인식과 공감대를 넓히기 위한 캠페인을 더 확대하려는 것이다.

제5조 다른 법률과의 관계

동물의 보호 및 이용·관리 등에 대하여 다른 법률에 특별한 규정이 있는 경우를 제외하고는 이 법에서 정하는 바에 따른다.

본 조는 동물의 종류에 관계없이 동물보호 및 이용·관리 등과 관련한 이 법 외의 다른 법률(예: 실험동물에 관한 법률, 동물원 및 수족관의 관리에 관한 법률, 야생생물 보호 및 관리에 관한 법률 등)에서 특별히 구체적으로 규정하고 있지 않다면, 이 법에서 정한 내용을 원칙적으로 따라야 한다고 규정하고 있다. 즉, 동물보호법은 동물의 보호, 복지 등과 관련하여 가장 기본적인 법률이자 일반법적 지위를 갖추고 있음을 의미한다.

제2장　동물복지종합계획의 수립 등

제6조　동물복지종합계획

제7조　동물복지위원회

제8조　시·도 동물복지위원회

제6조 동물복지종합계획

① 농림축산식품부장관은 동물의 적정한 보호·관리를 위하여 5년마다 다음 각 호의 사항이 포함된 동물복지종합계획(이하 "종합계획"이라 한다)을 수립·시행하여야 한다.

   1. 동물복지에 관한 기본방향

   2. 동물의 보호·복지 및 관리에 관한 사항

   3. 동물을 보호하는 시설에 대한 지원 및 관리에 관한 사항

   4. 반려동물 관련 영업에 관한 사항

   5. 동물의 질병 예방 및 치료 등 보건 증진에 관한 사항

   6. 동물의 보호·복지 관련 대국민 교육 및 홍보에 관한 사항

   7. 종합계획 추진 재원의 조달방안

   8. 그 밖에 동물의 보호·복지를 위하여 필요한 사항

② 농림축산식품부장관은 종합계획을 수립할 때 관계 중앙행정기관의 장 및 특별시장·광역시장·특별자치시장·도지사·특별자치도지사(이하 "시·도지사"라 한다)의 의견을 수렴하고, 제7조에 따른 동물복지위원회의 심의를 거쳐 확정한다.

③ 시·도지사는 종합계획에 따라 5년마다 특별시·광역시·특별자치시·도·특별자치도(이하 "시·도"라 한다) 단위의 동물복지계획을 수립하여야 하고, 이를 농림축산식품부장관에게 통보하여야 한다.

     본 조는 농림축산식품부장관이 5년마다 동물복지종합계획을 수립·시행하도록 하면서, 종합계획에는 전반적인 동물복지에 관한 사항 외에도 동물을 보호하는 시설에 대한 지원 및 관리에 관한 사항, 반려동물 관련 영업에 관한 사항 및 종합계획 추진 재원의 조달방안도 포함하도록 규정하였다. 개정 전 동물보호법과는 달리, 종합계획을 수립할 때는 시·도지사의 의견을 수렴하도록 하고, 농림축산식품부에 설치되는 동물복지위원회의 심의를 거쳐 확정하도록 하였다. 한편, 시·도지사는 종합계획에 따라 5년마다 지자체 단위의 동물복지계획을 수립하여, 농림축산식품부에 통보하여야 한다.

     농림축산식품부는 현재까지 2차례 동물복지 5개년 종합계획을 수립·발표한 바 있으며, 2020. 1. 발표된 '제2차 동물복지 종합계획(2020년~2024년)'에 따

르면, ① 동물 소유자 준수사항 강화, 동물학대 유형별 처벌 차등화 등 '동물보호·복지 인식 개선', ② 반려동물 생산·유통환경 개선, 불법 영업 철폐, 이력관리 강화 등 '반려동물 영업 관리 강화', ③ 동물보호시설 관리 강화 및 지자체 동물구조·보호 전문성 제고 등 '유기·피학대 동물 보호 수준 제고', ④ 축산농가, 도축장 등을 대상으로 동물복지 관련 기준 구체화 등 '농장동물의 복지 개선', ⑤ 동물실험시행기관 준수사항 및 동물실험윤리위원회의 기능을 법률로 명확화, 사역동물 실험관리 개선 등 '동물실험 윤리성 제고', ⑥ 동물복지위원회 기능 강화, 정책 지원 전문기관 구축 등 '동물보호·복지 거버넌스 확립'과 같은 여러 과제를 제시하고 있다.[1]

---

1 농림축산식품부, 2020. 1. 14.자 「2020년~2024년 동물복지 종합계획」 발표 보도자료.

제7조 동물복지위원회

① 농림축산식품부장관의 다음 각 호의 자문에 응하도록 하기 위하여 농림축산식품부에 동물복지위원회(이하 이 조에서 "위원회"라 한다)를 둔다. 다만, 제1호는 심의사항으로 한다.

    1. 종합계획의 수립에 관한 사항

    2. 동물복지정책의 수립, 집행, 조정 및 평가 등에 관한 사항

    3. 다른 중앙행정기관의 업무 중 동물의 보호·복지와 관련된 사항

    4. 그 밖에 동물의 보호·복지에 관한 사항

② 위원회는 공동위원장 2명을 포함하여 20명 이내의 위원으로 구성한다.

③ 공동위원장은 농림축산식품부차관과 호선(互選)된 민간위원으로 하며, 위원은 관계 중앙행정기관의 소속 공무원 또는 다음 각 호에 해당하는 사람 중에서 농림축산식품부장관이 임명 또는 위촉한다.

    1. 수의사로서 동물의 보호·복지에 대한 학식과 경험이 풍부한 사람

    2. 동물복지정책에 관한 학식과 경험이 풍부한 사람으로서 제4조제3항에 따른 민간단체의 추천을 받은 사람

    3. 그 밖에 동물복지정책에 관한 전문지식을 가진 사람으로서 농림축산식품부령으로 정하는 자격기준에 맞는 사람

④ 위원회는 위원회의 업무를 효율적으로 수행하기 위하여 위원회에 분과위원회를 둘 수 있다.

⑤ 제1항부터 제4항까지의 규정에 따른 사항 외에 위원회 및 분과위원회의 구성·운영 등에 관한 사항은 대통령령으로 정한다.

      동물복지위원회는 동물복지에 관한 농림축산식품부장관의 업무 수행에 있어 자문 기구의 역할을 갖는다. 다만 최근 개정을 통하여 농림축산식품부장관의 '5개년 동물복지 종합계획' 수립에 있어서는 동물복지위원회가 심의를 담당한다. 본 조는 동물복지위원회 구성을 공동위원장 2명을 포함한 20명 이내의 위원으로 하면서, 위원의 구체적인 자격을 정하고 있다. 법 시행령 제7조에 따르면, 위원회의 위원은 '1. 농림축산식품부, 환경부, 해양수산부 또는 식품의약

품안전처 소속 고위공무원단에 속하는 공무원 중에서 각 기관의 장이 지정하는 동물의 보호·복지 관련 직위에 있는 사람으로서 농림축산식품부장관이 임명 또는 위촉하는 사람 및 2. 법 제7조 제3항 각 호에 해당하는 사람 중에서 성별을 고려하여 농림축산식품부장관이 위촉하는 사람'으로 구성하며, 위 2.에 해당하는 위원의 임기는 2년으로 한다.

한편, 본 조는 동물복지위원회 내에 동물학대분과위원회, 안전관리분과위원회 등의 분과위원회를 둘 수 있도록 정하였다. 각 분과위원회는 위원장 1명을 포함하여 10명 이내의 위원으로 구성되며, 분과위원회의 구성 및 운영에 필요한 세부 사항은 위원회의 의결을 거쳐 공동위원장이 정하게 된다(법 시행령 제9조).

제8조 시·도 동물복지위원회

① 시·도지사는 제6조 제3항에 따른 시·도 단위의 동물복지계획의 수립, 동물의 적정한 보호·관리 및 동물복지에 관한 정책을 종합·조정하기 위하여 시·도 동물복지위원회를 설치·운영할 수 있다. 다만, 시·도에 동물복지위원회와 성격 및 기능이 유사한 위원회가 설치되어 있는 경우 해당 시·도의 조례로 정하는 바에 따라 그 위원회가 동물복지위원회의 기능을 대신할 수 있다.
② 시·도 동물복지위원회의 구성·운영 등에 관한 사항은 각 시·도의 조례로 정한다.

본 조는 최근 개정 시 신설된 것으로, 기존에 농림축산식품부에만 두도록 한 동물복지위원회를 시·도 차원에서도 설치·운영할 수 있도록 근거를 둔 것이다. 2023. 10. 기준 조례를 통해 동물복지위원회 설치·운영에 관하여 정하고 있는 지방자치단체는 부산광역시, 대구광역시, 대전광역시, 경기도, 인천광역시, 서울특별시, 경상북도, 충청북도가 있다.

제3장   동물의 보호 및 관리

제1절 동물의 보호 등
제9조   적정한 사육·관리   제10조   동물학대 등의 금지
제11조   동물의 운송   제12조   반려동물 전달 방법
제13조   동물의 도살방법   제14조   동물의 수술
제15조   등록대상동물의 등록 등
제16조   등록대상동물의 관리 등

제2절 맹견의 관리 등
제17조   맹견수입신고   제18조   맹견사육허가 등
제19조   맹견사육허가의 결격사유
제20조   맹견사육허가의 철회 등
제21조   맹견의 관리   제22조   맹견의 출입금지 등
제23조   보험의 가입 등   제24조   맹견 아닌 개의 기질평가
제25조   비용부담 등   제26조   기질평가위원회
제27조   기질평가위원회의 권한 등
제28조   기질평가에 필요한 정보의 요청 등
제29조   비밀엄수의 의무 등

제3절 반려동물행동지도사
제30조 – 제33조   반려동물행동지도사 등

제4절 동물의 구조 등
제34조   동물의 구조·보호 등
제35조   동물보호센터의 설치 등
제36조   동물보호센터의 지정 등
제37조   민간동물보호시설의 신고 등
제38조   시정명령 및 시설폐쇄 등
제39조   신고 등   제40조   공고
제41조   동물의 반환 등   제42조   보호비용의 부담
제43조   동물의 소유권 취득   제44조   사육포기 동물의 인수 등
제45조   동물의 기증·분양   제46조   동물의 인도적인 처리 등

동물보호법 제3장「동물의 보호 및 관리」는 '제1절 동물의 보호 등', '제2절 맹견의 관리 등', '제3절 반려동물행동지도사' 및 '제4절 동물의 구조 등'의 총 4절로 구성되어 있다. 최근 개정을 통해 맹견의 관리에 대한 조항이 대폭 늘어났고, 반려동물행동지도사 자격 제도가 신설되었으며, 동물보호센터 및 민간 동물보호시설에 대한 규제가 일부 생겼다. 또한, 특수한 경우 지방자치단체에서 소유자등이 사육을 포기한 동물을 인수하는 제도가 도입되었다. 이에 따라 개정 전 동물보호법에서는 19개 조항이던「동물의 보호 및 관리」장은 38개 조항으로 늘어나게 되었다.

제1절 동물의 보호 등

제9조 적정한 사육·관리

① 소유자등은 동물에게 적합한 사료와 물을 공급하고, 운동·휴식 및 수면이 보장되도록 노력하여야 한다.
② 소유자등은 동물이 질병에 걸리거나 부상당한 경우에는 신속하게 치료하거나 그 밖에 필요한 조치를 하도록 노력하여야 한다.
③ 소유자등은 동물을 관리하거나 다른 장소로 옮긴 경우에는 그 동물이 새로운 환경에 적응하는 데에 필요한 조치를 하도록 노력하여야 한다.
④ 소유자등은 재난 시 동물이 안전하게 대피할 수 있도록 노력하여야 한다.
⑤ 제1항부터 제3항까지에서 규정한 사항 외에 동물의 적절한 사육·관리 방법 등에 관한 사항은 농림축산식품부령으로 정한다.

동물보호법 시행규칙
[별표 1] 동물의 적절한 사육·관리 방법 등(제5조 관련)
1. 일반기준
　가. 동물의 소유자등은 최대한 동물 본래의 습성에 가깝게 사육·관리하고, 동물의 생명과 안전을 보호하며, 동물의 복지를 증진해야 한다.

나. 동물의 소유자등은 동물이 갈증·배고픔, 영양불량, 불편함, 통증·부상·질병, 두려움 및 정상적으로 행동할 수 없는 것으로 인하여 고통을 받지 않도록 노력해야 하며, 동물의 특성을 고려하여 전염병 예방을 위한 예방접종을 정기적으로 실시해야 한다.

다. 동물의 소유자등은 동물의 사육환경을 다음의 기준에 적합하도록 해야 한다.

　　1) 동물의 종류, 크기, 특성, 건강상태, 사육목적 등을 고려하여 최대한 적절한 사육환경을 제공할 것

　　2) 동물의 사육공간 및 사육시설은 동물이 자연스러운 자세로 일어나거나 눕고 움직이는 등의 일상적인 동작을 하는 데에 지장이 없는 크기일 것

2. 개별기준

가. 동물의 소유자등은 다음 각 호의 동물에 대해서는 동물 본래의 습성을 유지하기 위해 낮 시간 동안 축사 내부의 조명도를 다음의 기준에 맞게 유지해야 한다.

　　1) 돼지: 바닥의 평균조명도가 최소 40럭스(lux) 이상이 되도록 하되, 8시간 이상 연속된 명기(明期)를 제공할 것

　　2) 육계: 바닥의 평균조명도가 최소 20럭스(lux) 이상이 되도록 하되, 6시간 이상 연속된 암기(暗期)를 제공할 것

나. 소, 돼지, 산란계 또는 육계를 사육하는 축사 내 암모니아 농도는 25피피엠(ppm)을 넘어서는 안 된다.

다. 깔짚을 이용하여 육계를 사육하는 경우에는 깔짚을 주기적으로 교체하여 건조하게 관리해야 한다.

라. 개는 분기마다 1회 이상 구충(驅蟲)을 하되, 구충제의 효능 지속기간이 있는 경우에는 구충제의 효능 지속기간이 끝나기 전에 주기적으로 구충을 해야 한다.

마. 돼지의 송곳니 발치·절치 및 거세는 생후 7일 이내에 수행해야 한다.

1. 조문 해설

동물의 소유자등의 적정한 사육·관리 의무는 제정법부터 명시되어 왔다. 이후 본 조는 일부 개정을 거치면서 구체적인 적정한 사육·관리 방법을 하위법령인 농림축산식품부령을 통하여 규정하는 방식으로 동물보호의 가치를 중심으로 한 최소한의 동물 사육·관리 방법을 명시하고 있다.

본 조 제1항 내지 제3항에 따라, 동물의 소유자등은 동물을 사육·관리함에 있어 적합한 사료와 물을 제공하고, 운동·휴식 및 수면을 보장하여야 하며, 동물이 다치거나 아픈 경우 신속히 치료 등 필요한 조치를 해야 하고, 사육 환경이 바뀌는 경우 새로운 환경에 적응하도록 해 주어야 한다. 위와 같은 내용은 동물보호의 기본원칙(법 제3조)에 따라, 동물이 본래의 습성에 맞게, 갈증이나 굶주림, 고통, 스트레스나 불편함 없이 살 수 있도록 하기 위한 조치들이다. 다만 소유자등은 위 조치들을 하도록 '노력'할 의무만이 부과된다는 점에서 권고적인 내용에 불과한 조항이라 할 수 있다.

동물에 대한 적절한 사육·관리 방법을 구체화한 법 시행규칙 제5조 및 별표1에 따르면, 사육환경은 동물의 종류, 크기, 특성, 건강상태, 사육 목적을 고려한 것이어야 하고, 그 공간과 시설은 동물이 자연스러운 자세로 일어나거나 눕거나 움직이는 등 일상적인 동작을 하는 데 지장이 없는 크기여야 하며, 소유자등은 정기적으로 동물의 특성에 따른 예방접종과 분기별 구충을 하여야 한다.

본 조는 개정 전 동물보호법의 내용과 동일하며, 다만 제4항의 내용만이 새로 추가되었다. 제4항은 태풍, 홍수, 화재 등의 재난이 발생하는 경우 소유자등이 그 보호 대상 동물도 안전하게 대피할 수 있도록 조치를 하여야 하는 책무가 있음을 강조한 것이라 볼 수 있다.[1]

2. 입법과제

동물을 기르는 인구가 크게 늘어나면서[2] 동물의 소유자등에 의한 동물학대 사례가 빈번하게 발생하고 있다. 소유자등이 아무리 해당 동물에 대한 소유권 등의 권리를 가지고 있다 하더라도 자신이 보호하는 동물을 학대하거나 그 생

---

1 2019년 고성 산불, 2022년 울진 산불 발생 시 동물 소유자들이 급박하게 대피하는 과정에서 미처 동물들의 목줄을 풀어주거나 축사 등을 열어두지 않아 화재를 피하지 못하고 생명을 잃은 동물들이 많았던 문제점이 반영된 것으로 보인다.

2 농림축산식품부의 '2022년 동물보호 국민의식조사'에 따르면, 2022년 기준 반려동물 양육가구 비율은 25.4%이며(추정치 약 602만 가구), 그 중 75.6%가 개(추정치 약 545만 마리)를, 27.7%가 고양이(추정치 약 254만 마리)를 기르고 있다.

명을 침해하는 행위는 권리 남용으로서 허용될 수 없다. 특히 소유자등은 자신이 보호하고 기르는 동물에 대하여 타인보다 더욱 책임을 가져야 하는 지위에 있으므로, 이들의 적정한 사육·관리는 본 조와 같은 권고 내용(~노력하여야 한다)이 아닌 '의무사항'(~하여야 한다)으로 명시되어야 하며, 이를 위반하는 경우 과태료 혹은 벌금으로 제재하는 조항을 두어야 본 조의 내용이 현실화될 수 있을 것이다.

또한 현재 [별표1]의 내용은 돼지, 육계 등 일부 동물의 축사 내 조명도, 암모니아 농도, 깔짚의 주기적 교체, 개에 대한 분기별 구충, 돼지의 발치 및 거세 등의 수행 시기에 대해서만 규정할 뿐이어서 소유자등이 일반적으로 각 동물의 종별로 고려하여야 할 최소한의 사육·관리 방법을 충실히 규정하고 있다고 보기 어렵다.

독일, 스위스, 미국 등에서는 소유자의 동물 돌봄 의무에 대한 상세한 내용을 규정하는 한편, 이를 위반할 경우 과태료나 벌금형으로 제재를 하고 있다. 예를 들어 독일의 경우 반려 목적으로 기르는 것인지 여부를 불문하고, 개는 사람·동물과 교류하고 적절한 운동을 해야 하는 습성이 있음을 고려하여, 소유자는 개와 충분히 접촉하고 운동 기회를 제공해야 하며, 개를 묶어서 기르는 경우에는 최소 6미터 길이의 구동 장치를 사용해야 한다(위반 시에는 질서 위반 행위로 최대 2만 5000유로-약 3500만 원-의 과태료가 부과된다).[3] 또한, 스위스는 가축화된 동물의 종별 복지를 충족시킬 수 있는 소유자의 돌봄 의무를 세세하게 규정하는 한편, 소유자등이 이를 고의로 지키지 않을 경우 최대 2만 스위스프랑(약 2800만원)의 벌금에 처하고 있다.[4][5] 이러한 입법례를 참고하여, 본 조에도 동물

---

3 독일 동물보호법 제2a조, 제18조, 동물보호-개 사육규정(법규명령) 제2조, 제4조, 제7조 등.

4 스위스 동물보호법 제28조 및 그 시행령.

5 미국의 경우에도 「워싱턴주법」 제16편(동물및가축법) 제16.52.350조는 외부에 개를 묶어서 속박하여 두는 경우에는 과하지 않은 시간 동안만 가능하며, 이 경우에도 개가 편안하게 서거나 눕거나 앉을 수 있는 줄을 이용하고 깨끗한 물과 쉼터에 접근할 수 있도록 하며 쇠목줄(choke) 등으로 묶어두지 않는 등 구체적인 준수사항을 규정하고, 이를 위반하면 처벌한다. 「텍사스주 보건안전법」, 「뉴욕주 농업및시장법」, 「미네소타주법」 동물및재산편, 「캘리포니아주 형법」 등에서도 심각한 기후 상황에서 혹은 적절한 환기장치나 보호장치 없이 고온이나 저온 상태인 차량 내에서 반려동물을 방치하지 못하도록 하는 등 소유자등의 구체적인 의무사항을 규정하고 있다(김지현, '동물과의 공존을 위한 미국 입법례',

의 종별 특성과 습성을 고려한 소유자의 최소한의 복지 충족 의무 내용이 상세히 규정되고, 그 위반에 대한 제재 조항도 마련되어야 할 것이다.

제10조 동물학대 등의 금지

① 누구든지 동물을 죽이거나 죽음에 이르게 하는 다음 각 호의 행위를 하여서는 아니 된다.

1. 목을 매다는 등의 잔인한 방법으로 죽음에 이르게 하는 행위
2. 노상 등 공개된 장소에서 죽이거나 같은 종류의 다른 동물이 보는 앞에서 죽음에 이르게 하는 행위
3. 동물의 습성 및 생태환경 등 부득이한 사유가 없음에도 불구하고 해당 동물을 다른 동물의 먹이로 사용하는 행위
4. 그 밖에 사람의 생명·신체에 대한 직접적인 위협이나 재산상의 피해 방지 등 농림축산식품부령으로 정하는 정당한 사유 없이 동물을 죽음에 이르게 하는 행위

② 누구든지 동물에 대하여 다음 각 호의 행위를 하여서는 아니 된다.

1. 도구·약물 등 물리적·화학적 방법을 사용하여 상해를 입히는 행위. 다만, 해당 동물의 질병 예방이나 치료 등 농림축산식품부령으로 정하는 경우는 제외한다.
2. 살아있는 상태에서 동물의 몸을 손상하거나 체액을 채취하거나 체액을 채취하기 위한 장치를 설치하는 행위. 다만, 해당 동물의 질병 예방 및 동물실험 등 농림축산식품부령으로 정하는 경우는 제외한다.
3. 도박·광고·오락·유흥 등의 목적으로 동물에게 상해를 입히는 행위. 다만, 민속경기 등 농림축산식품부령으로 정하는 경우는 제외한다.
4. 동물의 몸에 고통을 주거나 상해를 입히는 다음 각 목에 해당하는 행위
   가. 사람의 생명·신체에 대한 직접적 위협이나 재산상의 피해를 방지하기 위하여 다른 방법이 있음에도 불구하고 동물에게 고통을 주거나 상해를 입히는 행위
   나. 동물의 습성 또는 사육환경 등의 부득이한 사유가 없음에도 불구하고 동물을 혹서·혹한 등의 환경에 방치하여 고통을 주거나 상해를 입히는 행위
   다. 갈증이나 굶주림의 해소 또는 질병의 예방이나 치료 등의 목적 없이 동물에게 물이나 음식을 강제로 먹여 고통을 주거나 상해를 입히는 행위
   라. 동물의 사육·훈련 등을 위하여 필요한 방식이 아님에도 불구하고 다른 동물과 싸우게 하거나 도구를 사용하는 등 잔인한 방식으로 고통을 주거나 상해를 입히는 행위

③ 누구든지 소유자등이 없이 배회하거나 내버려진 동물 또는 피학대동물 중 소유자등을 알 수 없는 동물에 대하여 다음 각 호의 어느 하나에 해당하는 행위를 하여서는 아니

된다.

1. 포획하여 판매하는 행위
2. 포획하여 죽이는 행위
3. 판매하거나 죽일 목적으로 포획하는 행위
4. 소유자등이 없이 배회하거나 내버려진 동물 또는 피학대동물 중 소유자등을 알 수 없는 동물임을 알면서 알선·구매하는 행위

④ 소유자등은 다음 각 호의 행위를 하여서는 아니 된다.

1. 동물을 유기하는 행위
2. 반려동물에게 최소한의 사육공간 및 먹이 제공, 적정한 길이의 목줄, 위생·건강 관리를 위한 사항 등 농림축산식품부령으로 정하는 사육·관리 또는 보호의무를 위반하여 상해를 입히거나 질병을 유발하는 행위
3. 제2호의 행위로 인하여 반려동물을 죽음에 이르게 하는 행위

⑤ 누구든지 다음 각 호의 행위를 하여서는 아니 된다.

1. 제1항부터 제4항까지(제4항제1호는 제외한다)의 규정에 해당하는 행위를 촬영한 사진 또는 영상물을 판매·전시·전달·상영하거나 인터넷에 게재하는 행위. 다만, 동물보호 의식을 고양하기 위한 목적이 표시된 홍보 활동 등 농림축산식품부령으로 정하는 경우에는 그러하지 아니하다.
2. 도박을 목적으로 동물을 이용하는 행위 또는 동물을 이용하는 도박을 행할 목적으로 광고·선전하는 행위. 다만, 「사행산업통합감독위원회법」제2조제1호에 따른 사행산업은 제외한다.
3. 도박·시합·복권·오락·유흥·광고 등의 상이나 경품으로 동물을 제공하는 행위
4. 영리를 목적으로 동물을 대여하는 행위. 다만, 「장애인복지법」제40조에 따른 장애인 보조견의 대여 등 농림축산식품부령으로 정하는 경우는 제외한다.

동물보호법 시행규칙

제6조(동물학대 등의 금지) ① 법 제10조제1항제4호에서 "사람의 생명·신체에 대한 직접적인 위협이나 재산상의 피해 방지 등 농림축산식품부령으로 정하는 정당한 사유"란 다음 각 호의 어느 하나에 해당하는 경우를 말한다.

1. 사람의 생명·신체에 대한 직접적인 위협이나 재산상의 피해를 방지하기 위하여 다른 방법이 없는 경우
2. 허가, 면허 등에 따른 행위를 하는 경우

3. 동물의 처리에 관한 명령, 처분 등을 이행하기 위한 경우

② 법 제10조제2항제1호 단서에서 "해당 동물의 질병 예방이나 치료 등 농림축산식품부령으로 정하는 경우"란 다음 각 호의 어느 하나에 해당하는 경우를 말한다.

　　1. 질병의 예방이나 치료를 위한 행위인 경우

　　2. 법 제47조에 따라 실시하는 동물실험인 경우

　　3. 긴급 사태가 발생하여 해당 동물을 보호하기 위해 필요한 행위인 경우

③ 법 제10조제2항제2호 단서에서 "해당 동물의 질병 예방 및 동물실험 등 농림축산식품부령으로 정하는 경우"란 제2항 각 호의 어느 하나에 해당하는 경우를 말한다.

④ 법 제10조제2항제3호 단서에서 "민속경기 등 농림축산식품부령으로 정하는 경우"란 「전통 소싸움경기에 관한 법률」에 따른 소싸움으로서 농림축산식품부장관이 정하여 고시하는 것을 말한다.

⑤ 법 제10조제4항제2호에서 "최소한의 사육공간 및 먹이 제공, 적정한 길이의 목줄, 위생·건강 관리를 위한 사항 등 농림축산식품부령으로 정하는 사육·관리 또는 보호의무"란 별표 2에 따른 사육·관리·보호의무를 말한다.

⑥ 법 제10조제5항제1호 단서에서 "동물보호 의식을 고양하기 위한 목적이 표시된 홍보활동 등 농림축산식품부령으로 정하는 경우"란 다음 각 호의 어느 하나에 해당하는 경우를 말한다.

　　1. 국가기관, 지방자치단체 또는 「동물보호법 시행령」(이하 "영"이라 한다) 제6조 각 호에 따른 법인·단체(이하 "동물보호 민간단체"라 한다)가 동물보호 의식을 고양시키기 위한 목적으로 법 제10조제1항부터 제4항까지(제4항제1호는 제외한다)에 규정된 행위를 촬영한 사진 또는 영상물(이하 이 항에서 "사진 또는 영상물"이라 한다)에 기관 또는 단체의 명칭과 해당 목적을 표시하여 판매·전시·전달·상영하거나 인터넷에 게재하는 경우

　　2. 언론기관이 보도 목적으로 사진 또는 영상물을 부분 편집하여 전시·전달·상영하거나 인터넷에 게재하는 경우

　　3. 신고 또는 제보의 목적으로 제1호 및 제2호에 해당하는 법인·기관 또는 단체에 사진 또는 영상물을 전달하는 경우

⑦ 법 제10조제5항제4호 단서에서 "「장애인복지법」 제40조에 따른 장애인 보조견의 대여 등 농림축산식품부령으로 정하는 경우"란 다음 각 호의 어느 하나에 해당하는 경우를 말한다.

　　1. 「장애인복지법」 제40조에 따른 장애인 보조견을 대여하는 경우

2. 촬영, 체험 또는 교육을 위하여 동물을 대여하는 경우. 이 경우 대여하는 기간 동 안 해당 동물을 관리할 수 있는 인력이 제5조에 따른 적절한 사육·관리를 해야 한다.

1. 입법취지 및 연혁

생명체인 동물의 신체나 정신에 고통을 주는 학대행위는 방지·근절되어야 한다는 가치는 1991. 5. 31. 제정 동물보호법에서부터 명시되고 있다. 다만 제 정법은 '제6조(동물학대등의금지)'에서 "① 누구든지 동물을 합리적인 이유없이 죽이거나, 잔인하게 죽이거나, 타인에게 혐오감을 주는 방법으로 죽여서는 아니 된다. ② 누구든지 동물에 대하여 합리적인 이유없이 고통을 주거나 상해를 입 혀서는 아니된다. ③ 동물의 소유자 또는 관리자는 합리적인 이유없이 동물을 유기하여서는 아니된다."고 간결하게 규정하고 있었고 위 조항을 위반한 경우 법정형은 20만원 이하의 벌금이나 구류 또는 과료에 그치고 있었다.

그러던 중 2007. 1. 26. 개정에 이르러 현행법 제8조와 같이 구체적인 학 대행위 유형이 열거되는 형식으로 규정되기 시작하였고, 학대행위에 대한 벌금 의 액수도 500만원으로 상향되었다. 당시 개정이유를 보면, "① 동물에 대한 금 지행위가 추상적으로 규정되어 있어 위반 여부의 판단에 어려움이 있음, ② 목 을 매다는 등 잔인한 방법으로 죽이는 행위 및 살아있는 동물의 체액을 채취하 는 행위 등 금지되는 행위를 구체적으로 규정함, ③ 금지행위의 내용이 구체화 되고 그 범위도 확대됨으로써 동물에 대한 학대행위가 감소될 것으로 기대됨." 이라고 기재하고 있다.

그러나 동물학대에 대한 처벌 수위가 너무 낮아 법의 실효성이 전혀 없다 는 사회적 비판이 이어지자 2011. 8. 4. 개정을 통하여 현행법과 같은 47개조로 개편되면서 동물학대에 대한 법정형도 '1년 이하의 징역 또는 1천만원 이하의 벌금'으로 격상되었다.

한편, 동물학대에는 소유자등에 의한 방치(부작위) 행위도 포함됨에도 명확 한 규정이 없어 처벌되지 못하였던 현실6을 반영하여 2013. 4. 5. 개정을 통해,

금지되는 학대행위에 '고의로 사료 또는 물을 주지 않아 동물을 죽음에 이르게 하는 행위'가 추가되었다.

2013. 8. 13. 개정에서는 동물학대에 대한 사회적 경각심을 제고하려는 취지로 '동물학대'의 개념이 명시되었고(제2조 제1호의2), 동물학대 행위를 촬영한 영상물의 유포행위가 원칙적으로 금지되었으며, 이를 위반한 경우 300만원 이하의 벌금에 처하는 조항이 마련되었다(제8조 제5항 및 제46조 제3항).

상당한 개정이 이루어진 2017. 3. 21. 일부개정에서는,

① 기존의 '동물을 죽이는' 행위를 '동물을 죽음에 이르게 하는' 행위로 확대함으로써 동물을 죽이려는 의도나 고의가 없더라도 동물학대 등 기본 범죄에 고의가 있었던 결과적 가중범을 처벌할 수 있도록 하였고,

② '도구·약물을 사용하여 상해를 입히는 행위'를 '도구·약물 등 물리적·화학적 방법을 사용하여 상해를 입히는 행위'로 확대하였으며,

③ '정당한 사유 없이 상해를 입히는 행위'를 '정당한 사유 없이 신체적 고통을 주거나 상해를 입히는 행위'로 확대함으로써 상해를 유발하지 않더라도 신체적 고통을 주는 행위 자체를 금지하여, 동물학대의 본래 개념에 더욱 가까이 접근하게 되었다.

④ 금지되는 행위에도 '도박을 목적으로 동물을 이용하거나 도박·시합·복권·오락·유흥·광고 등의 상이나 경품으로 동물을 제공하는 행위'와 '영리를 목적으로 동물을 대여하는 행위'가 추가되었다(다만, 후단의 경우 「장애인 복지법」 제40조에 따른 장애인 보조견의 대여 등 농림축산식품부령으로 정하는 경우는 제외하고 있다).

한편, 반려동물의 소유자가 자신이 보호하는 동물에게 사료나 물을 제대로 주지 않는 등 사육·관리 의무를 소홀히 하여 건강을 상하게 하는 것을 금지하기 위하여 2018. 3. 20. 개정에 따라 '반려(伴侶) 목적으로 기르는 개, 고양이 등

---

6 예시로, 2012년 전북 순창군의 한 축산농가가 소 값 파동에 항의하기 위해 자신이 기르던 소 33여 마리를 일부러 굶겨 죽인 사건 등 참조. 위 사건에서 경찰은 의도적인 학대가 아니라는 이유로 위 농장주에게 불기소 처분을 내렸다.

농림축산식품부령으로 정하는 동물에게 최소한의 사육공간 제공 등 농림축산식품부령으로 정하는 사육·관리 의무를 위반하여 상해를 입히거나 질병을 유발시키는 행위'가 추가되었다(제8조 제2항 제3호의2).

최근 2022. 4. 26. 전부개정된 개정 동물보호법에는 기존 법 시행규칙에서 규정하던 금지행위의 세부사항을 일부 법률로 상향하고 '동물을 죽음에 이르게 하는 행위'의 범위를 다소 확대 및 구체화하는 한편 행위 태양, 수범자 범위 등에 따라 각 조항을 구분 및 체계화하였다. 나아가 개정 동물보호법은 본 조를 위반하여 유죄판결을 선고받는 자에 대하여 재범예방에 필요한 수강명령 또는 치료프로그램의 이수명령을 병과할 수 있도록 하였다(제100조).

2. 조문 해설 및 판례

본 조는 제1항에서는 동물을 죽음에 이르게 하는 행위를, 제2항에서는 동물에게 고통을 주거나 상해를 입히는 행위를, 제3항에서는 유기동물 등 특정 동물에 대한 포획·판매 또는 알선·구매 등 행위를, 제4항에서는 소유자등의 동물 유기, 돌봄의무 위반 행위를, 제5항에서는 학대행위 촬영물 게재 등 기타 금지되는 행위를 각 열거하여 금지하고 있다. 제1항 각 호를 위반하거나 제3항 제2호 또는 제4항 제3호를 위반한 경우(동물이 죽은 경우)에는 3년 이하의 징역 또는 3천만원 이하의 벌금에 처해지며, 제2항 또는 제3항 제1, 3, 4호 또는 제4항 제1호를 위반하여 맹견을 유기하거나 제4항 제2호를 위반한 경우를 위반한 경우(동물이 상해를 입은 경우 등)에는 2년 이하의 징역 또는 2천만원 이하의 벌금에 처해진다(제97조 제1항 제1, 2호, 제2항 제1호 내지 제3호). 한편, 제4항 제1호를 위반하여 (맹견 아닌) 동물을 유기하는 경우 또는 제5항 각 호를 위반하는 경우에는 300만원 이하의 벌금에 처해진다(제97조 제5항 제1호 내지 제5호).

1) 제10조 제1항

① 제1호

먼저 제1호는 '목을 매다는 등의 잔인한 방법으로 죽음에 이르게 하는 행위'를 금지하고 있다. 여기서 '잔인한 방법'의 해석이 문제가 되는데, 잔인한 방법인지 여부를 판단함에 있어서는 동물을 죽이게 된 경위, 죽이는 데 사용한 도구 및 방법, 행위 태양 및 그 결과가 고려된다.

2013년 발생한 일명 로트와일러 사건7에서 대법원은 동물보호법 제8조의 '잔인한 방법'의 해석 기준을 제시하는 의미 있는 판결을 내렸다(대법원 2016. 1. 28. 선고 2014도2477 판결). 위 사건의 원심(수원지방법원 2014. 1. 22. 선고 2013노5055 판결)은 자신의 진돗개를 공격하던 피해견을 쫓아버리기 위하여 엔진톱으로 피해견을 위협하다가 죽게 한 사건에서 피고인에 대하여 재물손괴죄만 유죄로 인정하여 벌금 30만원의 선고유예를 내렸고, 동물보호법위반은 무죄로 판단8하였다. 그러나 대법원은 "당시 피고인이 피해견으로부터 직접적인 공격은 받지 아니하여 피고인으로서는 진돗개의 목줄을 풀어 다른 곳으로 피하거나 주위에 있는 몽둥이나 기계톱 등을 휘둘러 피해견을 쫓아버릴 수도 있었음에도 불구하고 그 자체로 매우 위험한 물건인 기계톱의 엑셀을 잡아당겨 작동시킨 후 이를 이용하여 피해견의 척추를 포함한 등 부분에서부터 배 부분까지 절단함으로써 내장이 밖으로 다 튀어나올 정도로 죽인 사실을 알 수 있는바, 위와 같이 피해견을 죽이게 된 경위, 피해견을 죽이는 데 사용한 도구 및 방법, 행위 태양 및 그 결과를 앞서 본 법리에 비추어 보면, 위와 같은 피고인의 행위는 동물보호법 제8조 제1항 제1호에 의하여 금지되는 '목을 매다는 등의 잔인한 방법으로 죽이는 행위'에 해당한다고 봄이 상당할 뿐 아니라, 나아가 피고인의 행위에 위법성 조각사유 또는 책임조각사유가 있다고 보기도 어렵다."고 하며, 원심을 파기하

---

7 50대 남성이 자신의 진돗개를 공격한다는 이유로 이웃집 개 로트와일러를 시동이 걸린 전기톱으로 위협하다가 피해견이 몸을 돌릴 때 전기톱의 엑셀을 당겨 절단하여 죽인 사건.

8 원심인 수원지방법원은 "동물보호법 제8조 제1항 제1호에서 정한 "잔인한 방법으로 동물을 죽이는 행위"의 경우, 원심이 적절히 판시한 바와 같이 그 입법취지에 비추어 보면 정당하고 합리적인 이유 없이 동물을 잔인한 방법으로 죽이는 행위를 구성요건으로 한다고 봄이 상당하다. 그런데 원심이 적법하게 채택하여 조사한 각 증거에 의하면, 이 사건 피해견인 로트와일러가 묶여있던 피고인의 진돗개를 공격하였고, 이에 엔진톱을 이용해 나무를 자르고 있던 피고인이 피해견을 쫓아버리기 위해 위 엔진톱으로 피해견을 위협하다가 이 사건 범행에 이르게 된 사실을 인정할 수 있으므로, 위 인정사실에 의하면, 피고인의 행위를 위 동물보호법 규정에서 정한 구성요건에 해당하는 행위라고 보기 어렵다."고 판단하면서 동물보호법 위반의 점에 대하여 무죄를 선고하였다.

고 동물보호법 위반 사실에 대해 유죄로 판단9하였다.

대부분의 동물 살해 사건에 본 제1호가 적용되어 기소되는 경우가 많다. 그런데, 법문상 잔인한 방법의 예시가 '목을 매다는' 방법만 규정하고 있고 '잔인한'이라는 문구 자체가 추상적이라는 이유로, 법원의 해석이 서로 달라지는 문제점이 존재하였다. 예를 들어, 개 농장주가 전기가 흐르는 쇠꼬챙이를 개 주둥이 등에 대어 기절시키거나 살해하는 동일한 방법을 두고 잔인한 방법이라고 보아 유죄로 판단한 사례가 있는가 하면, 잔인한 방법이 아니라고 하면서 무죄로 판단한 사례가 있다.10

이에 대해서는 최근 '잔인한 방법'에 대하여 해석한 대법원 판결(대법원 2018. 9. 13. 선고 2017도16732 판결)과 위 대법원 판결을 통해 파기환송된 사건에 관한 서울고등법원의 판결(서울고등법원 2019. 12. 19. 선고 2018노2595 판결)을 주목할 필요가 있다.

개 농장을 운영하는 A는 2011년부터 2016년까지 자신의 농장에서 전기가 흐르는 쇠꼬챙이를 개의 주둥이에 대 감전시키는 방법으로 연간 30여 마리를 도축하여 왔으며, 이에 대해 동물보호법 위반으로 기소되었다. 1심 법원(인천지방법원) 및 2심 법원(서울고등법원)은 개가 현실적으로 식용으로 이용되고 있으며, 전기도살은 법령에도 규정되어 있는 방법이므로 특별히 잔인하다고 볼 수 없다고 판단하여 모두 무죄를 선고하였다.11 그러나 대법원은 2018년 9월 13일 원심 판결을 파기환송하면서, 다음과 같이 판결이유를 설시하였다.

---

9 위 대법원 파기환송 이후 수원지방법원 2016. 8. 12. 선고 2016노755 판결을 통해 피고인에 대하여 동물보호법 위반 및 재물손괴죄를 유죄로 인정하고 벌금 70만 원의 형을 선고하였다.

10 광주지방법원 순천지원은 2016. 9. "누구든지 동물을 목을 매다는 등의 잔인한 방법으로 죽이는 행위를 하여서는 아니 된다. 그런데도 피고인은 위와 같은 일시, 장소에서 하루 평균 2~3마리의 개를 전기충격기 또는 칼을 이용하는 등의 잔인한 방법으로 죽이는 행위를 하였다"고 판시하며 피고인에게 동물보호법위반의 유죄를 선고한 반면(광주지방법원 순천지원 2016. 9. 8. 선고 2016고단877 판결), 인천지방법원은 2017. 6. "축산물 위생관리법 등 국내법령에 규정되어 있는 '전살법'이 피고인의 개 전기도살 행위에도 유추적용될 수 있다"는 등의 이유로 피고인에게 동물보호법위반의 무죄를 선고한 바 있다(인천지방법원 2017. 6. 23. 선고 2017고합70 판결). 그러나 위 인천지방법원 판결을 그대로 인정한 항소심 판결은 아래에서 보는 바와 같이 결국 대법원 판결에 의해 파기환송되었다.

11 인천지방법원 2017. 6. 23. 선고 2017고합70 판결 및 서울고등법원 2017. 9. 28. 선고 2017노2030 판결 참조.

1. 동물보호법 제8조 제1항 제1호가 금지하는 '잔인한 방법' 여부는 그 방법이 동물의 생명존중 등 국민 정서상 미치는 영향, 동물별 특성, 그 방법이 야기하는 고통의 정도와 지속시간, 대상 동물에 대한 그 시대, 사회의 인식 등을 종합적으로 고려하여 판단되어야 한다.

2. 동일한 도살방법이라도 도살과정에서의 고통의 정도, 지속시간은 동물별 특성 등에 따라 다르며, 특정 도살방법(전살법)이 법령에 규정되어 있다거나 동일하게 전류를 이용하여 도살한다고 하여 그 방법이 다른 동물에게도 적합한 도살방법이라고 볼 수 없다.

3. 원심은 '잔인한 방법'을 판단함에 있어 위 1.항과 같은 여러 사정을 고려하지 않았고, 피고인이 도살에 사용한 쇠꼬챙이의 전류 크기, 개가 감전 후 기절하거나 죽는데 소요되는 시간, 전기도살로 인해 개에게 나타날 체내·외 증상 등 필요한 심리를 하지 않았으므로 위법하다.

위와 같은 대법원 판결은 법상 '잔인한 방법'을 판단하는 구체적인 기준을 제시하였다는 점에서, 또한 동물의 '종'에 따른 특수성과 도살 과정에서 그 동물이 겪는 '고통의 정도'를 고려 기준으로 삼았다는 점에서 동물복지 측면에서 매우 중요한 판결에 해당한다.[12] 대법원 판결의 취지에 따라 파기환송심은 결국 원심판결을 파기하고 피고인에게 벌금 100만원의 선고를 유예함으로써 피고인의 동물보호법위반의 유죄를 인정하였다.[13] 나아가 위 재판부는 '잔인한 방법'에 대하여 다음과 같이 구체적으로 설시하고 있다.

1. 동물보호법 제8조 제1항은 "누구든지 동물에 대하여 다음 각 호의 행위를 하여서는 아니 된다"고 규정하고, 제1호에서 "목을 매다는 등의 잔인한 방법으로 죽이는 행위"를 들고 있다. 여기서 '잔인한 방법'인지 여부를 판단할 때에는 해당 도살방법의 허용이 동물의 생명 존중 등 국민 정서에 미치는 영향, 동물별 특성 및 그에 따라 해당 도살방법으로 인해 겪을 수 있는 고통의 정도와 지속 시간, 대상 동물에 대한 그 시대, 사회의 인식 등을 종합적

---

12 위 판결 전, 저자들이 대법원에 제출한 의견서는 이 책의 '부록'에 수록되어 있다.
13 피고인의 상고가 2020. 4. 9. 기각되어 결국 위 파기환송심 판결이 확정되었다(대법원 2020. 4. 9. 선고 2020도1132 판결).

으로 고려하여야 한다.

2. 특정 도살방법이 동물에게 가하는 고통의 정도를 객관적으로 측정할 수 없다고 하더라도, 그 사용되는 도구, 행위 형태 및 그로 인한 사체의 외관 등을 전체적으로 볼 때 그 도살방법 자체가 사회통념상 객관적, 규범적으로 잔인하다고 평가될 수 있는 경우에는 '잔인한 방법'에 해당한다. 또한 동일한 도살방법이라도 도살과정에서 겪을 수 있는 고통의 정도 등은 동물별 특성에 따라 다를 수 있고, 동일한 물질, 도구 등을 이용하더라도 그 구체적인 이용방법, 행위 태양을 달리한다면 이와 마찬가지이므로, 동물별 특성에 따라 해당 동물에게 주는 고통의 정도와 지속시간을 고려하여 특정 도살방법의 잔인한 방법 여부를 판단하여야 한다.

3. 도살에 있어 동물의 고통을 최소화하기 위해서는 반드시 사전에 의식을 잃게 하는 조치가 요구된다. 무의식을 유발하지 않고 동물을 전기적으로 마비시키는 것은 극도로 혐오적이며 수용해서는 안 된다. 쇠꼬챙이를 이용해서 감전하는 방식, 이를 개 주둥이에 집어넣어 도살하는 방식은 동물보호센터 지침 등이 정하는 인도적 도살 방식이 아니다. 국제협약은 동물의 도살방법 중 '즉각적으로 무의식에 빠뜨리지 않는 감전사'를 금지하고 있으며, 국내 동물도축세부규정은 축종별 기절방법을 규정하면서, 개의 경우와 비교적 유사한 돼지의 경우 일정 전류를 흘려 무의식 상태에 빠지게 한 후 방혈을 같이 하도록 규정하고 있다.

4. 그런데 피고인은 이른바 전살기를 개의 입에 대어 감전을 시켰으며 개가 쓰러진 후에 보통 방혈을 하지도 않았다. 도살되는 개가 위 과정을 통해 상당한 고통을 겪었을 것이라는 점을 충분히 추론할 수 있고 피고인은 개가 즉각적 무의식 상태에 이르도록 하기 위한 아무런 고려도 하지 않았다. 이러한 피고인의 행위는 비인도적인 도살방식으로서 동물보호법 제8조 제1항 제1호가 금지하는 '잔인한 방법'에 해당한다.

위 판결문을 요약하면, 본 호의 '잔인한 방법'인지 여부를 판단할 때에는 해당 도살방법의 허용이 동물의 생명 존중 등 국민 정서에 미치는 영향, 동물별 특성 및 해당 도살방법이 야기하는 고통의 정도와 지속 시간, 대상 동물에 대한 그 시대와 사회의 인식 등을 종합적으로 고려하여야 하며, 도살에 사용된 도구, 행위 형태, 구체적인 이용방법 및 그로 인한 사체의 외관 등을 전체적으로 볼 때 그 방법이 사회통념상 객관적, 규범적으로 잔인하다고 평가될 수 있으면 '잔인한 방법'에 해당한다. 또한 사전에 의식을 잃게 하는 등 동물의 고통을 최소화하지 않은 채 동물에게 상당한 고통을 겪게 하는 비인도적인 도살방법은 '잔인한 방법'이라고 볼 수 있다.

법원에서 본 호를 적용한 다른 사례들을 좀 더 살펴보면, 다른 사람이 기르는 진돗개가 밤마다 짖어 화가 난다는 이유로 나무몽둥이로 마당에 묶여 있던 위 개를 수회 때려 죽음에 이르게 한 행위,[14] 아파트 승강기 안에서 다른 사람이 기르는 고양이를 발로 20회 이상 걷어차 기절시킨 뒤 발로 머리를 밟아 죽인 행위,[15] 자신이 기르던 강아지가 대소변을 가리지 못한다는 이유로 강아지를 16층 베란다 창문 밖으로 던져 죽인 행위,[16] 길고양이들을 잡아 물에 익사시켜 죽인 행위,[17] 고독성 농약이 도포된 삼겹살을 먹게 하여 죽인 행위,[18] 마취제를 먼저 투약하지 않고 안락사 약품만 투여하여 죽음에 이르게 한 행위[19]를 모두 '잔인한 방법'에 해당하는 것으로 보고 있다.

② 제2호

제2호는 '노상 등 공개된 장소에서 죽이거나 같은 종류의 다른 동물이 보는 앞에서 죽음에 이르게 하는 행위'를 금지하고 있다. 사람들이 동물의 죽음을 목격하게 될 경우 정서적 충격을 받을 수 있고, 같은 장소에 있는 다른 동물 또한 두려움과 공포를 느낄 수 있으므로 본 호의 행위는 마땅히 금지되어야 한다. 다만, 동물이 앞에서 죽임을 당하는 것을 인지하는 동물이 느끼게 되는 공포감은 반드시 같은 종류의 동물에만 한하지 않을 것이므로, '같은 종류의' 부분은 삭제됨이 바람직하다고 본다.

---

14 의정부지방법원 고양지원 2017. 6. 8. 선고 2017고정370 판결.

15 광주지방법원 순천지원 2017. 2. 13. 선고 2016고정555 판결.

16 창원지방법원 마산지원 2017. 4. 5. 선고 2017고단194 판결.

17 수원지방법원 여주지원 2017. 10. 30. 선고 2017고정270 판결.

18 부산지방법원 서부지원 2019. 7. 18. 선고 2019고단537, 1028(병합) 판결.

19 광주지방법원 2023. 12. 7. 선고 2022노1901 판결.

본 호가 적용된 사안들을 살펴보면, '공개된 장소'란 문언 그대로 노상,[20] 바깥 테라스,[21] 개울가 옆 나무,[22] 아파트 화단[23] 등 누구나 볼 수 있는 개방된 공간을 의미한다. 개농장에서 다른 개가 보는 장소에서 전기 충격 도살의 방법으로 개 5마리를 죽인 사건의 경우 '같은 종류의 다른 동물이 보는 앞에서 죽음에 이르게 한 행위'에 해당하여 본 호가 적용되었다.[24]

③ 제3호

제3호는 '동물의 습성 및 생태환경 등 부득이한 사유가 없음에도 불구하고 해당 동물을 다른 동물의 먹이로 사용하는 행위'를 금지한다. 개정 전 동물보호법은 본 호에서 '고의로 사료 또는 물을 주지 아니하는 행위로 인하여 동물을 죽음에 이르게 하는 행위'를 금지하고 있었으나 위 내용은 개정 시 삭제되었다.[25] 본 호의 내용은 개정 전 동물보호법 시행규칙 제4조 제1항 제2호의 내용이 법률로 상향된 것이다. 따라서 개정 전후로 실질적인 내용상 변화는 없다고 할 수 있다.

④ 제4호

제4호는 '그 밖에 사람의 생명·신체에 대한 직접적인 위협이나 재산상의 피해 방지 등 농림축산식품부령으로 정하는 정당한 사유 없이 동물을 죽음에 이르게 하는 행위'를 금지하며, 제1호 내지 제3호의 보충적 규정으로 볼 수 있다. 제1호 내지 제3호와는 달리 동물 살해의 특정한 '방법'이 아닌 '정당한 사유 없이 동물을 죽음에 이르게 하는 행위'를 규정하고 있어 법 문언상 동물의 생명 침해 행위를 일반적·원칙적으로 금지하는 것으로 해석된다.

---

20 부산지방법원 서부지원 2018. 9. 18. 선고 2018고단998 판결.

21 인천지방법원 2017. 8. 10. 선고 2017고단1211 판결.

22 청주지방법원 2018. 2. 1. 선고 2017고정421 판결.

23 서울북부지방법원 2017. 10. 21. 선고 2017고단3153 판결.

24 광주지방법원 2017. 11. 24. 선고 2017고정1583 판결.

25 다만 해당 행위는 제10조 제1항 제4호 혹은 제4항 제3호를 적용하여 처벌할 수 있을 것이다.

이에 따라 법 시행규칙 또한 '예외적으로 동물을 죽음에 이르게 하는 것이 허용되는 경우'를 규정하는 것으로 개정되었다. 개정 전 시행규칙은 법에서 위임한 '정당한 사유' 대신 '정당한 사유 없이 동물을 죽음에 이르게 하는 구체적인 행위'의 유형을 열거한다는 점에서 지속적으로 문제가 제기되었는데,[26] 이러한 문제점이 개정된 시행규칙에서는 바로잡히게 되었다.

개정 시행규칙 제6조 제1항은 본 호의 "사람의 생명·신체에 대한 직접적인 위협이나 재산상의 피해 방지 등 농림축산식품부령으로 정하는 정당한 사유"로, "1. 사람의 생명·신체에 대한 직접적인 위협이나 재산상의 피해를 방지하기 위하여 다른 방법이 없는 경우, 2. 허가, 면허 등에 따른 행위를 하는 경우 및 3. 동물의 처리에 관한 명령, 처분 등을 이행하기 위한 경우"를 정하고 있다. 즉, 사람의 생명, 신체에 대한 직접적인 위협이 있거나 재산상 피해를 방지해야 할 급박한 상황이 있는 경우 '다른 방법이 없는 때' 부득이 동물을 죽음에 이르게 하는 행위, 가축전염병 예방법에 따라 행해지는 살처분 등의 행위, 야생생물 보호 및 관리에 관한 법률상 유해야생동물의 포획허가, 수렵면허 등에 따른 행위, 실험동물에 관한 법률에 따라 행해지는 동물실험 행위, 기타 동물의 처리에 관한 명령, 처분을 따르는 행위 등의 경우에만 동물을 죽음에 이르게 하는 것이

---

[26] 구체적으로, 식용 목적으로 개를 도살하는 행위는 동물보호법 본 호의 문언해석상 '정당한 사유 없이 죽음에 이르게 하는 행위'임이 명백하며, 이러한 해석에 따라 법원은 개 농장에서 식용 목적으로 개를 전기 충격하여 죽인 사건에 대해 동물보호법 본 호를 적용하여 동물보호법위반의 유죄를 인정한 바 있다(인천지방법원 부천지원 2018. 4. 16. 선고 2018고약1653 사건). 이 외에도 '말을 듣지 않는다', '대소변을 가리지 못한다', '화가 난다' 등과 같은 정당하지 않은 사유로 혹은 아무런 이유 없이 동물을 죽음에 이르게 하는 경우 실무상으로는 본 호를 문언 그대로 해석·적용하였다(부산지방법원 동부지원 2017. 1. 25. 선고 2016고정1241 판결, 청주지방법원 2017. 11. 29. 선고 2017고단1969 판결, 대구지방법원 2019. 7. 26. 선고 2019고합152 판결 등 다수). 즉, 농림축산식품부령으로 정하는 '정당한 사유 없이 죽음에 이르게 하는 행위'를 처벌하는 것이 아니라, '수의학적 처치의 필요, 동물로 인한 사람의 생명·신체·재산의 피해 등' 농림축산식품부령으로 정하는 '정당한 사유 없이' 동물을 죽음에 이르게 하는 행위를 처벌하였다. 반면, 유사한 사안에서 위 '농림축산식품부령으로 정하는 정당한 사유 없이 죽음에 이르게 하는 행위'를 한정적으로 해석하여, '4호의 경우 시행규칙에 열거된 목적이나 방법에 국한된 학대행위를 구성요건으로 삼고 있으므로 이 사안에 적용하지 않는다'고 판시하며 본 호를 적용하지 않은 사례도 존재한 바(인천지방법원 2017. 6. 8. 선고 2017고단3152 판결, 인천지방법원 2018. 6. 28. 선고 2018고단2062 판결 등), 개정 전 시행규칙 조항으로 말미암아 법령이 통일적으로 해석되지 못하고 동물 학대범죄 처벌의 사각지대를 발생케 하는 문제점이 존재했다.

금지되지 않는다.

반면 위와 같은 세 가지의 예외적·한정적인 사유 외에는 '동물을 정당한 사유 없이 죽음에 이르게 하는' 모든 행위가 금지되며, 이러한 개정은 정당하지 않은 동물 생명 침해행위를 더욱 폭넓고 명확하게 제한할 수 있게 되었다는 점에서 매우 타당하다.

2) 제10조 제2항

① 제1호

제2항은 제1호 내지 제4호에서 동물에게 고통을 주거나 상해를 입히는 일정한 행위를 금지하고 있다. 제1호의 경우 '도구·약물 등 물리적·화학적 방법을 사용하여 상해를 입히는 행위'를 원칙적으로 금지하면서, 다만, '질병 예방이나 치료 등 농림축산식품부령으로 정하는 경우'는 예외적으로 허용하고 있다. 동물보호법 시행규칙 제6조 제2항은 예외의 경우로서 "1. 질병의 예방이나 치료를 위한 행위인 경우, 2. 법 제47조에 따라 실시하는 동물실험인 경우, 3. 긴급 사태가 발생하여 해당 동물을 보호하기 위해 필요한 행위인 경우"를 규정하고 있으므로, 위 예외들을 제외하고 물리적·화학적 방법으로 동물에게 상해를 입혀서는 아니 된다.

입법적으로는 동물에게 상해를 입히는 경우뿐만 아니라 동물에게 불필요한 신체적·정신적 고통을 주는 행위 자체를 금지하는 것이 '동물학대'의 개념 및 '학대행위'를 금지하는 제2항의 취지에 더욱 부합하는 한편 동물보호에 더욱 실효적이다.[27]

---

27 독일의 「동물보호법(Tierschutzgesetz)」은 '척추동물을 합리적인 이유 없이 죽이거나 잔혹하게 극심한 고통 또는 괴로움을 가한 자'에게 3년 이하의 징역 또는 벌금형의 형벌을 부과한다(§ 17 Mit Freiheitsstrafe bis zu drei Jahren oder mit Geldstrafe wird bestraft, wer 1. ein Wirbeltier ohne vernünftigen Grund tötet oder 2. einem Wirbeltier a) aus Rohheit erhebliche Schmerzen oder Leiden oder b) länger anhaltende oder sich wiederholende erhebliche Schmerzen oder Leiden zufügt.). 오스트리아의 「동물보호법(Tierschutzgesetz)」 규정 역시 '동물에게 아픔, 고통, 부상을 입히거나 심한 공포를 느끼게 하는 행위' 자체를 금지하며, 특히 온도, 날씨, 산소부족, 활동제약으로 동물이 아픔, 고통, 부상, 심한 공포를 느끼도록 '방치'하는 행위뿐만 아니라 거처, 먹이, 돌봄에 있어서도 동물이 위와 같은 것을 느끼도록 방치하는 행위를 금지하고 있다(§ 5. (1) Es ist verboten, einem Tier

본 호가 적용된 사례를 살펴보면, 위험한 물건인 호미, 빠루, 회칼, 쇠파이프, 돌로 동물에게 상해를 입히는 것은 물론이고,[28] 화물차 적재함에 밧줄로 개를 팽팽하게 매단 뒤 운전하여 밧줄로 상해를 입힌 것,[29] 오토바이에 개를 묶어 500m 가량 운행하여 끌고 간 것,[30] 강아지 목 부위에 봉합되어 있던 실을 일부 잘라낸 것,[31] 개의 입, 항문 등에 자신의 성기를 갖다 대고 삽입을 시도한 행위[32] 등이 모두 도구·약물 등 물리적·화학적 방법을 사용하여 상해를 입히는 행위에 해당한다.

② 제2호

제2호는 '살아 있는 상태에서 동물의 신체를 손상하거나 체액을 채취하거나 체액을 채취하기 위한 장치를 설치하는 행위'를 금지하는 한편, 제1호와 마찬가지로 '질병 예방 및 동물실험 등 농림축산식품부령으로 정하는 경우'를 제외한다. 농림축산식품부령이 정하는 예외 사유는 위 제1호의 경우와 같다.

방법을 불문하고 '살아 있는 상태에서 동물의 신체를 손상'하는 경우 본 호가 적용되므로 실무상 본 호의 적용례가 상당히 많다. 판례를 살펴보면, (제1호와 같이) 도구 등을 사용함이 없이, 바닥으로 집어던지거나 주먹으로 때리는 행위,[33] 성기에 손가락을 집어넣어 찢어지게 한 행위[34]뿐만 아니라, 쇠파이프로 목 부위를 강하게 눌러 의식을 잃게 한 행위,[35] 주방용 칼로 복부를 가른 행

ungerechtfertigt Schmerzen, Leiden oder Schäden zuzufügen oder es in schwere Angst zu versetzen. (2) Gegen Abs. 1 verstößt insbesondere, wer: 10. ein Tier Temperaturen, Witterungseinflüssen, Sauerstoffmangel oder einer Bewegungseinschränkung aussetzt und ihm dadurch Schmerzen, Leiden, Schäden oder schwere Angst zufügt; 등 참조).

28 광주지방법원 장흥지원 2018. 3. 8. 선고 2017고정53 판결 등.
29 대전지방법원 공주지원 2018. 6. 5. 선고 2018고단142 판결.
30 대전지방법원 천안지원 2018. 6. 25. 선고 2018고단791 판결.
31 춘천지방법원 원주지원 2017. 1. 23. 선고 2016고단1110 판결.
32 대구지방법원 2019. 9. 3. 선고 2019고단2662, 3802(병합) 판결.
33 춘천지방법원 속초지원 2018. 12. 19. 선고 2018고단162 판결 등.
34 인천지방법원 부천지원 2017. 11. 17. 선고 2017고합197 판결.
35 부산지방법원 서부지원 2018. 4. 24. 선고 2017고단2001 판결.

위,36 삽으로 머리를 내리친 행위37와 같이 도구를 사용한 경우에도 제1호가 아닌 본 호를 적용하기도 하였다.

③ 제3호

제3호는 '도박·광고·오락·유흥 등의 목적으로 동물에게 상해를 입히는 행위'를 금지하나, 민속경기 등 농림축산식품부령으로 정하는 경우 즉 '전통 소싸움 경기에 관한 법률에 따른 소싸움으로서 농림축산식품부장관이 정하여 고시하는 것'은 허용하고 있다(시행규칙 제6조 제4항).

다만 투견, 투계, 소싸움 등 인간이 의도적으로 유발하는 동물싸움으로 인해 해당 동물이 부당하게 훈련에 이용되고 다치고 잔인하게 죽게 되는 일이 계속 발생하고 있다.38 이는 동물의 본래의 습성과 복지에 심각하게 반하는 것일 뿐 아니라, 인간의 유흥, 쾌락충족이라는 정당하지 않은 사유로 동물의 생명과 신체를 침해하는 것이다. 동물싸움은 이를 목격하는 인간의 폭력성과 사행성도 조장한다는 점에서 금지되어야 마땅하며, 민속경기라는 명분이 동물의 생명보호와 복지증진의 가치보다 우월하다고 볼 수는 없으므로, 소싸움 또한 궁극적으로는 조속히 금지되어야 할 것이다. 다만 소싸움이 지역경제에 미치는 영향을 조사하여 그 결과에 따라 일정 기간 경과규정을 두는 것을 고려해 볼 수는 있을 것이다. 환영할 일은 전북 정읍시가 2023. 10. 지자체 최초로 소싸움 대회를 폐지하겠다고 밝힌 것이다. 이로써 현재(2023년 10월 기준) 소싸움 대회를 여는 지자체는 전북 완주군, 충북 보은군, 대구 달성군과 경북 청도군, 경남 창원시, 진주시, 김해시, 의령군, 함안군, 창녕군이 있다.

④ 제4호

제4호는 '동물의 몸에 고통을 주거나 상해를 입히는 다음 각 목에 해당하

---

36 수원지방법원 성남지원 2018. 6. 27. 선고 2018고단857 판결.

37 인천지방법원 부천지원 2018. 2. 21. 선고 2018고정36 판결.

38 대전지방법원 서산지원 2017. 2. 24. 선고 2017고정1 판결, 수원지방법원 안산지원 2017. 4. 13. 선고 2017고단290 판결, 대구지방법원 2017. 11. 1. 선고 2017고정1777 판결, 광주지방법원 목포지원 2018. 1. 22. 선고 2017고단1415 판결 등 다수.

는 행위'를 규정하면서, 각 목에서는 "① 사람의 생명·신체에 대한 직접적 위협이나 재산상의 피해를 방지하기 위하여 다른 방법이 있음에도 불구하고 동물에게 고통을 주거나 상해를 입히는 행위(가목), ② 동물의 습성 또는 사육환경 등의 부득이한 사유가 없음에도 불구하고 동물을 혹서·혹한 등의 환경에 방치하여 고통을 주거나 상해를 입히는 행위(나목), ③ 갈증이나 굶주림의 해소 또는 질병의 예방이나 치료 등의 목적 없이 동물에게 물이나 음식을 강제로 먹여 고통을 주거나 상해를 입히는 행위(다목), ④ 동물의 사육·훈련 등을 위하여 필요한 방식이 아님에도 불구하고 다른 동물과 싸우게 하거나 도구를 사용하는 등 잔인한 방식으로 고통을 주거나 상해를 입히는 행위(라목)"를 금지하고 있다.

이는 개정 전 시행규칙 제4조 제6항 각 호에서 규정하던 내용을 법률로 상향한 것이다. 본 호의 경우에는 본 조 제1항의 경우와는 달리 문제점이 존재한다. 개정 전 제2항 제4호는 '그 밖에 수의학적 처치의 필요, 동물로 인한 사람의 생명·신체·재산의 피해 등 농림축산식품부령으로 정하는 정당한 사유 없이 신체적 고통을 주거나 상해를 입히는 행위', 즉 본 조 제1호 내지 제3호에 해당하지 않는 그 밖의 학대행위를 금지하는 보충적 규정을 두고 있었다.

위 '농림축산식품부령으로 정하는 정당한 사유'로 개정 전 시행규칙 제4조 제4항은 역시 '정당한 사유'가 아닌 '정당한 사유 없이 신체적 고통을 주거나 상해를 입히는 행위'를 규정함으로써, 금지되는 행위의 예외가 아닌 금지되는 행위 자체를 열거하는 문제가 있었다. 그런데 그러한 시행규칙의 해당 내용이 이번 개정을 통해 법률로 상향되어 버린 것이다. 이에 따라 '동물의 몸에 고통을 주거나 상해를 입히는 행위'의 경우 각 목에서 정하는 네 가지 경우만이 금지되게 되었다.

실무상으로는 개정 전 시행규칙에서 열거한 네 가지 경우에 엄격히 해당하지 않더라도 사회통념상 정당한 사유 없이 동물에게 상해를 입히는 경우 개정 전의 보충적 규정39을 적용하여 처벌하는 사례들이 존재하였다. 예컨대, 고양이

---

39 그 밖에 수의학적 처치의 필요, 동물로 인한 사람의 생명·신체·재산의 피해 등 농림축산식품부령으로 정하는 정당한 사유 없이 신체적 고통을 주거나 상해를 입히는 행위(개정 전 동물보호법 제2항 제4호).

를 낚시대로 자극하다가 고양이가 으르렁대며 저항하자 화가 나서 목검으로 수
회 세게 때린 행위,**40** 자신이 기르던 개를 지인에게 주기 위해 1톤 차량의 뒷번
호판 지지대에 줄로 개의 목을 매달아 1.3km를 운행하여 개를 다치게 한 행
위,**41** 자신의 팔을 물었다는 이유로 정당한 사유 없이 개의 몸통을 수 회 걷어
차 신체적 고통을 준 행위,**42** 자신이 기르는 개와 산책 중 정당한 사유 없이 목
줄을 잡아당겨 개를 공중에 붕 뜨게 하여 수회 돌린 행위,**43** 성적 욕구를 충족
하기 위해 암소의 생식기에 피고인의 성기를 집어넣는 행위**44** 등이 모두 '정당
한 사유 없이' 동물에게 신체적 고통을 주거나 상해를 입히는 행위에 해당된다
는 이유로 처벌되었다.

　　그러나 이번 개정을 통하여 개정 전 시행규칙의 한정적인 네 가지 금지 행
위가 법률에 규정됨에 따라, 위와 같은 실무상의 해석이 계속 이어질 수 있을지
의문이다. 위 네 가지 경우 중 어느 하나에 해당되지는 않지만 그 외 정당한 사
유 없이 동물의 몸에 고통을 주거나 상해를 입히는 행위의 경우(한 예로, 별 이유
없이 동물의 몸을 손으로 때리는 경우)에는 분명한 학대행위임에도 본 호 가목, 나
목, 다목 어디에도 해당되지 않으며, 라목의 경우 적용 가능성이 있으나 '잔인
한 방식'으로 고통을 주거나 상해를 입힐 경우 라목이 적용된다는 한계가 있어,
재판부의 판단에 따라 '잔인한 방식'이 아니라는 이유로 학대행위자가 무죄를
선고받을 여지가 있다.

　　위와 같은 문제를 방지하기 위해서는 본 호에 '마목'을 추가하여 "그 밖에
사람의 생명·신체에 대한 직접적인 위협이나 재산상의 피해 방지 등 농림축산
식품부령으로 정하는 정당한 사유 없이 동물에게 고통을 주거나 상해를 입히는
행위"를 보충적으로 규정하면서, 시행규칙에는 "해당 동물의 질병 예방이나 치
료, 법령에 따른 동물실험, 긴급한 사태가 발생한 경우 해당 동물을 보호하기
위하여 하는 행위" 등으로 예외를 규정하여야 한다.

40 　대구지방법원 김천지원 2018. 7. 19. 선고 2018고정190 판결.
41 　창원지방법원 마산지원 2017. 7. 14. 선고 2017고정274 판결.
42 　서울북부지방법원 2018. 10. 23. 선고 2018고정1193 판결.
43 　서울북부지방법원 2018. 10. 23. 선고 2018고정1235 판결.
44 　대전지방법원 천안지원 2019. 8. 29. 선고 2018고단2730 판결.

3) 제10조 제3항

제3항은 개정 전 동물보호법 제8조 제3항과 동일한 내용을 규정하고 있다. 소유자등이 없이 배회하거나 내버려진 동물(유실·유기동물) 또는 피학대동물 중 소유자를 알 수 없는 동물에 대하여 포획하여 판매하거나 죽이는 행위, 판매하거나 죽일 목적으로 포획하는 행위 또는 위와 같은 동물임을 알면서 알선·구매하는 행위를 각 금지한다. 유실·유기동물 또는 피학대 동물 중 소유자를 알 수 없는 동물은 적정한 보호를 받을 수 없는 상태에 놓여 있고, 시·도지사, 시장·군수·구청의 구조 및 치료·보호조치의 대상이 되므로(법 제34조 제1항), 이러한 보호 대상인 동물을 함부로 포획하여 판매하거나 알선·구매하는 행위, 판매 혹은 죽일 목적으로 포획하는 행위를 금지하는 것이다.

2017년 9월경, 집을 벗어나 배회하던 타인 소유의 래브라도리트리버견을 본인의 화물차에 싣고 탕제원으로 가 개소주로 만들어달라고 부탁하여 죽이게 한 사건(일명 '오선이 사건')에서 본 조항과 형법상 점유이탈물횡령의 혐의가 적용되었고, 피고인에게는 징역 6월, 집행유예 2년과 150시간의 사회봉사명령이 내려진 바 있다.[45]

4) 제10조 제4항

제4항은 동물 소유자등이 하여서는 아니 되는 행위들을 규정하고 있다. 제1호에서는 '동물을 유기하는 행위'를, 제2호에서는 '반려동물에게 최소한의 사육공간 및 먹이 제공, 적정한 길이의 목줄, 위생·건강 관리를 위한 사항 등 농림축산식품부령으로 정하는 사육·관리 또는 보호의무를 위반하여 상해를 입히거나 질병을 유발하는 행위'를, 제3호에서는 '위 제2호의 행위로 인하여 반려동물을 죽음에 이르게 하는 행위'를 각각 금지한다.

① 제1호
먼저 제1호에 따라, 동물의 소유자등은 동물을 유기하여서는 아니 된다.

---

45 부산지방법원 서부지원 2018. 5. 8. 선고 2017고단1870 판결.

여기서 유기(遺棄)는 자신의 보호·관리영역에서 동물을 영구적으로 이탈시키는 것을 의미한다. 매해 발생하는 유실·유기동물은 2015년 8만 2천여마리, 2016년 8만 9천여 마리, 2017년 10만 2,593마리, 2020년 13만 401마리로 계속 증가하고 있다.[46] 유기동물 수 급증 및 동물보호시설의 열악한 실태 등은 심각한 사회문제가 되고 있으며, 이러한 유기행위를 방지하고자 2020. 2. 11. 개정 시 유기행위에 대한 제재 수준이 과태료에서 300만 원 이하의 '벌금'으로 상향되었지만, 위 조항이 2021. 2. 12. 시행된 이후에도 현재까지 유기행위가 감소하는 유의미한 결과를 가져오지는 못하고 있다. 동물 이력제 도입, 동물등록 시 내장칩 방식의 통일, 등록 대상 동물의 확대 등 더욱 실효적인 유기 방지 대책을 다각적으로 마련하는 것이 절실하다.

② 제2호

제2호는 '반려동물에게 최소한의 사육공간 및 먹이 제공, 적정한 길이의 목줄, 위생·건강 관리를 위한 사항 등 농림축산식품부령으로 정하는 사육·관리 또는 보호의무를 위반하여 상해를 입히거나 질병을 유발하는 행위'를 금지하고 있으며, 이에 따라 시행규칙 [별표2]는 다음과 같이 규정하고 있다.

[별표 2] 반려동물에 대한 사육·관리·보호 의무
1. 동물의 사육공간(동물이 먹이를 먹거나, 잠을 자거나, 휴식을 취하는 등의 행동을 하는 곳으로서 벽, 칸막이, 그 밖에 해당 동물의 습성에 맞는 설비로 구획된 공간을 말한다. 이하 같다)은 다음 각 목의 요건을 갖출 것
   가. 사육공간의 위치는 차량, 구조물 등으로 인한 안전사고가 발생할 위험이 없는 곳에 마련할 것
   나. 사육공간의 바닥은 망 등 동물의 발이 빠질 수 있는 재질로 하지 않을 것
   다. 사육공간은 동물이 자연스러운 자세로 일어나거나 눕거나 움직이는 등의 일상적인 동작을 하는 데에 지장이 없도록 제공하되, 다음의 요건을 갖출 것

46 농림축산식품부 2018. 6. 28.자 보도자료, '17년 유실·유기동물 10만 마리 구조·보호' 및 농림축산식품부 2020년 반려동물 보호·복지 실태조사

1) 가로 및 세로는 각각 사육하는 동물의 몸길이(동물의 코부터 꼬리까지의 길이를 말한다. 이하 같다)의 2.5배 및 2배 이상일 것. 이 경우 하나의 사육공간에서 사육하는 동물이 2마리 이상일 경우에는 마리당 해당 기준을 충족하여야 한다.

2) 높이는 동물이 뒷발로 일어섰을 때 머리가 닿지 않는 높이 이상일 것

라. 동물을 실외에서 사육하는 경우 사육공간 내에 더위, 추위, 눈, 비 및 직사광선 등을 피할 수 있는 휴식공간을 제공할 것

마. 동물을 줄로 묶어서 사육하는 경우 그 줄의 길이는 2m 이상(해당 동물의 안전이나 사람 또는 다른 동물에 대한 위해를 방지하기 위해 불가피한 경우에는 제외한다)으로 하되, 다목에 따라 제공되는 동물의 사육공간을 제한하지 않을 것

바. 동물의 습성 등 부득이한 사유가 없음에도 불구하고 동물을 빛이 차단된 어두운 공간에서 장기간 사육하지 않을 것

2. 동물의 위생·건강관리를 위하여 다음 각 목의 사항을 준수할 것

가. 동물에게 질병(골절 등 상해를 포함한다. 이하 같다)이 발생한 경우 신속하게 수의학적 처치를 제공할 것

나. 2마리 이상의 동물을 함께 사육하는 경우에는 동물의 사체나 전염병이 발생한 동물은 즉시 다른 동물과 격리할 것

다. 동물을 줄로 묶어서 사육하는 경우 동물이 그 줄에 묶이거나 목이 조이는 등으로 인해 고통을 느끼거나 상해를 입지 않도록 할 것

라. 동물의 영양이 부족하지 않도록 사료 등 동물에게 적합한 먹이와 깨끗한 물을 공급할 것

마. 먹이와 물을 주기 위한 설비 및 휴식공간은 분변, 오물 등을 수시로 제거하고 청결하게 관리할 것

바. 동물의 행동에 불편함이 없도록 털과 발톱을 적절하게 관리할 것

사. 동물의 사육공간이 소유자등이 거주하는 곳으로부터 멀리 떨어져 있는 경우에는 해당 동물의 위생·건강상태를 정기적으로 관찰할 것

위 표에서 밑줄 친 내용이 최근 개정을 통해 추가된 부분이며, 나머지 소유자등의 사육·관리·보호 의무는 개정 전과 동일하다. 위 내용은 소유자등이 가지는 반려동물에 대한 돌봄의무의 '최소한'을 규정하고 있으며, 애니멀 호

딩[47]을 비롯하여 소유자등이 적정한 동물보호 의무를 위반함으로써 동물의 건강을 상하게 하는 경우를 규제할 수 있다.

본 호가 적용된 사례를 살펴보면, 자신이 소유하는 말 2마리에게 고의로 사료와 물을 주지 않아 죽음에 이르게 하고, 국제적 멸종위기종인 돼지꼬리원숭이를 허가 없이 소유하여 벌금 300만원(항소심에서 200만원으로 감경됨)의 형을 선고받은 사례 등이 있다.[48]

입법적으로는 독일, 스위스, 영국, 프랑스 등의 입법례를 참고하여 향후 소유자등이 사육·관리·보호의무를 위반하는 행위 그 자체로 (동물이 상해를 입지 않더라도) 제재할 수 있도록 하는 것이 필요하다. 영국, 프랑스 등의 경우 동물에게 필요한 사료 또는 물을 주지 않은 것 자체를 동물학대행위로 처벌하고 있으며, 그러한 행위가 '고의'에 기할 것을 요구하지도 않는다.[49] 독일은 반려견인지 상업 시설에서 기르는 개인지를 불문하고 개의 보호자는 충분한 사회적 접촉과 운동의 기회를 제공하도록 하며, 개를 실외에서 사육할 경우에는 더위와 추위 등을 피할 수 있는 편안한 공간을 제공하고, 줄에 묶어서 기를 경우에는 최소 6m 길이의 구동 장치를 사용하도록 하는 등 보호자의 돌봄 의무를 상세히 규정하고 있다. 이를 위반하는 경우에는 질서 위반 행위로 최대 2만 5000유로(한화 약 3500만 원)의 과태료가 부과된다.[50] 스위스는 모든 가축화된 동물 및 야생동물의 종별 복지를 충족시킬 수 있는 돌봄 의무를 상세히 규정하면서, 보호자가 이를 무시할 경우 최대 2만 스위스프랑(한화 약 2800만 원)의 벌금에 처한다.[51]

---

47 자신의 보살핌 능력을 넘어서서 과도하게 많은 동물을 키움으로써 동물에게 최소한의 복지를 제공하지 못하고 방치 상태에 이르게 하는 동물 학대 행위의 한 유형을 말한다.

48 의정부지방법원 고양지원 2017. 7. 6. 선고 2017고정553 판결.

49 영국 「동물복지법(Animal Welfare Act 2006)」 제9조 및 제32조 제2항, 프랑스 「형법(Code pénal)」 R653-1 등 참조. 위 두 법 모두 동물에게 필요한 사료나 물을 주지 않은 행위 자체를 동물 학대로 처벌하고 있다. 그리고 이 경우 적극적인 '고의'를 요건으로 하지 않으며, 프랑스는 '과실'로 인한 행위도 처벌한다.

50 독일 「동물보호법」 제2a조, 제18조, 동물보호-개 사육규정(법규명령) 제2, 4, 7조 등 참조.

51 스위스 「동물보호법」 제28조 및 그 시행령(Animal Protection Ordinance) 참조.

동물의 소유자등은 자신이 보호하는 동물에 대하여 최소한의 돌봄과 복지를 제공해야 할 책무가 있다는 점에서(법 제9조), 본 호 및 시행규칙 별표의 내용은 종별 동물의 습성과 복지를 고려하여 더욱 상세히 규정되는 한편, 모든 동물에게 적용되는 방향으로 개정되어야 하며, 나아가 동물 소유자등이 그 최소한의 사육·관리·보호의무를 위반할 경우에는 동물의 '상해' 혹은 '질병'이라는 결과를 따지지 않고 그 의무 위반을 이유로 (과태료나 벌금형 조항 마련을 통해) 규제할 필요가 있다.

③ 제3호

제3호는 제2호의 행위, 즉 '반려동물에게 최소한의 사육공간 및 먹이 제공, 적정한 길이의 목줄, 위생·건강 관리를 위한 사항 등 농림축산식품부령으로 정하는 사육·관리 또는 보호의무를 위반하여 상해를 입히거나 질병을 유발하는 행위'로 인하여 '반려동물을 죽음에 이르게 하는 행위'를 금지한다. 금지되는 행위 태양은 제2호의 내용과 동일하나, 그로 인하여 동물이 죽게 되는 결과에 이를 경우 더 높은 수준의 처벌이 필요하므로 제2호와 분리하여 규정한 것이다.

5) 제10조 제5항

① 제1호

제5항은 동물학대 외에 금지되는 행위를 규정하고 있다. 제1호는 '제1항부터 제4항까지(제4항 제1호, 즉 동물을 유기하는 행위는 제외한다)에 해당하는 행위를 촬영한 사진 또는 영상물을 판매·전시·전달·상영하거나 인터넷에 게재하는 행위'를 금지하는 한편, 예외적으로, '동물보호 의식을 고양시키기 위한 목적이 표시된 홍보 활동 등 농림축산식품부령으로 정하는 경우'는 금지하지 않는다. 여기서 농림축산식품부령으로 정하는 경우란, "1. 국가기관, 지방자치단체 또는 동물보호법 시행령 제6조 각 호에 따른 법인·단체가 동물보호 의식을 고양시키기 위한 목적으로 촬영한 사진 또는 영상물에 기관 또는 단체의 명칭과 해당 목적을 표시하여 판매·전시·전달·상영하거나 인터넷에 게재하는 경우, 2. 언론기관이 보도 목적으로 사진 또는 영상물을 부분 편집하여 전시·전달·상영하

거나 인터넷에 게재하는 경우 및 3. 신고 또는 제보의 목적으로 제1호 및 제2호에 해당하는 법인·기관 또는 단체에 사진 또는 영상물을 전달하는 경우"를 말한다(시행규칙 제6조 제6항). 인터넷 플랫폼, SNS가 발달한 현대 사회에서 각종 동물학대 장면을 촬영하고 게재, 유포하는 것이 큰 문제가 되고 있으며,[52] 이러한 행위는 보는 이들로 하여금 혐오감을 일으킬 뿐 아니라 생명경시 풍조를 조장하고 모방 범죄 및 더 큰 범죄로 이어질 가능성이 높으므로 엄격히 금지하여야 한다.[53]

② 제2호

제2호는 '도박을 목적으로 동물을 이용하는 행위 또는 동물을 이용하는 도박을 행할 목적으로 광고·선전하는 행위'를 금지하면서, '사행산업통합감독위원회법 제2조 제1호에 따른 사행산업은 제외'하고 있다. 2019. 8. 27. 일부개정 이전 조항은 '도박을 목적으로 동물을 이용'하는 행위만을 규정하고 있었는데, 위 개정을 통해 '동물을 이용하는 도박을 행할 목적으로 광고·선전하는 행위'까지 금지하였다. 다만, 도막으로 동물을 이용하거나 이러한 목적으로 광고·선전하더라도 단서에 따라 '사행산업통합감독위원회법'에 따른 사행산업, 즉 '한국마사회법의 규정에 따른 경마 및 전통 소싸움경기에 관한 법률에 따른 소싸움경기'는 금지되지 않는다.

그러나 살아있는 동물을 이용한 도박 행위는 동물을 한낱 인간의 유흥을 위한 도구나 물건으로 인식하게 하여 생명경시 풍조를 조장할 수 있고, 그 과정에서 동물이 다치거나 생명까지 침해될 위험이 항상 존재한다는 문제점을 고려할 때, 이러한 예외 사례를 두어야 하는지에 대한 사회적 논의가 필요할 것이다.

---

52 햄스터를 믹서기에 넣어 갈아버리는 동영상, 고양이를 잔혹하게 살해하거나 금붕어를 담뱃불로 지지는 동영상 등.

53 영국 「동물복지법(Animal Welfare Act 2006)」 제8조, 제32조는 동물 싸움의 동영상을 공급, 게재, 상영 또는 공급할 의도로 소지하는 것을 5년 이하의 징역 등으로 처벌하고 있으며, 미국 역시 플로리다 등 여러 주에서 동물싸움의 촬영 및 배포를 동물학대로 간주하여 금지하고 있다(2023 Florida Statutes 828.122 'Fighting or baiting animals; offenses; penalties.').

③ 제3호

제3호는 '도박·시합·복권·오락·유흥·광고 등의 상이나 경품으로 동물을 제공하는 행위'를 금지한다. 인형뽑기 기구 등에 가재 등 살아있는 생물을 넣고 뽑기를 하는 일명 '가재뽑기'나 물고기에 경품을 적어놓은 천 등을 부착시킨 뒤 낚시를 통해 그 물고기를 잡으면 경품을 타는 '도박낚시' 등 살아있는 동물을 이용하여 도박, 시합, 오락 등을 하는 경우가 적지 않았는데, 이에 대한 생명경시, 동물복지 침해 문제가 인식되면서 2017. 3. 21. 개정을 통해 마련된 규정이다.

④ 제4호

제4호는 '영리를 목적으로 동물을 대여하는 행위'를 금지하면서 '장애인복지법 제40조에 따른 장애인 보조견의 대여 등 농림축산식품부령으로 정하는 경우는 제외'하고 있다. 시행규칙 제6조 제7항은 '장애인복지법 제40조에 따른 장애인 보조견을 대여하는 경우' 외 '촬영, 체험 또는 교육을 위하여 동물을 대여하는 경우'를 정하면서, 다만, "이 경우 대여하는 기간 동안 해당 동물을 관리할 수 있는 인력이 제5조에 따른 적절한 사육·관리를 해야 한다."고 규정한다.

동물 대여행위 자체는 동물을 물건으로 취급하는 인식에서 비롯하고 있다. 동물을 대여하는 자는 이윤 극대화를 위해 동물의 정신적 고통이나 복지에는 상관없이 최대한으로 대여행위를 할 것이고, 동물을 빌리는 자는 동물을 적은 비용으로 이용하며 동물에 대한 책임을 회피할 가능성이 크다. 불특정 다수의 사람들에게 전전 이동되면서 해당 동물이 상당한 스트레스를 받을 것임은 명확하고, 이는 동물학대에 준하는 것이므로 금지하고 있는 것이다. 따라서 예외적으로 대여를 허용하는 경우에도 그 예외는 최소한에 그쳐야 할 것이며, 법률은 장애인 보조견의 대여와 같은 공익적 목적을 수반하는 대여의 경우를 예시하여 농림축산식품부령에 그 예외를 위임하였다.

그런데 위 시행규칙 조항 중 '촬영, 체험' 부분은 공익과는 무관한 부분일 뿐 아니라 대부분의 영리 목적 동물 대여가 개인의 '체험'을 목적으로 하고 있다는 점에서 사실상 영리 목적 동물 대여를 허용하는 것과 다름없도록 예외의 범위를 무한정 확대하고 있다. 비록 단서를 통하여 해당 동물을 관리할 수 있는 인력이 대여하는 기간 동안 적절한 사육·관리를 하여야 하도록 규정하고 있다

하더라도 이것이 실질적으로 지켜질 수 있을지는 의문이다.

3. 동물 학대행위에 대한 국내 처벌 현황

동물학대 사례의 발생 및 기소, 처벌 건수에 대한 공식적인 자료는 여전히 매우 부족하다. 공개되어 있는 자료 중 최근의 법무부 및 법원 통계에 따르면, 2017년부터 2022년 3월까지 약 5년간 동물보호법 위반으로 입건된 피의자 4221명 중 정식재판에 넘겨진 인원은 122명(2.9%), 그중 구속된 피의자는 4명 (0.1%)뿐이다. 1372명(32.5%)은 약식명령을 받았고, 1965명(46.6%)은 기소조차 되지 않았다. 한편, 최근 5년간 동물보호법 위반으로 재판을 받은 246명 중 140명 (56.9%)은 벌금형에 처해졌고, 징역형을 받은 사람은 단 45명, 그중 실형을 선고받은 사람은 12명(4.9%)뿐이다.

일부 주요 사례를 추려 보면, 2012년 일명 악마에쿠스 사건54의 경우, 피의자가 개를 단순히 줄에 묶어 트렁크에 넣어둔 채 차량을 운전한 것은 개의 죽음에 대한 고의가 없다는 이유로 불기소 처분되었다. 그러나 케이지에 넣는 등 적절한 조치 없이, 움직이는 개를 트렁크에 넣고 달릴 경우 개가 빠져나와 죽을 수도 있다는 점은 인식할 수 있고, 그럼에도 '어쩔 수 없다'고 생각하여 행위에 나아간 것은 형사상 '미필적 고의'가 있다고도 볼 수 있는 사안이었다. 당시 이러한 주장이 적극 제기되었지만 검찰은 받아들이지 않았다. 이 외 이와 유사했던 일명 악마 비스토 사건,55 순창 소 아사 사건,56 제주 개장수 트럭 사건57 모두 '불기소' 처분되었다.

---

54 2012년 4월 에쿠스 차량이 경부고속도로에서 트렁크에 비글견을 매단 채 질주해 개가 죽은 사건.
55 2012년 4월경 비스토 차량 주인이 개를 차량 뒷부분 견인 고리에 묶어 매단 채 700m가량 도로를 운전한 사건.
56 2012년 전북 순창군의 한 축산농가가 소 값 파동에 항의하기 위해 자신이 기르던 소 33여 마리를 일부러 굶겨 죽인 사건.
57 2012년 7월경 제주에서 목포로 운항된 한 여객선에서 살아 있는 개들이 작은 포획틀 케이지에 헤아릴 수 없을 정도로 짐짝처럼 빼곡히 쌓인 채 트럭에 운송되고 있는 것이 목격된 사건.

　이때까지의 동물보호법위반 사건들을 살펴보면, 전술한 것과 같이 법원은 대부분 벌금형을 선고하고 있으며, 절도나 주거침입, 특수재물손괴 등 다른 범죄와 동물보호법위반죄가 경합된 사건에서 일부 징역형과 집행유예를 선고하는 경향이 있었다.

　예를 들어, 이웃집의 진돗개가 짖어서 화가 난다는 이유로 마당에 묶여 있던 개를 나무몽둥이로 수회 때려 죽음에 이르게 한 사건이 벌금 30만원을 선고받는데 그쳤고,58 다른 사람의 강아지가 자신의 강아지를 찾아왔다가 가지 않는다는 이유로 옥상에서 던져 죽게 한 사건은 벌금 150만원이 선고되었다.59 길고양이를 포획하여 철제 우리에 가둔 뒤 불에 달군 쇠꼬챙이로 찌르고 주전자로 끓인 물을 들이붓고 몸에 기름을 부어 불을 붙이는 등 학대하고, 이후 자신이 기르는 개로 하여금 고양이를 물어뜯어 죽이게 하면서 이러한 학대 및 살해 행위를 촬영하여 그 영상을 유튜브 등에 게시한 학대자의 경우 그 범행수법 등이 극도로 잔혹하였음에도 징역 4월, 집행유예 2년 및 벌금 300만원을 선고받았을 뿐이다.60 또, 아무런 정당한 이유도 없이 새끼 고양이 3마리를 검정색 비닐봉지에 넣은 다음 울음소리가 나지 않을 때까지 내리쳐서 두개골이 깨지게 하는 등 위 고양이 3마리를 모두 잔인하게 죽인 학대자에게는 단지 벌금 200만원만이 선고되었다.61

　대부분의 동물 학대 사건에서 법원은 피고인의 범행수법이 아무리 잔인하고 피해가 심각하더라도 피고인이 뒤늦게 반성한다는 이유 등으로 형량을 대폭 감경하고 있는데, 이로 미루어 보아 우리나라는 아직 동물 학대범죄에 대한 경각심과 처벌수위가 매우 낮은 편이라고 할 수 있다.62 그러나 동물 학대는 자신

58　의정부지방법원 고양지원 2017. 6. 8. 선고 2017고정370 판결.
59　부산지방법원 동부지원 2017. 1. 25. 선고 2016고정1241 판결.
60　대전지방법원 홍성지원 2017. 5. 2. 선고 2017고단127 판결.
61　부산지방법원 2019. 11. 12. 선고 2019고정859 판결.
62　반면, 미국의 경우 2020. 3. 자신이 기르는 강아지를 석궁으로 쏘아 죽인 남자에게는 (비록 그가 초범이고 6명의 자녀를 부양하여야 하는 상황이었음에도 불구하고) 징역 2년이 선고되었고(https://apnews.com/ded4decb35953d46466f9e165cad3d19), 2015. 미국 사우스캐롤라이나 주에서 강아지를 트럭에 매단 채 빠른 속도로 1.5km를 주행하여 피해견이 다리 살점이 떨어져 나가는 등 부상을 입은 사건에서, 학대자는 법정 최고형인 5년을 받기도 하였다(https://www.cbsnews.com/ news/s-

보다 약한 생명체에 대한 가학적·폭력적 행위이자 생명을 가볍게 여겨 인간을 포함한 다른 생명에 대한 범죄로도 발전할 수 있는 심각한 반사회적 범죄이다.[63] 따라서 동물 학대범죄에 대한 경각심을 높이고 이에 대한 처벌을 더욱 강화할 필요가 있다.

고무적인 것은 최근 들어 사회적으로 동물권 인식이 조금씩 성장하고 있으며, 그에 따라 재판부의 동물 학대 사건에 대한 엄벌 사례가 속속 등장하고 있다는 것이다. 2018년 1월경 천안 소재 펫숍에서 견주가 무려 개 79마리를 방치하여 죽게 한 사건에서는 이례적으로 견주에게 사전 구속영장이 발부되었고, 1심에서 징역 8월, 집행유예 2년의 형이 선고되었다.[64] 2019년 7월경 서울 마포구 경의선숲길에서 타인이 기르는 고양이를 바닥에 내리치고 머리를 밟는 등 잔인하게 살해한 사건에서는 피고인이 이례적으로 징역 6월의 실형을 받아 법정구속 되었으며,[65] 타인의 반려견 '토순이'의 머리를 심하게 훼손하는 등 잔혹하게 살해한 일명 '토순이 사건'에서는 피고인이 징역 8월의 실형을 선고받았다.[66] 2022년 9월에는 초등학교 인근 등지에서 길고양이 10여 마리를 잔혹하게 살해하고 사체를 전시한 자에 대해 징역 2년 6월이 내려졌으며,[67] 2023년 5월 11일 수원지방법원 여주지원에서는 2020년부터 3년간 경기 양평군의 한 주택

---

c—man—gets—10—5—years—in—dog—dragging—incident/). 영국의 경우, 2016. 9. 개를 차 안에 수 시간 방치하여 더위로 사망케 한 자에게 18주의 징역형(단, 2년의 집행유예) 및 1,900파운드의 벌금 및 향후 10년간 동물 소유가 금지되는 처분이 내려졌다(https://www.birminghammail.co.uk/news/ midlands —news/law—leaving—your—dog—hot—13096902). 우리나라에서는 강아지를 옥상에서 던져 죽게 한 행위에 대하여 피고인에게 벌금 150만원을 선고하였음에 반해, 미국에서는 강아지를 발코니 밖으로 던져 상해를 입힌 피고인에 대해 (피고인의 가정환경, 반성에도 불구하고) 징역 3년형을 선고하였다 (https://www.wsbtv.com/news/local/man—sentenced—3—years—jail—throwing—dog—over—balco/ 138193128/).

63 미국 연방수사국(FBI) 또한 동물학대를 살인사건과 같은 주요 반사회적 범죄로 분류하고, 관련 정보를 전국사건시스템에 입력하며, 동물학대자의 신원을 공개한다.

64 대전지방법원 천안지원 2018. 7. 13. 선고 2018고단530 판결.

65 서울서부지방법원 2019. 11. 21. 선고 2019고단2803 판결. 이후 피고인과 검사 측이 항소했으나 모두 기각되었다(서울서부지방법원 2020. 2. 13. 선고 2019노1696판결).

66 서울서부지방법원 2020. 4. 20. 선고 2020노158 판결.

67 대구지방법원 포항지원 2022. 9. 21. 선고 2022고단774 판결. 이후 항소심(대구지방법원 2022. 11. 25. 선고 2022노3628 판결)에서도 같은 형이 선고되었다.

내에서 개, 고양이 1256마리를 굶겨 죽인 사람에게 징역 3년이라는 동물 학대 범죄 사상 최고 형량이 선고되기도 했다.

　앞으로 동물 학대범죄에 대한 심각성 인식이 더욱 높아지고 학대 행위에 대한 처벌이 강화되어야 마땅하다는 것은 두말할 필요가 없다. 그 이유를 구체적으로 설시한 판결문(울산지방법원 2020. 5. 8. 선고 2019고단3906 판결)이 있어 그 일부를 발췌하여 인용한다.

> "전 세계 및 우리나라의 동물에 대한 인식 변화와 이를 반영한 입법 내용 및 동물보호법의 목적과 체계 등을 살펴볼 때 이제는 동물의 생명 및 신체의 온전성도 보호법익으로서 소중히 다루어져야 할 가치에 해당하며, 이를 보호해야 할 필요성과 당위성도 충분히 인정된다고 볼 수 있다. 그러므로 동물의 생명이나 신체를 침해하거나 학대하는 행위의 위법성을 더 이상 간과하거나 경시하여서는 안 된다.
>
> 동물에 대한 생명침해행위나 학대행위가 있을 경우 동물 역시 그러한 고통을 느끼면서 소리나 몸짓으로 이를 표현하며 고통을 호소하는데, 이에 아랑곳하지 않고 계속하여 학대행위를 한다는 것은 생명체에 대한 존중의식이 미약하거나 결여되어 있지 않고서는 어려운 일이라고 판단된다. 그러므로 동물학대행위를 단순히 권리의 객체인 물건의 손괴행위로 인식할 수는 없으며, 특히 가학적, 충동적으로 동물을 학대하는 행위는 생명체에 대한 심각한 경시행위에 해당하므로 이에 대하여는 더욱 엄격히 죄책을 물어야 함이 타당하다. 게다가 동물이라는 생명체에 대한 경시행위에 대하여 우리가 더욱 신경을 쓰고 이를 방지해야 하는 이유는 동물을 학대하는 사람이 언젠가 그 학대나 폭력행위를 사람에게 하지 않을 것이라고 단정할 수 없기 때문이다.
>
> 더 나아가 동물학대행위를 방지해야 하는 이유는 그것이 사회적으로나 생태적으로 가장 미약한 존재에 대한 폭력적이고 잔인한 행위에 해당하기 때문이다. 동물학대행위는 사회에서 가장 지위가 낮은 존재에 대한 혐오 내지 차별적 행동으로 볼 수 있다. 그러한 혐오 내지 차별적 행동을 용인하거나 그 위법성을 낮게 평가한다는 것은 우리 사회가 그 밖의 사회적 소수자들에 대한 혐오 내지 차별적 행동, 폭력적 행동까지도 간과하거나 심각성을 인식하지 못한다는 것을 보여주는 반증이 될 수도 있다. 동물에 대한 학대를 막는 것이 중요한 이유는 기본적으로는 생명을 가지고 고통을 느끼는 생명체에 대한 존중이라는 관점과

연결되기 때문이고, 더 나아가 단순히 동물을 위해서가 아니라 그것이 우리 사회에 존재하는 사회적 약자나 소수자에 대한 존중과 보호로 연결될 수 있기 때문이다. 따라서 동물에 대한 보호와 학대 방지는 단지 인간이 만물의 영장이라는 지위에서 가지고 있는 도덕적 의식과 의무감에서 필요한 것을 넘어서서 전체 사회구성원의 존중과 배려 및 보호라는 관점에서 인간 자신에게 필요한 것이다."

4. 입법과제

가장 필요한 입법적 개선은 동물 학대를 예방하고 학대가 반복되지 않도록 하는 법적 장치를 마련하는 것이다. 현재 우리 법에는 동물을 학대한 자로부터 동물을 강제로 몰수하거나 향후 동물의 소유 등을 제한하는 조항이 존재하지 않는다. 이 때문에 동물을 학대한 자에 대하여 법 제34조 제1항에 따른 일시적 격리조치 외에는 어떠한 효율적인 동물보호 조치도 할 수 없고, 학대자는 여전히 피해동물에 대한 소유권을 주장할 수 있으며 추가적인 학대를 방지할 수 없는 심각한 문제점이 존재한다.

주요 외국 입법례에 따르면 법원은 동물 학대의 유죄 판결을 선고하면서 학대행위자의 동물 소유, 양육 및 동물을 이용한 거래 등을 금지할 수 있으며, 피해 동물을 몰수할 수도 있다.[68] 아울러 동물 학대범죄와 생명경시범죄, 심리적 정서적 불안의 연관성이 주목되면서, 학대자에 대한 심리치료 및 동물보호 교육에 대한 규정을 두고 있는 사례도 적지 않다.[69]

---

68 미국 테네시「주법(2016 Tennessee Code)」§ 39-14-202는 법원이 유죄 판결을 받는 동물학대자에게 해당 동물의 포기 및 몰수 명령을 부과할 수 있도록 하고, 이때 해당 동물의 보호는 주법에 의해 설립된 동물보호단체 '휴메인소사이어티'에게 맡겨진다. 미국 플로리다「주법(2019 Florida Statutes」 828.12 역시 법원이 유죄판결을 내리면서 동물 학대자에게 일정 기간 동물의 소유, 보관 등을 금지할 수 있도록 규정하고, 델라웨어「주법(Delaware code」은 15년까지도 동물 소유를 금지할 수 있도록 제한하고 있다(Title 11, Chapter 5, 1325). 영국「동물복지법」도 동물 학대자가 유죄 판결을 받을 시 법원이 해당 동물을 몰수하고, 학대자에게 동물 소유, 거래 등의 권리를 일정 기간 박탈할 수 있도록 규정한다(제34, 35조). 독일「동물보호법」에 따르더라도 동물 학대의 유죄 판결을 받을 경우 동물의 소유권, 양육권 또는 동물 거래 자격이 박탈되거나 동물을 압수당할 수 있다(제19, 20조).

69 미국의 플로리다, 아이오와 등 30여 개 주에서는 법원이 동물 학대에 대한 형사처벌에 더하여 학대자

이러한 입법례를 참고하여 최근 전부개정된 개정 동물보호법에는 법원이 학대행위자에 대해 유죄판결을 선고하는 경우 200시간의 범위에서 재범예방에 필요한 수강명령 또는 치료프로그램의 이수명령을 병과할 수 있도록 하는 규정이 신설되었다(제100조 제1항). 그러나 아쉽게도 법원이 학대행위자에게 피학대동물에 대한 사육을 잠정적으로 금지할 수 있는 내용, 나아가 유죄판결을 선고할 경우 최장 5년간 동물 사육 등을 금지할 수 있게 하는 내용은 당초 개정안에 담겨있었음에도 법무부와 법원행정처의 소극적 의견에 따라 결국 개정법에 포함되지 못하였다. 동물은 단순히 '소유물'로만 취급될 수 없으며, 동물의 생명 보호 및 학대범죄의 재발 방지는 사회적으로 보호되어야 할 중요한 가치라는 점에서, 동물학대를 범한 행위자에 대해서는 법원의 판단에 따라 동물에 대한 소유, 동물을 이용한 거래 등을 제한할 필요가 크다. 따라서 재범의 우려가 있거나 동물 보호를 위해 필요한 경우 학대행위자의 동물 사육을 임시로 제한할 수 있도록 하는 조항, 유죄판결 선고 시 피학대동물을 몰수할 수 있도록 하는 조항 및 향후 일정 기간 학대행위자의 동물 소유, 사육, 거래 등을 금지할 수 있도록 하는 조항이 조속히 마련되어야 할 것이다.

에게 심리치료, 상담, 교육 등을 받도록 명령한다(플로리다 주법 828.12, 아이오와 주법 717B.1 등 참조).

제11조 동물의 운송

① 동물을 운송하는 자 중 농림축산식품부령으로 정하는 자는 다음 각 호의 사항을 준수하여야 한다. 〈개정 2013. 3. 23., 2013. 8. 13.〉

  1. 운송 중인 동물에게 적합한 사료와 물을 공급하고, 급격한 출발·제동 등으로 충격과 상해를 입지 아니하도록 할 것

  2. 동물을 운송하는 차량은 동물이 운송 중에 상해를 입지 아니하고, 급격한 체온 변화, 호흡곤란 등으로 인한 고통을 최소화할 수 있는 구조로 되어 있을 것

  3. 병든 동물, 어린 동물 또는 임신 중이거나 젖먹이가 딸린 동물을 운송할 때에는 함께 운송 중인 다른 동물에 의하여 상해를 입지 아니하도록 칸막이의 설치 등 필요한 조치를 할 것

  4. 동물을 싣고 내리는 과정에서 동물이 들어있는 운송용 우리를 던지거나 떨어뜨려서 동물을 다치게 하는 행위를 하지 아니할 것

  5. 운송을 위하여 전기(電氣) 몰이도구를 사용하지 아니할 것

② 농림축산식품부장관은 제1항제2호에 따른 동물 운송 차량의 구조 및 설비기준을 정하고 이에 맞는 차량을 사용하도록 권장할 수 있다. 〈개정 2013. 3. 23.〉

③ 농림축산식품부장관은 제1항과 제2항에서 규정한 사항 외에 동물 운송에 관하여 필요한 사항을 정하여 권장할 수 있다. 〈개정 2013. 3. 23.〉

제101조 ③ 다음 각 호의 어느 하나에 해당하는 자에게는 100만원 이하의 과태료를 부과한다.

  2. 제11조제1항제4호 또는 제5호를 위반하여 동물을 운송한 자

  3. 제11조제1항을 위반하여 제69조제1항의 동물을 운송한 자

1. 입법 취지 및 연혁

    동물의 운송에 관한 규정은 1991년 제정 동물보호법의 첫 전부개정이 이루어진 2008. 1. 26. 신설되어 2008. 1. 27. 시행되었다. 동물의 운송은 판매, 이동을 위한 경우도 있지만, 실무상으로는 동물의 도살·처리를 위하여 사육 장

소로부터 도축장 등으로 이동하기 위한 운송이 그 규모나 빈도가 크다고 할 것이다. 따라서 본 조항은 동물의 생을 임의로 단절시켜 '축산물'로 이용함을 전제로 한 운송과정이라 하더라도, 동물이 '생명'임을 고려하여 불필요한 고통을 느끼지 않도록 하려는데 의의가 있다.

2. 조문 해설

동물의 '운송'이라 함은 차량을 이용하여 국내에서 동물을 이동시키는 것을 말하며 동물의 상차, 운전, 휴식 및 하차 등 출발에서 도착까지 작업 과정을 말한다.[70] 즉, 제11조의 적용을 받는 '동물을 운송하는 자'에는 '영리를 목적으로 「자동차관리법」 제2조 제1호에 따른 자동차를 이용하여 동물을 운송하는 자'만이 해당된다.[71]

동물을 운송하는 자는 동물을 자동차에 싣고 이동하여 내리는 과정 전반에 있어서 법률이 정하는 사항을 준수하여야 하는데, 동물을 싣고 내리는 과정에서 운송용 우리를 던지거나 떨어뜨려 동물이 다치게 하는 행위를 해서는 안 되고, 운송을 위하여 전기(電氣) 몰이도구를 사용해서는 안 된다.

또한, 동물을 운송하는 자는 운송 중인 동물에게 적합한 사료와 물을 공급하여야 하며, 이동하는 동안 급격한 출발·제동 등으로 충격과 상해를 입게 해서는 안 된다. 운송용 자동차는 급격한 체온 변화, 호흡곤란 등으로 인한 고통을 최소화할 수 있는 구조여야 하고, 병든 동물, 어린 동물 또는 임신 중이거나 젖먹이가 딸린 동물을 운송하는 경우에는 다른 동물들로 인해 상해를 입지 않

---

[70] 농림축산검역본부(동물운송 세부규정)
제2조(용어의 정의) 이 고시에서 사용하는 용어의 정의는 다음과 같다.
1. "운송"이라 함은 차량을 이용하여 국내에서 동물을 이동시키는 것을 말하며 동물의 상차, 운전, 휴식 및 하차 등 출발에서 도착까지 작업 과정을 말한다.
(이하 생략)

[71] 동물보호법 시행규칙 제7조(동물운송자) 법 제11조제1항 각 호 외의 부분에서 "농림축산식품부령으로 정하는 자"란 영리를 목적으로 「자동차관리법」 제2조제1호에 따른 자동차를 이용하여 동물을 운송하는 자를 말한다.

도록 칸막이 설치 등의 필요한 조치를 하여야 한다.

농림축산검역본부고시 제2018－29호「동물운송 세부규정」은 법 제11조 제 2, 3항에 따라 동물 운송 차량의 구조 및 설비기준 등 동물운송에 관하여 필요한 사항에 관하여 구체적인 기준을 제시하고 있다. 다만, 위 고시의 규정은 훈시규정에 불과하여 위반 시 처벌규정은 두고 있지 아니하다.

법은 동물의 운송에 관한 규정 위반을 이유로 하는 형사 처벌 규정을 두고 있지 않다. 다만, ① 동물을 싣고 내리는 과정에서 동물이 들어있는 운송용 우리를 던지거나 떨어뜨려서 동물을 다치게 하는 행위를 한 경우, ② 운송을 위하여 전기(電氣) 몰이도구를 사용한 경우, ③ 동물 운송의 준수사항을 위반하여 반려동물을 운송한 경우에 100만 원 이하의 과태료를 각각 부과하도록 정하고 있다. 이는 동물의 운송에 관하여 법령 위반이 발생할 시 질서위반행위로 과태료에 처하는 독일 입법례와 유사하나, 형사 처벌 규정을 두고 있는 뉴질랜드(벌금 또는 금고), 대만(벌금)과는 다르다.

3. 입법과제

동물의 운송이 주로 육상에서 이루어지기는 하나, 반려동물의 해외입양, 동물의 판매 등 선박, 항공기 등을 이용한 운송도 증가하고 있다는 점에서 '동물운송'의 범위에 '자동차를 이용하여 동물을 운송'하는 경우만 포함되고 선박, 항공기 기타 운송수단을 이용하는 경우에 대한 적절한 행위규범이 없다는 점은 문제이다.

또한, 농림축산검역본부고시인 「동물운송 세부규정」은 운송되는 동물의 안전과 복지를 위한 최소한의 기준이라 볼 수 있으므로 이를 엄격히 적용할 수 있도록 위반 시 처벌의 법적 근거를 마련할 필요가 있다.

나아가 '운송 규정을 위반'하는 행위는 결과적으로 동물에게 충격과 상해를 입게 하거나 급격한 체온 변화, 호흡곤란 등으로 인해 동물에게 고통을 유발한 경우인 바 이는 결과적으로 '동물학대'가 발생하였음을 의미하므로 그 위반에 대한 처벌로서 '과태료'가 아닌 '형사처벌'을 과하는 것이 제10조와의 균형에 비추어 볼 때 타당하다.

제12조 반려동물 전달 방법

반려동물을 다른 사람에게 전달하려는 자는 직접 전달하거나 제73조제1항에 따라 동물 운송업의 등록을 한 자를 통하여 전달하여야 한다.

제101조(과태료) ③ 다음 각 호의 어느 하나에 해당하는 자에게는 100만원 이하의 과태료를 부과한다.

　3. 제12조를 위반하여 반려동물을 전달한 자

1. 입법취지 및 연혁

　　반려동물과 함께하는 사람들이 늘어나면서 반려동물의 입양, 보호 등을 위한 반려동물의 이동 역시 증가하였다. 그런데 이렇게 반려동물이 사람으로부터 사람에게로 이동하는 경우, 이를 물건처럼 택배 또는 퀵서비스를 이용하는 경우가 발생하고 있다. 이러한 행위는 동물의 안전과 복지를 해하고 그 결과 동물의 건강상태를 악화시키거나 동물을 죽음에 이르게 하는 위험성을 가지고 있다.

　　이에 반려동물을 다른 사람에게 전달하려는 사람은 직접 전달하거나 동물 운송업의 등록을 한 자를 통하여 전달하도록 규정을 마련하였다.

　　본 조 규정을 신설하였던 구법(법률 제12051호)은 반려동물에 대한 수요가 늘어나면서 함께 증가하였던 '전자상거래방법을 통한 반려동물 판매'의 경우에 택배·퀵서비스 등을 이용한 동물의 배송을 규제하기 위하여 '동물판매자'에 대한 제재의 형태로 규정되어 있었다.[72]

　　그러나 반려동물의 이동은 '판매'의 경우뿐만 아니라 경우에 따라 상시 일어날 수 있다는 점에서 '판매'로 인한 전달 외에 반려동물을 전달하는 모든 경우에 대한 규제의 필요성이 제기되었다. 이에 개정법은 본 조의 적용대상을 '반

72　구 동물보호법(법률 제16977호)
　　제9조의2(반려동물 전달 방법) 제32조제1항의 동물을 판매하려는 자는 해당 동물을 구매자에게 직접 전달하거나 제9조제1항을 준수하는 동물 운송업자를 통하여 배송하여야 한다.

려동물을 판매하려는 자'가 아닌 '반려동물을 다른 사람에게 전달하려는 자'로 개정하였다.

2. 조문 해설

반려동물을 다른 사람에게 전달하려는 자는 '배송' 등의 방법을 이용할 수 없고, 해당 동물을 전달받는 자에게 '직접' 전달해야 한다. 또는 제73조 제1항에 따라 동물운송업의 등록을 한 자를 통하여 전달하여야 한다.

여기서 '반려동물'이란 반려(伴侶)의 목적으로 기르는 개, 고양이 등 농림축산식품부령으로 정하는 동물을 말하고(제2조 제7호), 동물보호법 시행규칙은 '개, 고양이, 토끼, 페럿, 기니피그 및 햄스터'를 반려동물로 정하고 있다.

본 조를 위반한 방법으로 반려동물을 전달하는 자는 100만 원 이하의 과태료가 부과될 수 있다(제101조 제3항 제3호).

3. 입법과제

제73조 제1항에 따라 동물운송업의 등록을 한 자를 통하여 전달하는 경우가 아닌 한, 동물을 '직접' 전달해야 하므로, 택배나 퀵서비스 등 동물의 안전을 전혀 고려하지 않은 배송방법을 이용하지 못하게 하였다는 점에서는 바람직하다. 특히 개정 전 동물보호법과 달리 '동물판매'의 경우 외에 '반려동물을 전달하려는 모든 자'가 본 조의 적용을 받게 되어 법률의 적용 범위를 확대하였다는 점에서는 긍정적이다.

그러나 동물 운송업자가 제9조 제1항을 준수하지 아니한 경우, 동물판매자의 책임을 어디까지 인정할 수 있을지[73] 판단하기 어렵다. 또한 위반 시 처벌이 '과태료'에 그친다는 점에서 동물운송 규정과 같이 '동물학대 처벌'과의 균형상 문제가 있다.

---

[73] 예를 들면, 해당 동물운송업자의 제9조 제1항의 준수여부에 관하여 중과실 등으로 제대로 판단하지 아니한 경우 해당 운송업자를 통해 반려동물을 전달한 자의 책임을 인정할 수 있을 것인지 등.

특히 개정 전 동물보호법에서 반려동물의 전달방법을 위반하여 동물을 판매한 자에 대하여 300만원 이하의 과태료를 부과하도록 하였던 데에 비해, 이번 개정으로 인해 '100만원 이하의 과태료'를 부과하도록 한 점은 반려동물의 전달방법에 따라 동물이 상해를 입거나 죽음에 이르는 등 동물학대의 결과를 가져올 수 있다는 위험성에 비해 이에 대한 벌칙이 지나치게 경하다.

나아가 본 조는 '반려동물'을 전달하는 경우만을 그 규율 대상으로 하고 있어 반려동물이 아닌 동물을 전달하는 경우 아무런 규율을 할 수 없다. 거북이와 카멜레온, 도마뱀 등 갖가지 야생동물을 인터넷을 통해 판매하고 작은 상자나 페트병 등에 담아 택배로 배송하는 방식으로 운영하는 업체가 국내 300여 곳에 이르지만 판매 행위부터 그 배송방법까지 제재가 매우 미흡하다. 이는 동물 복지를 저해할 뿐 아니라 외래 유입종에 의한 생태계 교란과 인수공통전염병으로 인한 공중보건의 위협 등 심각한 문제를 발생시킬 가능성이 매우 높다. 또한 동물의 복지 측면에서 '반려동물'과 '반려동물 외의 동물'을 달리 취급할 특별한 이유가 없으므로, '동물을 전달하는 경우'에 기본적으로 본 조 규정을 적용하게 하고, 완화된 방식으로 전달할 수 있는 경우에 대한 예외규정을 두는 것이 타당하다.

제13조 동물의 도살방법

① 누구든지 혐오감을 주거나 잔인한 방법으로 동물을 도살하여서는 아니 되며, 도살과정에서 불필요한 고통이나 공포, 스트레스를 주어서는 아니 된다.

② 「축산물 위생관리법」 또는 「가축전염병 예방법」에 따라 동물을 죽이는 경우에는 가스법·전살법(電殺法) 등 농림축산식품부령으로 정하는 방법을 이용하여 고통을 최소화하여야 하며, 반드시 의식이 없는 상태에서 다음 도살 단계로 넘어가야 한다. 매몰을 하는 경우에도 또한 같다.

③ 제1항 및 제2항의 경우 외에도 동물을 불가피하게 죽여야 하는 경우에는 고통을 최소화할 수 있는 방법에 따라야 한다.

동물보호법 시행규칙

제8조(동물의 도살방법) ① 법 제13조제2항에서 "가스법·전살법(電殺法) 등 농림축산식품부령으로 정하는 방법"이란 다음 각 호의 어느 하나의 방법을 말한다.

　1. 가스법, 약물 투여법

　2. 전살법(電殺法), 타격법(打擊法), 총격법(銃擊法), 자격법(刺擊法)

② 농림축산식품부장관은 제1항 각 호의 도살방법 중 「축산물 위생관리법」에 따라 도축하는 경우에 대하여 동물의 고통을 최소화하는 방법을 정하여 고시할 수 있다.

1. 입법취지 및 연혁

　동물을 죽이는 경우는 식용으로 이용하기 위해 도축하거나, 가축전염병예방을 위해 살처분하는 경우가 대표적인데 법 제10조는 이때 '가스법, 약물 투여, 전살법(電殺法), 타격법(打擊法), 총격법(銃擊法), 자격법(刺擊法)' 중 하나의 방법을 이용함으로써 동물이 느끼는 고통을 최소화하도록 규정하고 있다.

　식용을 목적으로 하는 동물의 도살에 관해서는 「축산물위생관리법」에서, 가축의 방역을 위한 도살에 관해서는 「가축전염병예방법」에서 정하고 있는바, 본 조는 개별 법률이 정하는 바에 따라 동물을 도살할 때 고통을 느끼는 생명으로서의 동물에 대하여 지켜져야 할 일반 원칙을 선언한 규정이라 볼 것이다.

제정 동물보호법은 제8조 '동물의 도살방법'에서 '동물을 죽이지 아니하면 아니되는 경우에는 가능한 한 고통을 주지 아니하는 방법에 의하여야 한다'고만 규정하고 있다가, 2007. 1. 26. 전부개정 시 '「축산물위생관리법」 또는 「가축전염병예방법」에 따라 동물을 죽이는 경우 고통의 최소화' 및 '그 외에 동물을 불가피하게 죽여야 하는 경우 고통의 최소화'를 규정하였다.[74]

그 후 2013. 8. 13. 개정으로 '모든 동물은 혐오감을 주거나 잔인한 방법으로 도살되어서는 아니 되며, 도살과정에 불필요한 고통이나 공포, 스트레스를 주어서는 아니 된다'는 조항이 추가되었고, 이번 개정에서는 본 조 규정의 수범자를 '누구든지'로 명확히 하였다.

2. 조문 해설 및 입법과제

본 조는 언뜻 보기에는 축산물위생관리법 등 타 법에 따라 동물을 죽이는 경우에 있어서 '고통의 최소화'라는 원칙을 선언한 것으로 보이나 오히려 '동물 도살'의 원칙적 허용을 선언하는 것으로 해석될 수 있어, 동물 학대금지 규정과 연관하여 매우 큰 문제점이 드러나는 규정이다.

즉, 본 조를 자세히 살펴보면, "누구든지 혐오감을 주거나 잔인한 방법으로 동물을 도살하여서는 아니 되며, 도살과정에서 불필요한 고통이나 공포, 스트레스를 주어서는 아니 된다"라고 규정함으로써, 원칙적으로 '누구든지 동물을 도살할 수 있다는 점'을 전제로 두고 다만, 그 행위방식(혐오감을 주거나 잔인한 방법, 도살과정에 불필요한 고통이나 공포, 스트레스를 주는 행위)만을 제한하고 있는 것으로 해석된다.

---

[74] 2007. 1. 26. 법률 제8282호로 개정된 동물보호법(2008. 1. 27. 시행)
제11조(동물의 도살방법) ① 「축산물가공처리법」 또는 「가축전염병예방법」에서 정하는 바에 따라 동물을 죽이는 경우에는 가스법·전살법(電殺法) 등 농림부령이 정하는 방법을 이용하여 고통을 최소화하여야 한다.
② 제1항의 경우 외에도 동물을 죽이지 아니하면 아니되는 경우에는 고통을 최소화할 수 있는 방법에 의하여야 한다.

이러한 점은 앞서 언급된 법 제10조 제1항에서도 문제가 되고 있으며, 위와 같이 "인간에 의한 동물 도살의 원칙적 허용"이라는 현행 동물보호법의 틀은 동물을 임의로 죽이는 행위, 축산물위생관리법에서 정하지 아니하는 동물의 도살 등을 적절히 규제할 수 없는 사각지대를 만들어왔다.

이는 개정된 시행규칙 제6조 제1항 제2호에 따라 '허가, 면허에 따른 행위'로 동물을 죽음에 이르게 하는 경우에만 동물학대의 예외로서 가능하다는 규정과도 모순된다.

법률상 필요에 따라 동물을 죽이는 행위에 관하여는 개별 법령에서 규정하고, 시행규칙 제6조 제1항 역시 이에 부합하도록 개정된 만큼 본 조에서 '도살 허용'을 전제로 단순히 '고통의 최소화'라는 원칙을 선언하는데 그칠 것이 아니라, 제10조 역시 '동물을 죽이는 행위의 원칙적 금지(임의도살금지)'를 규정하도록 체계를 개선할 필요가 있고, 동시에 허용되는 도살의 경우 반드시 법률이 정하는 구체적 방법에 따르도록 본 조를 개정할 필요가 있다.

제14조 동물의 수술

거세, 뿔 없애기, 꼬리 자르기 등 동물에 대한 외과적 수술을 하는 사람은 수의학적 방법에 따라야 한다.

1. 입법취지 및 연혁

본 조는 '거세·제각·단미 등 동물에 대한 외과적 수술을 하는 자는 수의학적 방법에 의하여야 한다'라는 제정법 당시 규정에서 한글화 작업이 이루어졌을 뿐, 내용은 그대로 유지되어 왔다.

2. 조문 해설

「수의사법」에 따라 무면허 진료행위가 금지되는 만큼,[75] 동물의 수술은 당연히 일정한 자격조건을 갖춘 수의사에 의하여 수의학적 방법에 따라 이루어질 것으로 기대할 수 있으므로 제11조 규정은 무의미한 것이 아닌가 하는 의문이 제기될 수 있다.

그러나 위 규정은 「수의사법」 제10조 및 같은 법 시행령 제12조에 따른 '자가진료'의 경우에 의미를 가진다. 「수의사법」 시행령 제12조는 수의사 외의 사람도 일정한 범위의 진료를 할 수 있다고 정하면서 "축산 농가에서 자기가 사육하는 가축"에 대한 진료행위를 폭넓게 허용하고 있기 때문이다.[76]

---

[75] 수의사법 제10조(무면허 진료행위의 금지) 수의사가 아니면 동물을 진료할 수 없다. 다만, 「수산생물 질병 관리법」 제37조의2에 따라 수산질병관리사 면허를 받은 사람이 같은 법에 따라 수산생물을 진료하는 경우와 그 밖에 대통령령으로 정하는 진료는 예외로 한다.

[76] 수의사법 시행령 제12조(수의사 외의 사람이 할 수 있는 진료의 범위) 법 제10조 단서에서 "대통령령으로 정하는 진료"란 다음 각 호의 행위를 말한다.
　　1. 수의학을 전공하는 대학(수의학과가 설치된 대학의 수의학과를 포함한다)에서 수의학을 전공하는 학생이 수의사의 자격을 가진 지도교수의 지시·감독을 받아 전공 분야와 관련된 실습을 하기 위하여 하는 진료행위

즉, 축산 농가에서 사육상의 편의를 위하여 동물을 거세하거나, 뿔을 없애고 꼬리를 자르는 등의 행위를 하는 경우 이를 '수의사'가 하지 않더라도 '수의학적 방법'에 따라야 함을 선언하고 있는 것이다.

다만 위 규정은 「수의사법」이 정하는 무면허 진료행위 금지의 예외로서 위반 시 처벌 규정조차 두고 있지 않아 동물보호를 위한 행위 제한 규정이라기보다 오히려 자격 없는 자의 외과적 수술행위를 일반적으로 허용하는 규정이라고 볼 수 있다.

3. 입법과제

종래 수의사법 시행령은 "자기가 사육하는 동물"에 대한 자가진료를 허용함으로써, 동물생산업, 동물판매업자들이 모두 제한 없이 자신이 사육하는 동물에 대한 진료행위를 해 왔다. 그 과정에서 전문가 아닌 자에 의한 무분별한 진료행위가 동물학대로 이어졌다.

2016. 5.경에는 동물생산업자들이 사육 중인 개의 인위적인 임신·출산을 위해 직접 '인공수정'을 하거나 제왕절개수술까지 하는 충격적인 사실이 한 방송사를 통해 보도되면서, 일명 '강아지 공장'의 실태가 널리 알려지기도 했다.

당시 '수의사 아닌 자'에 의한 무분별한 진료행위를 처벌해야 한다는 여론이 지배적이었지만, 수의사법은 '자신이 사육하는 동물에 대해서는 수의사가 아니어도 진료할 수 있다'는 규정, 즉 '자가 진료'를 허용하는 규정을 두고 있어 그 행위자들을 처벌하기 어려웠다.

그러나 동물은 영업자의 소유물로서 이익을 극대화하기 위한 수단으로 다루어져서는 안 되는 생명이므로, 자가 진료를 폭넓게 허용해서는 안 된다는 비

---

2. 제1호에 따른 학생이 수의사의 자격을 가진 지도교수의 지도·감독을 받아 양축 농가에 대한 봉사활동을 위하여 하는 진료행위
3. 축산 농가에서 자기가 사육하는 다음 각 목의 가축에 대한 진료행위
   가. 「축산법」 제22조제1항제4호에 따른 허가 대상인 가축사육업의 가축
   나. 「축산법」 제22조제2항에 따른 등록 대상인 가축사육업의 가축
   다. 그 밖에 농림축산식품부장관이 정하여 고시하는 가축
4. 농림축산식품령으로 정하는 비업무로 수행하는 무상 진료행위

판이 이어져 결국 수의사법 시행령이 개정되기에 이르렀다.

　　즉, '자기가 사육하는 동물에 대한 진료행위 또는 농림축산식품부령으로 정하는 비업무로 수행하는 무상 진료행위'를 허용하던 수의사법 시행령 제12조 제3호를 개정하여 '「축산법」 제22조제1항 제4호에 따른 허가 대상인 가축사육 업의 가축, 「축산법」 제22조제2항에 따른 등록 대상인 가축사육업의 가축, 그 밖에 농림축산식품부장관이 정하여 고시하는 가축'에 대해서만 자가 진료 행위 를 허용하였다.

개정 전	개정 후
수의사법 시행령 [2016. 12. 30. 대통령령 제27724호로 개정되기 전의 것]	수의사법 시행령 [시행 2017.7.1.] [대통령령 제27724호, 2016. 12.30. 일부개정]
제12조(수의사 외의 사람이 할 수 있는 진료의 범위) 법 제10조 단서에서 "대통령령으로 정하는 진료"란 다음 각 호의 행위를 말한다.	제12조(수의사 외의 사람이 할 수 있는 진료의 범위) 법 제10조 단서에서 "대통령령으로 정하는 진료"란 다음 각 호의 행위를 말한다.
1. 수의학을 전공하는 대학(수의학과가 설치된 대학의 수의학과를 포함한다)에서 수의학을 전공하는 학생이 수의사의 자격을 가진 지도교수의 지시·감독을 받아 전공 분야와 관련된 실습을 하기 위하여 하는 진료행위	1. 수의학을 전공하는 대학(수의학과가 설치된 대학의 수의학과를 포함한다)에서 수의학을 전공하는 학생이 수의사의 자격을 가진 지도교수의 지시·감독을 받아 전공 분야와 관련된 실습을 하기 위하여 하는 진료행위
2. 제1호에 따른 학생이 수의사의 자격을 가진 지도교수의 지도·감독을 받아 양축 농가에 대한 봉사활동을 위하여 하는 진료행위	2. 제1호에 따른 학생이 수의사의 자격을 가진 지도교수의 지도·감독을 받아 양축 농가에 대한 봉사활동을 위하여 하는 진료행위
3. 자기가 사육하는 동물에 대한 진료행위 또는 농림축산식품부령으로 정하는 비업무로 수행하는 무상 진료행위	3. 축산 농가에서 자기가 사육하는 다음 각 목의 가축에 대한 진료행위 　가. 「축산법」 제22조제1항제4호에 따른 허가 대상인 가축사육업의 가축 　나. 「축산법」 제22조제2항에 따른 등록 대상인 가축사육업의 가축 　다. 그 밖에 농림축산식품부장관이 정하여 고시하는 가축
	4. 농림축산식품부령으로 정하는 비업무로 수행하는 무상 진료행위

　위 개정으로 반려동물에 대한 자가진료나 동물판매 또는 생산업자들에 의한 자가진료는 금지되었지만, 자가진료가 가장 많이 이루어지고 그것이 곧 동물학대로 이어지는 축산농가의 자가진료는 허용하는 결과가 되었다.

　동물의 건강 상태를 정확히 파악하고 적절한 처방을 하기 위해서는 모든 의료행위를 수의사가 해야함이 원칙이다. 다만, 현실적으로 대량 사육이 이루어지고 있는 축산 농가에서 상시 이루어지는 접종 등 모든 의료행위를 당장 수의사에 의하도록 강제하기 어렵다면 이를 점진적으로 시행하되 '개별적인 일괄 처방이 가능하고 그렇게 하더라도 동물의 건강에 위험을 미치지 아니하는 약물의 접종'에 한하는 등 자가진료의 허용범위를 최소한으로 구체화함이 바람직하다.

제15조 등록대상동물의 등록 등

① 등록대상동물의 소유자는 동물의 보호와 유실·유기 방지 및 공중위생상의 위해 방지 등을 위하여 특별자치시장·특별자치도지사·시장·군수·구청장에게 등록대상동물을 등록하여야 한다. 다만, 등록대상동물이 맹견이 아닌 경우로서 농림축산식품부령으로 정하는 바에 따라 시·도의 조례로 정하는 지역에서는 그러하지 아니하다.

② 제1항에 따라 등록된 등록대상동물(이하 "등록동물"이라 한다)의 소유자는 다음 각 호의 어느 하나에 해당하는 경우에는 해당 각 호의 구분에 따른 기간에 특별자치시장·특별자치도지사·시장·군수·구청장에게 신고하여야 한다.

    1. 등록동물을 잃어버린 경우: 등록동물을 잃어버린 날부터 10일 이내

    2. 등록동물에 대하여 대통령령으로 정하는 사항이 변경된 경우: 변경사유 발생일부터 30일 이내

③ 등록동물의 소유권을 이전받은 자 중 제1항 본문에 따른 등록을 실시하는 지역에 거주하는 자는 그 사실을 소유권을 이전받은 날부터 30일 이내에 자신의 주소지를 관할하는 특별자치시장·특별자치도지사·시장·군수·구청장에게 신고하여야 한다.

④ 특별자치시장·특별자치도지사·시장·군수·구청장은 대통령령으로 정하는 자(이하 이 조에서 "동물등록대행자"라 한다)로 하여금 제1항부터 제3항까지의 규정에 따른 업무를 대행하게 할 수 있으며 이에 필요한 비용을 지급할 수 있다.

⑤ 특별자치시장·특별자치도지사·시장·군수·구청장은 다음 각 호의 어느 하나에 해당하는 경우 등록을 말소할 수 있다.

    1. 거짓이나 그 밖의 부정한 방법으로 등록대상동물을 등록하거나 변경신고한 경우

    2. 등록동물 소유자의 주민등록이나 외국인등록사항이 말소된 경우

    3. 등록동물의 소유자인 법인이 해산한 경우

⑥ 국가와 지방자치단체는 제1항에 따른 등록에 필요한 비용의 일부 또는 전부를 지원할 수 있다.

⑦ 등록대상동물의 등록 사항 및 방법·절차, 변경신고 절차, 등록 말소 절차, 동물등록대행자 준수사항 등에 관한 사항은 대통령령으로 정하며, 그 밖에 등록에 필요한 사항은 시·도의 조례로 정한다.

동물보호법 시행령

제10조(등록대상동물의 등록사항 및 방법 등) ① 등록대상동물의 소유자는 법 제15조제1

항 본문에 따라 등록대상동물을 등록하려는 경우에는 해당 동물의 소유권을 취득한 날 또는 소유한 동물이 제4조 각 호 외의 부분에 따른 등록대상 월령이 된 날부터 30일 이내에 농림축산식품부령으로 정하는 동물등록 신청서를 특별자치시장·특별자치도지사·시장·군수·구청장에게 제출해야 한다.

② 제1항에 따른 동물등록 신청서를 제출받은 특별자치시장·특별자치도지사·시장·군수·구청장은 「전자정부법」 제36조제1항에 따른 행정정보의 공동이용을 통하여 다음 각 호의 어느 하나에 해당하는 서류를 확인해야 한다. 다만, 신청인이 제2호 및 제3호의 확인에 동의하지 않는 경우에는 해당 서류를 첨부하도록 해야 한다.

  1. 법인 등기사항증명서

  2. 주민등록표 초본

  3. 외국인등록사실증명

③ 제1항에 따라 동물등록 신청을 받은 특별자치시장·특별자치도지사·시장·군수·구청장은 별표 1에 따라 동물등록번호를 부여받은 등록대상동물에 무선전자개체식별장치(이하 "무선식별장치"라 한다)를 장착한 후 신청인에게 농림축산식품부령으로 정하는 동물등록증(전자적 방식을 포함한다. 이하 같다)을 발급하고, 법 제95조제2항에 따른 국가동물보호정보시스템(이하 "동물정보시스템"이라 한다)을 통하여 등록사항을 기록·유지·관리해야 한다.

④ 제3항에 따른 동물등록증을 잃어버리거나 헐어 못 쓰게 되는 등의 이유로 동물등록증의 재발급을 신청하려는 자는 농림축산식품부령으로 정하는 동물등록증 재발급 신청서를 특별자치시장·특별자치도지사·시장·군수·구청장에게 제출해야 한다. 이 경우 특별자치시장·특별자치도지사·시장·군수·구청장은 「전자정부법」 제36조제1항에 따른 행정정보의 공동이용을 통하여 다음 각 호의 어느 하나에 해당하는 서류를 확인해야 한다. 다만, 신청인이 제2호 및 제3호의 확인에 동의하지 않는 경우에는 해당 서류를 첨부하도록 해야 한다.

  1. 법인 등기사항증명서

  2. 주민등록표 초본

  3. 외국인등록사실증명

⑤ 제4조 각 호의 어느 하나에 해당하는 개의 소유자는 같은 조 각 호 외의 부분에 따른 등록대상 월령 미만인 경우에도 등록할 수 있다. 이 경우 그 절차에 관하여는 제1항부터 제4항까지를 준용한다.

제11조(등록사항의 변경신고 등) ① 법 제15조제2항제2호에서 "대통령령으로 정하는 사항이 변경된 경우"란 다음 각 호의 어느 하나에 해당하는 경우를 말한다.

1. 소유자가 변경된 경우
2. 소유자의 성명(법인인 경우에는 법인명을 말한다)이 변경된 경우
3. 소유자의 주민등록번호(외국인의 경우에는 외국인등록번호를 말하고, 법인인 경우에는 법인등록번호를 말한다)가 변경된 경우
4. 소유자의 주소(법인인 경우에는 주된 사무소의 소재지를 말한다. 이하 같다)가 변경된 경우
5. 소유자의 전화번호(법인인 경우에는 주된 사무소의 전화번호를 말한다. 이하 같다)가 변경된 경우
6. 법 제15조제1항에 따라 등록된 등록대상동물(이하 "등록동물"이라 한다)의 분실신고를 한 후 그 동물을 다시 찾은 경우
7. 등록동물을 더 이상 국내에서 기르지 않게 된 경우
8. 등록동물이 죽은 경우
9. 무선식별장치를 잃어버리거나 헐어 못 쓰게 된 경우

② 법 제15조제2항제1호에 따른 분실신고 및 같은 항 제2호에 따른 변경신고(이하 "변경신고"라 한다)를 하려는 자는 농림축산식품부령으로 정하는 동물등록 변경신고서에 동물등록증을 첨부하여 특별자치시장·특별자치도지사·시장·군수·구청장에게 제출해야 한다. 이 경우 특별자치시장·특별자치도지사·시장·군수·구청장은 「전자정부법」 제36조제1항에 따른 행정정보의 공동이용을 통하여 다음 각 호의 어느 하나에 해당하는 서류를 확인해야 한다. 다만, 신청인이 제2호 및 제3호의 확인에 동의하지 않는 경우에는 해당 서류를 첨부하도록 해야 한다.

1. 법인 등기사항증명서
2. 주민등록표 초본
3. 외국인등록사실증명

③ 제2항에 따라 변경신고를 받은 특별자치시장·특별자치도지사·시장·군수·구청장은 변경신고를 한 자에게 농림축산식품부령으로 정하는 동물등록증을 발급하고, 동물정보시스템을 통하여 등록사항을 기록·유지·관리해야 한다.

④ 특별자치시장·특별자치도지사·시장·군수·구청장은 등록동물의 소유자가 「주민등록법」 제16조제1항에 따른 전입신고를 한 경우 제1항제4호에 관한 변경신고를 한 것으로 보아 동물정보시스템에 등록된 주소를 정정하고 그 등록사항을 기록·유지·관리해야

한다.

⑤ 등록동물의 소유자는 법 제15조제2항제1호 및 이 조 제1항제2호부터 제8호까지의 경우 동물정보시스템을 통하여 해당 사항에 대한 변경신고를 할 수 있다.

⑥ 특별자치시장·특별자치도지사·시장·군수·구청장은 법 제15조제2항제1호의 사유로 변경신고를 받은 후 1년 동안 제1항제6호에 따른 변경신고가 없는 경우에는 그 등록사항을 말소한다.

⑦ 제1항제7호 및 제8호 사유로 변경신고를 받은 특별자치시장·특별자치도지사·시장·군수·구청장은 그 사실을 등록사항에 기록하되, 변경신고를 받은 후 1년이 지나면 그 등록사항을 말소한다.

⑧ 법 제15조제1항 단서에 따라 등록대상동물의 등록이 제외되는 지역의 특별자치시장·특별자치도지사·시장·군수·구청장은 등록대상동물을 등록한 소유자가 변경신고를 하는 경우에는 해당 동물등록 관련 정보를 유지·관리해야 한다.

제12조(등록업무의 대행) ① 법 제15조제4항에서 "대통령령으로 정하는 자"란 다음 각 호의 어느 하나에 해당하는 자 중에서 특별자치시장·특별자치도지사·시장·군수·구청장이 지정하여 고시하는 자(이하 이 조에서 "동물등록대행자"라 한다)를 말한다.

1. 「수의사법」 제17조에 따라 동물병원을 개설한 자
2. 「비영리민간단체 지원법」 제4조에 따라 등록된 비영리민간단체 중 동물보호를 목적으로 하는 단체
3. 「민법」 제32조에 따라 설립된 법인 중 동물보호를 목적으로 하는 법인
4. 법 제36조제1항에 따라 동물보호센터로 지정받은 자
5. 법 제37조제1항에 따라 신고한 민간동물보호시설(이하 "보호시설"이라 한다)을 운영하는 자
6. 법 제69조제1항제3호에 따라 허가를 받은 동물판매업자

② 동물등록대행 과정에서 등록대상동물의 체내에 무선식별장치를 삽입하는 등 외과적 시술이 필요한 행위는 수의사에 의하여 시행되어야 한다.

③ 특별자치시장·특별자치도지사·시장·군수·구청장은 동물등록 관련 정보제공을 위하여 필요한 경우 관할 지역에 있는 모든 동물등록대행자에게 해당 동물등록대행자가 판매하는 무선식별장치의 제품명과 판매가격을 동물정보시스템에 게재하게 하고 해당 영업소 안의 보기 쉬운 곳에 게시하도록 할 수 있다.

1. 입법취지

동물등록제는 2007. 1. 26. 법 개정 시 새롭게 도입된 제도로, '고의 또는 과실로 버려지는 동물의 증가가 사회문제로 됨에 따라 동물 및 동물의 소유자에 대한 정보를 행정기관에 등록하게 함으로써 동물의 유기를 방지하고 동물보호의 실효성을 증대시키고자 하는 것'을 그 입법취지로 하고 있다.

2. 조문 해설

동물등록제는 2007년 일부 지방자치단체를 대상으로 도입된 후 2012년 개정법부터는 모든 지방자치단체를 대상으로 확대되었다. 다만, 법 제12조 제1항 단서 및 시행규칙 제9조에 따라 (ⅰ) 육지와 연결되지 않은 도서 또는 (ⅱ) 동물등록 업무를 대행하게 할 수 있는 자가 없는 읍·면의 경우에 한하여 시·도의 조례로 동물을 등록하지 않을 수 있는 지역으로 정할 수 있다.[77]

등록대상동물은 동물의 보호, 유실·유기 방지, 질병의 관리, 공중위생상의 위해 방지 등을 위하여 등록이 필요하다고 인정하여 대통령령으로 정하는 동물을 말하는데(법 제2조 제8호 참조), 시행령은 그 대상을 (ⅰ) 목적을 불문하고 주택·준주택에서 기르는 월령 2개월 이상인 개와 (ⅱ) 그 외의 장소에서 반려목적으로 기르는 월령 2개월 이상인 개에 정하고 있다. 개의 판매는 월령 2개월 이상부터 가능하나 동물등록은 월령 3개월 이상부터 하도록 규정되어 있던 것을 2019년 시행령 및 시행규칙의 개정을 통하여 월령 2개월 이상의 개이면 등록을 의무적으로 해야 하고, 그 이하의 월령이라도 소유자의 선택에 따라 등록을 할 수 있다는 내용을 명시하였다(시행령 제10조 제5항 참조).

동물등록신청은 소유자가 소유권을 취득한 날 또는 등록대상 월령이 된 날

---

[77] 시행규칙 제9조(동물등록제 제외 지역) 법 제15조제1항 단서에 따라 특별시·광역시·특별자치시·도·특별자치도(이하 "시·도"라 한다)의 조례로 동물을 등록하지 않을 수 있는 지역으로 정할 수 있는 지역의 범위는 다음 각 호와 같다.
1. 도서[도서, 제주특별자치도 본도(本島) 및 방파제 또는 교량 등으로 육지와 연결된 도서는 제외한다]
2. 영 제12조제1항에 따라 동물등록 업무를 대행하게 할 수 있는 자가 없는 읍·면

부터 30일 이내에 하여야 하며, 신청이 있는 경우 지방자치단체의 장은 등록대상동물에 동물등록번호를 부여하고 무선전자개체식별장치를 장착한 후 동물등록증을 발급하고 국가동물보호정보시스템을 통하여 등록사항을 기록·유지·관리하여야 한다. 동물등록신청은 직접 지방자치단체에서 하거나, 등록업무의 대행이 가능한 동물병원, 동물보호단체·법인, 동물보호센터, 민간동물보호시설, 동물판매업자를 통하여 할 수 있으며 무선식별장치의 체내 삽입 시술은 수의사에 의해 시행되어야 한다. 이전에는 내장형 무선식별장치(마이크로칩), 외장형 무선식별장치(외장형 태그), 인식표 3가지의 방식을 허용하고 있었으나 인식표는 훼손되거나 떨어질 위험이 커 등록동물을 잃어버리는 경우 소유자를 찾기 어렵다는 지적에 따라 등록방식에서 제외되었다.

소유자는 등록동물을 잃어버린 경우 10일 이내에 이를 신고하여야 하며, 대통령령으로 정하는 사항이 변경된 경우(소유자·소유자의 성명·소유자의 주소·소유자의 전화번호가 변경된 경우, 등록동물의 분실신고를 한 후 다시 찾은 경우, 등록동물을 더 이상 국내에서 기르지 않게 된 경우, 등록동물이 죽은 경우, 무선식별장치를 잃어버리거나 헐어 못 쓰게 되는 경우)에는 변경 사유 발생일부터 30일 이내에 이를 신고하여야 한다. 무선식별장치를 잃어버리거나 못 쓰게 된 경우를 제외하고 나머지 사유에 의한 변경신고는 동물보호관리시스템78을 통하여 온라인으로 할 수 있으며, 주민등록법에 따라 전입신고를 한 경우에는 소유자에 대한 주소변경신고가 있는 것으로 보아 지방자치단체의 장이 동물보호관리시스템의 주소를 정정하므로 별도로 변경신고를 할 필요가 없다.

등록대상동물을 등록하지 않은 소유자에게는 100만원 이하의 과태료를, 변경사항을 신고하지 않은 자에게는 50만원 이하의 과태료를 부과할 수 있으며, 등록대상동물의 소유권을 이전받고 그 사실을 신고하지 않은 자에게도 50만원 이하의 과태료를 부과할 수 있다(제101조 제3항 제4호 및 같은 조 제4항 제1호 내지 제2호).

3. 입법과제

농림축산식품부는 2022년 반려견 290,958마리가 신규등록되고 누적 총 3,025,859마리로 전년도 대비 9.4% 증가하였다고 발표한 바 있다.[79]

동물등록제도는 동물 유실·유기의 예방뿐 아니라 반려동물에 관한 정책의 수립·개선 등을 위하여 반드시 필요한 제도이므로 정부는 법규 및 제도의 개선을 통해 등록율을 높이기 위한 꾸준히 노력하고 있다. 법규의 개정을 통하여 등록대상동물의 월령 기준을 하향하고 등록대행기관을 확대하였으며, 특히 동물을 판매하는 경우 구매자에게 동물등록의 방법을 설명한 의무만을 두던 것을 2023년 개정법은 판매자생산·수입·판매업자가 등록대상동물 판매 시 구매자의 명의로 동물등록을 신청한 후 판매할 의무를 부과하였다(개정 법 제79조 제1항 참조).

그러나 위 개정 조항은 구매자가 영업자인 경우에는 적용되지 않는데, 예를 들어 동물생산업자가 동물판매업자에게 영업 목적으로 동물을 판매하는 경우에는 동물등록 의무가 없다는 것이다. 대신 동물생산·수입·판매업자는 매월 취급한 등록대상동물 거래내역을 지자체에 신고하도록 하는 의무를 신설하였다. 거래내역 신고 및 판매 시 등록의무를 통하여 최소한 영업자로부터 개를 구매한 경우 등록이 누락되지 않도록 하려 하고 있으나, 영업자들이 아직 등록되지 않은 동물을 판매 목적으로 거래하였다가 소비자에게 판매되지 못한 경우 추적이 어렵다는 문제는 여전히 있다. 실제로 영업자를 통하여 반려목적으로 판매되는 개나 고양이중 판매되지 않고 남겨지는 숫자는 꾸준히 늘어날 수밖에 없고, 이러한 동물들의 처리에 대한 법의 사각지대가 존재하기 때문이다. 이러한 동물들은 식용 목적으로 불법 거래되는 경우가 많다고 한다. 이에 영업자가 판매를 목적으로 개를 수입·번식시키거나 타인이 번식한 개를 판매 목적으로 보유하는 경우, 먼저 영업자로 하여금 영업자의 명의로 동물을 등록하도록 하고 동물의 판매 시에는 이미 등록된 동물의 소유자만을 구매자로 변경하도록 하는 방법도 고려해 볼 만하며, 영업자의 거래내역뿐만 아니라 수입·생산·판

---

[79] 2023.8.11. 농림축산식품부 '2022년 반려동물 보호·복지 실태조사 결과'.

매되지 않은 동물의 처리에 대한 규제를 강화함이 바람직하다.

　동물생산과 판매에 대한 추가 규제, 동물소유에 대한 자격심사, 동물소유자를 대상으로 한 세금부과, 동물유기 처벌 실효화 등의 도입과 정착을 위해서는 동물의 소유현황이 정확히 확인되는 것이 전제이므로, 동물등록제의 안정적 운영은 매우 중요하다.

　특히 동물등록 후 변경신고 비율이 낮은 현실에서 최근 논의 되고 있는 반려동물 보유세[80] 제도가 도입된다면 변경신고의 활성화를 꾀할 수 있을 것으로 기대된다. 반려동물 보유세가 도입되면, 반려인은 일정한 금액의 세금을 내야하고, 반려동물을 재입양 보내거나 반려동물이 사망한 경우에 변경등록을 하지 않으면 계속해서 세금이 부과되므로 사정 변경에 따른 변경 등록의 동기가 부여될 수 있기 때문이다.

80　농림축산식품부의 동물복지 5개년 계획(2020년부터 2024년) 참조.

제16조 등록대상동물의 관리 등

① 등록대상동물의 소유자등은 소유자등이 없이 등록대상동물을 기르는 곳에서 벗어나지 아니하도록 관리하여야 한다.

② 등록대상동물의 소유자등은 등록대상동물을 동반하고 외출할 때에는 다음 각 호의 사항을 준수하여야 한다.

   1. 농림축산식품부령으로 정하는 기준에 맞는 목줄 착용 등 사람 또는 동물에 대한 위해를 예방하기 위한 안전조치를 할 것

   2. 등록대상동물의 이름, 소유자의 연락처, 그 밖에 농림축산식품부령으로 정하는 사항을 표시한 인식표를 등록대상동물에게 부착할 것

   3. 배설물(소변의 경우에는 공동주택의 엘리베이터·계단 등 건물 내부의 공용공간 및 평상·의자 등 사람이 눕거나 앉을 수 있는 기구 위의 것으로 한정한다)이 생겼을 때에는 즉시 수거할 것

③ 시·도지사는 등록대상동물의 유실·유기 또는 공중위생상의 위해 방지를 위하여 필요할 때에는 시·도의 조례로 정하는 바에 따라 소유자등으로 하여금 등록대상동물에 대하여 예방접종을 하게 하거나 특정 지역 또는 장소에서의 사육 또는 출입을 제한하게 하는 등 필요한 조치를 할 수 있다.

동물보호법 시행규칙

제11조(안전조치) 법 제16조제2항제1호에 따른 "농림축산식품부령으로 정하는 기준"이란 다음 각 호의 기준을 말한다.

   1. 길이가 2미터 이하인 목줄 또는 가슴줄을 하거나 이동장치(등록대상동물이 탈출할 수 없도록 잠금장치를 갖춘 것을 말한다)를 사용할 것. 다만, 소유자등이 월령 3개월 미만인 등록대상동물을 직접 안아서 외출하는 경우에는 목줄, 가슴줄 또는 이동장치를 하지 않을 수 있다.

   2. 다음 각 목에 해당하는 공간에서는 등록대상동물을 직접 안거나 목줄의 목덜미 부분 또는 가슴줄의 손잡이 부분을 잡는 등 등록대상동물의 이동을 제한할 것
      가. 「주택법 시행령」 제2조제2호에 따른 다중주택 및 같은 조 제3호에 따른 다가구주택의 건물 내부의 공용공간
      나. 「주택법 시행령」 제3조에 따른 공동주택의 건물 내부의 공용공간
      다. 「주택법 시행령」 제4조에 따른 준주택의 건물 내부의 공용공간

제12조(인식표의 부착) 법 제16조제2항제2호에서 "농림축산식품부령으로 정하는 사항" 이란 동물등록번호(등록한 동물만 해당한다)를 말한다.

1. 입법취지

2007. 1. 26. 개정 동물보호법은 반려동물의 관리소홀로 개에 물리거나 개회충증 등으로 인한 피해가 증가함에 따라 반려견과 동반 외출 시 인식표 부착, 안전장구 휴대 등 소유자의 의무를 명시하고, 행정기관으로 하여금 예방접종, 특정지역에서의 사육 및 출입제한 등의 조치를 할 수 있도록 하였다. 당시 의안은 이러한 내용의 개정법이 반려동물 소유자의 관리의무 강화로 인수공통질병의 예방 등 공중보건의 향상에 기여할 것으로 기대된다고 밝히고 있다.

특히 반려동물의 숫자가 급격히 증가한 이후 반려동물로 인하여 이웃간 마찰이나 분쟁, 심지어 인명사고가 일어나는 사례[81]도 증가하였고 이로 인하여 소유자의 반려동물에 대한 적절한 관리와 책임에 관한 조항이 크게 중요성을 띠게 되었다.

2. 조문 해설

반려견과 함께 외출 시에는 길이가 2미터 이하인 목줄 또는 가슴줄을 하거나 잠금장치가 있는 이동장치를 사용하여야 한다. 다만 월령 3개월 미만인 등록동물을 직접 안아서 외출하는 경우는 예외로 한다. 또한 공동주택 건물 내부의 공용공간(복도, 엘리베이터, 공용현관 등)에서는 등록동물을 직접 안거나 목줄의

---

[81] 2017. 9.경 한식당 대표 김모씨가 서울 압구정동 한 아파트 엘리베이터에서 이웃 유명인의 가족이 기르는 프렌치 불독에게 정강이를 물린 뒤 패혈증으로 사망한 사건, 2019. 6.경 경기도 용인의 한 아파트에서 35개월 유아가 이웃 주민이 기르는 폭스테리어에게 물려 허벅지를 다친 사건, 2020.5.경 경기도 광주시에서 유명인이 기르던 대형견 두 마리가 80대 할머니의 양 팔과 허벅지를 심각하게 물어 중상을 입힌 사건, 2021.5. 경 경기도 남양주시에서 50대 여성이 산책을 하기 위해 산을 오르던 중 갑자기 나타난 대형견에게 물려 사망한 사건, 2022.7.경 울산광역시 울주군의 한 아파트 단지에서 초등학생 아이가 목줄을 하지 않은 개에게 물려 크게 다친 사건 등.

목덜미 부분 또는 가슴줄의 손잡이 부분을 잡는 등 이동을 제한하여야 한다. 목줄 또는 가슴줄을 착용하였더라도 동물을 효과적으로 통제하지 않아서 발생한 사고 또는 좁은 공간인 공용건물 내부에서 발생한 사고가 수 차례 발생함에 따라 줄의 길이 및 제어방법에 대한 규제가 강화되었다. 등록동물의 경우 동물의 이름, 소유자의 연락처 및 동물등록번호가 기재된 인식표를 부착하여야 한다.

제16조 제2항 제1호는 '기준에 맞는 목줄 착용 등 사람 또는 동물에 대한 위해를 예방하기 위한 안전조치를 할 것'이라고 하고 있으므로, 단순히 시행규칙에서 정한 내용을 준수한 것만으로는 법에서 정하는 안전조치 의무를 다하였다고 할 수 없으며, 안전조치 의무 위반 여부는 개별 사안에 따라 구체적으로 판단될 것이다.

배설물 수거의무의 경우 2015. 1. 20. 개정법에서 의자 등 사람이 눕거나 앉을 수 있는 기구 위의 소변만 처리하면 된다고 하던 것을 계단 등 건물 내부의 공용공간에서도 처리하여야 한다고 개정하였는데, 상식적인 에티켓에 가까운 내용을 법률의 개정에까지 반영한 것으로 보아 공동주택 등에서 거주자 간의 마찰과 불편이 얼마나 빈번했는지를 짐작할 수 있다.

2017. 3. 21. 개정법 제41조의2에서는 소위 '펫파라치 제도'라고 불리는 신고포상금 제도를 도입하여, 동물을 등록하지 않은 소유자등, 인식표를 부착하지 않은 소유자, 안전조치를 하지 않거나 배설물을 수거하지 아니한 소유자등을 관계 행정기관 또는 수사기관에 신고 또는 고발한 자에 대하여 농림축산식품부장관 또는 지방자치단체의 장이 해당 위반행위에 대하여 부과한 과태료 금액의 20% 이내에서 포상금을 지급할 수 있는 근거 조항을 신설하였다. 그러나 시행을 앞두고 위 제도의 실효성에 대한 의문, 포상금을 목적으로 하는 무분별한 사생활 침해행위와 이웃 간 갈등고조 가능성 등 많은 문제점이 제기되었고, 이에 농림축산식품부는 시행령에서 위임한 세부적인 사항에 대한 고시를 제정하지 않은 채로 제도의 실질적인 시행을 무기한 연기하다가 결국 2020. 2. 11. 법 개정 시 법 제41조의2 신고포상금제는 제도 운영상의 문제점을 이유로 폐지되기에 이르렀다.

반려견과 외출 시 안전조치를 취하는 것과 배설물을 수거하는 것은, 사람이 운전 시 교통법규를 지켜야 하는 것만큼의 반려동물 및 동물의 소유자와 타인 모두의 안전과 청결을 위한 가장 기본적인 규제라고 할 수 있다. 제15조 제2항 내지 제3항, 제16조 제1항 내지 제6항을 위반한 자에게는 50만원 이하의 과태료가 부과될 수 있으며(법 제101조 제4항 제1호 내지 제6호), 안전조치의무를 위반하여 사람을 사망에 이르게 하는 경우 3년 이하의 징역 또는 3천만원 이하의 벌금에, 상해를 입게 하는 경우 2년 이하의 징역 또는 2천만원 이하의 벌금에 처해질 수 있다(법 제97조 제1항 제3호 및 제2항 제4호).

한편, 「경범죄처벌법」에서는 '사람이나 가축에 해를 끼치는 버릇이 있는 개나 그 밖의 동물을 함부로 풀어놓거나 제대로 살피지 아니하여 나다니게 한 사람'에게 10만원 이하의 벌금형을 규정하고 있어(경범죄처벌법 제3조 제1항 제25호 참조), 사고를 일으킨 적이 있는 개에게 목줄 등의 안전조치를 취하지 않은 경우 사망 또는 상해사고를 발생시키지 않았더라도 동물보호법에 따라 과태료를 부과받는 것에 더하여 경범죄처벌법에 따라 벌금 등의 형사처벌을 받을 수도 있다.

또한 각종 환경 관련 법령에서도 동물의 사육으로 환경을 오염하는 행위를 한 자를 처벌하는 규정을 두고 있는 바, 아래 금지행위를 한 경우 해당 법률에 따라 과태료부과처분을 받거나 벌금형에 처해질 수 있다.

법률	금지행위	위반효과
도시공원 및 녹지 등에 관한 법률	– 도시공원 또는 녹지에서 동반한 반려동물의 배설물(소변의 경우는 의자 위의 것에 한정)을 수거하지 않는 행위(제49조 제1항 제4호) – 동반한 반려견을 통제할 수 있는 줄을 착용시키지 아니하고 도시공원에 입장하는 행위(제49조 제2항 제2호)	10만원 이하의 과태료 (제56조 제2항)
공유수면 관리 및 매립에 관한 법률	공유수면(바다, 바닷가, 하천 등)에 가축분뇨, 동물의 사체를 버리거나 흘러가게 하는 행위(제5조 제1호)	3년 이하의 징역 또는 3천만원 이하의 벌금 (제62조 제1호)
물환경보전법	공공수역(하천, 항만 등)에 가축분뇨, 동물의 사체를 버리는 행위(제15조 제1항 제2호)	1년 이하의 징역 또는 1천만원 이하의 벌금 (제78조 제3호)

　　2022년을 기준으로 지자체에서 동물의 학대 방지 등 동물 보호에 관한 사무를 처리하기 위해 지정한 동물보호관은 812명이며, 한 해 동안 동물보호법 위반 처분 실적은 1,181건으로 목줄, 인식표 미착용 등 돌봄 의무 위반이 60.8%, 반려견 미등록이 16%, 미등록·무허가 영업이 4.1% 순으로 나타났다.[82]

---

82 2023.8.11. 농림축산식품부 '2022년 반려동물 보호·복지 실태조사 결과'.

제2절 맹견의 관리 등

제17조 맹견수입신고

① 제2조제5호가목에 따른 맹견을 수입하려는 자는 대통령령으로 정하는 바에 따라 농림축산식품부장관에게 신고하여야 한다.

② 제1항에 따라 맹견수입신고를 하려는 자는 맹견의 품종, 수입 목적, 사육 장소 등 대통령령으로 정하는 사항을 신고서에 기재하여 농림축산식품부장관에게 제출하여야 한다.

제18조 맹견사육허가 등

① 등록대상동물인 맹견을 사육하려는 사람은 다음 각 호의 요건을 갖추어 시·도지사에게 맹견사육허가를 받아야 한다.

1. 제15조에 따른 등록을 할 것
2. 제23조에 따른 보험에 가입할 것
3. 중성화(中性化) 수술을 할 것. 다만, 맹견의 월령이 8개월 미만인 경우로서 발육상태 등으로 인하여 중성화 수술이 어려운 경우에는 대통령령으로 정하는 기간 내에 중성화 수술을 한 후 그 증명서류를 시·도지사에게 제출하여야 한다.

② 공동으로 맹견을 사육·관리 또는 보호하는 사람이 있는 경우에는 제1항에 따른 맹견사육허가를 공동으로 신청할 수 있다.

③ 시·도지사는 맹견사육허가를 하기 전에 제26조에 따른 기질평가위원회가 시행하는 기질평가를 거쳐야 한다.

④ 시·도지사는 맹견의 사육으로 인하여 공공의 안전에 위험이 발생할 우려가 크다고 판단하는 경우에는 맹견사육허가를 거부하여야 한다. 이 경우 기질평가위원회의 심의를 거쳐 해당 맹견에 대하여 인도적인 방법으로 처리할 것을 명할 수 있다.

⑤ 제4항에 따른 맹견의 인도적인 처리는 제46조제1항 및 제2항 전단을 준용한다.

⑥ 시·도지사는 맹견사육허가를 받은 자(제2항에 따라 공동으로 맹견사육허가를 신청한 경우 공동 신청한 자를 포함한다)에게 농림축산식품부령으로 정하는 바에 따라 교육이수 또는 허가대상 맹견의 훈련을 명할 수 있다.

⑦ 제1항부터 제6항까지의 규정에 따른 사항 외에 맹견사육허가의 절차 등에 관한 사항은 대통령령으로 정한다.

제19조 맹견사육허가의 결격사유

다음 각 호의 어느 하나에 해당하는 사람은 제18조에 따른 맹견사육허가를 받을 수 없다.
1. 미성년자(19세 미만의 사람을 말한다. 이하 같다)
2. 피성년후견인 또는 피한정후견인
3. 「정신건강증진 및 정신질환자 복지서비스 지원에 관한 법률」 제3조제1호에 따른 정신질환자 또는 「마약류 관리에 관한 법률」 제2조제1호에 따른 마약류의 중독자. 다만, 정신건강의학과 전문의가 맹견을 사육하는 것에 지장이 없다고 인정하는 사람은 그러하지 아니하다.
4. 제10조·제16조·제21조를 위반하여 벌금 이상의 실형을 선고받고 그 집행이 종료(집행이 종료된 것으로 보는 경우를 포함한다)되거나 집행이 면제된 날부터 3년이 지나지 아니한 사람
5. 제10조·제16조·제21조를 위반하여 벌금 이상의 형의 집행유예를 선고받고 그 유예기간 중에 있는 사람

제20조 맹견사육허가의 철회 등

① 시·도지사는 다음 각 호의 어느 하나에 해당하는 경우에 맹견사육허가를 철회할 수 있다.
1. 제18조에 따라 맹견사육허가를 받은 사람의 맹견이 사람 또는 동물을 공격하여 다치게 하거나 죽게 한 경우
2. 정당한 사유 없이 제18조제1항제3호 단서에서 규정한 기간이 지나도록 중성화 수술을 이행하지 아니한 경우
3. 제18조제6항에 따른 교육이수명령 또는 허가대상 맹견의 훈련 명령에 따르지 아니한 경우

② 시·도지사는 제1항제1호에 따라 맹견사육허가를 철회하는 경우 기질평가위원회의 심의를 거쳐 해당 맹견에 대하여 인도적인 방법으로 처리할 것을 명할 수 있다. 이 경우 제46조제1항 및 제2항 전단을 준용한다.

제21조 맹견의 관리

① 맹견의 소유자등은 다음 각 호의 사항을 준수하여야 한다.
 1. 소유자등이 없이 맹견을 기르는 곳에서 벗어나지 아니하게 할 것. 다만, 제18조에 따라 맹견사육허가를 받은 사람의 맹견은 맹견사육허가를 받은 사람 또는 대통령령으로 정하는 맹견사육에 대한 전문지식을 가진 사람 없이 맹견을 기르는 곳에서 벗어나지 아니하게 할 것
 2. 월령이 3개월 이상인 맹견을 동반하고 외출할 때에는 농림축산식품부령으로 정하는 바에 따라 목줄 및 입마개 등 안전장치를 하거나 맹견의 탈출을 방지할 수 있는 적정한 이동장치를 할 것
 3. 그 밖에 맹견이 사람 또는 동물에게 위해를 가하지 못하도록 하기 위하여 농림축산식품부령으로 정하는 사항을 따를 것
② 시·도지사와 시장·군수·구청장은 맹견이 사람에게 신체적 피해를 주는 경우 농림축산식품부령으로 정하는 바에 따라 소유자등의 동의 없이 맹견에 대하여 격리조치 등 필요한 조치를 취할 수 있다.
③ 제18조제1항 및 제2항에 따라 맹견사육허가를 받은 사람은 맹견의 안전한 사육·관리 또는 보호에 관하여 농림축산식품부령으로 정하는 바에 따라 정기적으로 교육을 받아야 한다.

제22조 맹견의 출입금지 등

맹견의 소유자등은 다음 각 호의 어느 하나에 해당하는 장소에 맹견이 출입하지 아니하도록 하여야 한다.
 1. 「영유아보육법」 제2조제3호에 따른 어린이집

2. 「유아교육법」 제2조제2호에 따른 유치원

3. 「초·중등교육법」 제2조제1호 및 제4호에 따른 초등학교 및 특수학교

4. 「노인복지법」 제31조에 따른 노인복지시설

5. 「장애인복지법」 제58조에 따른 장애인복지시설

6. 「도시공원 및 녹지 등에 관한 법률」 제15조제1항제2호나목에 따른 어린이공원

7. 「어린이놀이시설 안전관리법」 제2조제2호에 따른 어린이놀이시설

8. 그 밖에 불특정 다수인이 이용하는 장소로서 시·도의 조례로 정하는 장소

제23조 보험의 가입 등

① 맹견의 소유자는 자신의 맹견이 다른 사람 또는 동물을 다치게 하거나 죽게 한 경우 발생한 피해를 보상하기 위하여 보험에 가입하여야 한다.

② 제1항에 따른 보험에 가입하여야 할 맹견의 범위, 보험의 종류, 보상한도액 및 그 밖에 필요한 사항은 대통령령으로 정한다.

③ 농림축산식품부장관은 제1항에 따른 보험의 가입관리 업무를 위하여 필요한 경우 대통령령으로 정하는 바에 따라 관계 중앙행정기관의 장 또는 지방자치단체의 장에게 행정적 조치를 하도록 요청하거나 관계 기관, 보험회사 및 보험 관련 단체에 보험의 가입관리 업무에 필요한 자료를 요청할 수 있다. 이 경우 요청을 받은 자는 정당한 사유가 없으면 이에 따라야 한다.

동물보호법 시행령

제13조(책임보험의 가입 등) ① 맹견의 소유자가 법 제23조제1항에 따라 보험에 가입해야 할 맹견의 범위는 법 제2조제8호에 따른 등록대상동물인 맹견으로 한다.

② 맹견의 소유자가 법 제23조제1항에 따라 가입해야 할 보험의 종류는 맹견배상책임보험 또는 이와 같은 내용이 포함된 보험(이하 "책임보험"이라 한다)으로 한다.

③ 책임보험의 보상한도액은 다음 각 호의 구분에 따른 기준을 모두 충족해야 한다.

1. 다음 각 목에 해당하는 금액 이상을 보상할 수 있는 보험일 것

   가. 사망의 경우: 피해자 1명당 8천만원

   나. 부상의 경우: 피해자 1명당 농림축산식품부령으로 정하는 상해등급에 따른 금액

   다. 부상에 대한 치료를 마친 후 더 이상의 치료효과를 기대할 수 없고 그 증상이

고정된 상태에서 그 부상이 원인이 되어 신체의 장애(이하 "후유장애"라 한다)
가 생긴 경우: 피해자 1명당 농림축산식품부령으로 정하는 후유장애등급에 따
른 금액

라. 다른 사람의 동물이 상해를 입거나 죽은 경우: 사고 1건당 200만원

2. 지급보험금액은 실손해액을 초과하지 않을 것. 다만, 사망으로 인한 실손해액이 2
천만원 미만인 경우의 지급보험금액은 2천만원으로 한다.

3. 하나의 사고로 제1호가목부터 다목까지의 규정 중 둘 이상에 해당하게 된 경우에
는 실손해액을 초과하지 않는 범위에서 다음 각 목의 구분에 따라 보험금을 지급
할 것

가. 부상한 사람이 치료 중에 그 부상이 원인이 되어 사망한 경우: 제1호가목 및
나목의 금액을 더한 금액

나. 부상한 사람에게 후유장애가 생긴 경우: 제1호나목 및 다목의 금액을 더한 금액

다. 제1호다목의 금액을 지급한 후 그 부상이 원인이 되어 사망한 경우: 제1호가
목의 금액에서 같은 호 다목에 따라 지급한 금액 중 사망한 날 이후에 해당하
는 손해액을 뺀 금액

제14조(책임보험 가입의 관리) ① 농림축산식품부장관은 법 제23조제3항에 따라 관계
중앙행정기관의 장 또는 지방자치단체의 장에게 다음 각 호의 조치를 요청할 수 있다.

1. 책임보험 가입의무자에 대한 보험 가입 의무의 안내
2. 책임보험 가입의무자의 보험 가입 여부의 확인
3. 책임보험 가입대상에 관한 현황 자료의 제공

② 농림축산식품부장관은 법 제23조제3항에 따라 관계 보험회사, 「보험업법」 제175조제1
항에 따라 설립된 보험협회에 책임보험 가입 현황에 관한 자료의 제출을 요청할 수 있다.

제24조 맹견 아닌 개의 기질평가

① 시·도지사는 제2조제5호가목에 따른 맹견이 아닌 개가 사람 또는 동물에게 위해를
가한 경우 그 개의 소유자에게 해당 동물에 대한 기질평가를 받을 것을 명할 수 있다.
② 맹견이 아닌 개의 소유자는 해당 개의 공격성이 분쟁의 대상이 된 경우 시·도지사에
게 해당 개에 대한 기질평가를 신청할 수 있다.

③ 시·도지사는 제1항에 따른 명령을 하거나 제2항에 따른 신청을 받은 경우 기질평가를 거쳐 해당 개의 공격성이 높은 경우 맹견으로 지정하여야 한다.

④ 시·도지사는 제3항에 따라 맹견 지정을 하는 경우에는 해당 개의 소유자의 신청이 있으면 제18조에 따른 맹견사육허가 여부를 함께 결정할 수 있다.

⑤ 시·도지사는 제3항에 따라 맹견 지정을 하지 아니하는 경우에도 해당 개의 소유자에게 대통령령으로 정하는 바에 따라 교육이수 또는 개의 훈련을 명할 수 있다.

제25조 비용부담 등

① 기질평가에 소요되는 비용은 소유자의 부담으로 하며, 그 비용의 징수는 「지방행정제재·부과금의 징수 등에 관한 법률」의 예에 따른다.

② 제1항에 따른 기질평가비용의 기준, 지급 범위 등과 관련하여 필요한 사항은 농림축산식품부령으로 정한다.

제26조 기질평가위원회

① 시·도지사는 다음 각 호의 업무를 수행하기 위하여 시·도에 기질평가위원회를 둔다.

    1. 제2조제5호가목에 따른 맹견 종(種)의 판정

    2. 제18조제3항에 따른 맹견의 기질평가

    3. 제18조제4항에 따른 인도적인 처리에 대한 심의

    4. 제24조제3항에 따른 맹견이 아닌 개에 대한 기질평가

    5. 그 밖에 시·도지사가 요청하는 사항

② 기질평가위원회는 위원장 1명을 포함하여 3명 이상의 위원으로 구성한다.

③ 위원은 다음 각 호의 어느 하나에 해당하는 사람 중에서 시·도지사가 위촉하며, 위원장은 위원 중에서 호선한다.

    1. 수의사로서 동물의 행동과 발달 과정에 대한 학식과 경험이 풍부한 사람

    2. 반려동물행동지도사

    3. 동물복지정책에 대한 학식과 경험이 풍부하다고 시·도지사가 인정하는 사람

④ 제1항부터 제3항까지의 규정에 따른 사항 외에 기질평가위원회의 구성·운영 등에 관한 사항은 대통령령으로 정한다.

제27조 기질평가위원회의 권한 등

① 기질평가위원회는 기질평가를 위하여 필요하다고 인정하는 경우 평가대상동물의 소유자등에 대하여 출석하여 진술하게 하거나 의견서 또는 자료의 제출을 요청할 수 있다.
② 기질평가위원회는 평가에 필요한 경우 소유자의 거주지, 그 밖에 사건과 관련된 장소에서 기질평가와 관련된 조사를 할 수 있다.
③ 제2항에 따라 조사를 하는 경우 농림축산식품부령으로 정하는 증표를 지니고 이를 소유자에게 보여주어야 한다.
④ 평가대상동물의 소유자등은 정당한 사유 없이 제1항 및 제2항에 따른 출석, 자료제출 요구 또는 기질평가와 관련한 조사를 거부하여서는 아니 된다.

제28조 기질평가에 필요한 정보의 요청 등

① 시·도지사 또는 기질평가위원회는 기질평가를 위하여 필요하다고 인정하는 경우 동물이 사람 또는 동물에게 위해를 가한 사건에 대하여 관계 기관에 영상정보처리기기의 기록 등 필요한 정보를 요청할 수 있다.
② 제1항에 따른 요청을 받은 관계 기관의 장은 정당한 사유 없이 이를 거부하여서는 아니 된다.
③ 제1항의 정보의 보호 및 관리에 관한 사항은 이 법에서 규정된 것을 제외하고는 「개인정보 보호법」을 따른다.

제29조 비밀엄수의 의무 등

① 기질평가위원회의 위원이나 위원이었던 사람은 업무상 알게 된 비밀을 누설하여서는
아니 된다.
② 기질평가위원회의 위원 중 공무원이 아닌 사람은 「형법」 제129조부터 제132조까지의
규정을 적용할 때에 공무원으로 본다.

1. 입법배경 및 취지

2017년경 사람이 반려견에게 물려 상해를 입거나 사망에 이른 몇몇 사고
가 사회적으로 크게 이슈화됨에 따라 관련법령 강화에 대한 움직임이 있었다.
이에 2018년 개정 동물보호법에서는 법률에서 직접 맹견의 정의를 명시하고 맹
견 소유자의 관리의무와 격리조치의 근거를 신설하는 등 맹견 소유자에 한하여
추가적인 안전조치의무를 부과하였고, 2023년 개정법에서는 맹견 사육허가제,
기질평가제, 맹견취급허가제 등 새로운 제도를 신설하여 맹견관리를 더욱 강화
하고자 하였다.

2. 조문 해설

1) 맹견의 정의

현행법은 법률로 우선 '도사견, 핏불테리어, 로트와일러'를 맹견으로 지정
하고 나머지 견종은 사람의 생명이나 신체에 위해를 가할 우려가 있는 것으로
농림축산식품부령으로 정하도록 하고 있다.[83] 법률 및 시행규칙에 따라 현재 맹

---

83 시행규칙 제2조(맹견의 범위) 「동물보호법」(이하 "법"이라 한다) 제2조제5호가목에 따른 "농림축산식
품부령으로 정하는 개"란 다음 각 호를 말한다.
　1. 도사견과 그 잡종의 개
　2. 핏불테리어(아메리칸 핏불테리어를 포함한다)와 그 잡종의 개
　3. 아메리칸 스태퍼드셔 테리어와 그 잡종의 개
　4. 스태퍼드셔 불 테리어와 그 잡종의 개

견으로 지정된 견종은 도사견, 핏불테리어, 아메리칸 스태퍼드셔 테리어, 스태퍼드셔 불 테리어, 로트와일러 및 위 5가지 견종과 잡종인 개다.

2) 맹견의 수입·사육 허가 및 허가의 철회

맹견을 수입하려는 자는 품종, 수입 목적, 사육 장소 등을 밝히고 농림축산식품부장관에게 수입신고를 하여야 한다. 등록대상동물인 맹견을 사육하려는 사람, 즉 주택이나 준주택에서 맹견을 기르거나 그 외의 장소에서라도 반려목적으로 맹견을 기르려고 하는 자는 시·도시자에게 맹견사육허가를 받아야 한다. 사육을 하려는 자는 동물등록을 완료하고 제23조에 따른 보험 가입 및 중성화 수술을 하여야 하며, 신청을 받은 시·도지사는 사육허가를 하기 전 기질평가위원회의 기질평가를 거쳐야 한다. 만약 공공의 안전에 위험이 발생할 우려가 크다고 판단하는 경우 허가를 거부하여야 하며, 기질평가위원회의 심의를 거쳐 해당 맹견을 인도적인 방법으로 처리할 것을 명할 수 있다.

미성년자, 동물보호법 위반 전력이 있는 자 등 맹견사육 결격사유에 해당하는 자는 허가를 받을 수 없으며, 시·도지사는 허가를 한 후에도 제20조 제1항 각호의 사유(해당 맹견이 사람 또는 동물을 공격하여 다치게 하거나 죽게 한 경우 등) 중 하나에 해당하는 경우에는 사육허가를 철회할 수 있고, 기질평가위원회의 심의를 거쳐 해당 맹견에 대하여 인도적인 처리방법으로 처리할 것을 명할 수도 있다.

2023년 개정법 시행 당시 이미 맹견을 사육하고 있는 자도 개정법의 시행일(2024.4.27.) 이후 6개월 이내에 맹견사육허가를 받아야 한다(부칙 제11조 및 제1조 단서).

3) 맹견의 관리 및 보험 가입

맹견의 경우 맹견이 아닌 개와는 달리 해당 견종에 해당하기만 하면 실제 위험성 또는 사고 이력의 여부와는 상관없이, (ⅰ) 맹견사육허가를 받은 당사자

---

5. 로트와일러와 그 잡종의 개

또는 대통령령으로 정하는 맹견사육에 대한 전문지식을 가진 사람 없이 맹견을 기르는 곳에서 벗어나게 할 수 없고, (ii) 외출 시 목줄과 입마개를 동시에 착용하거나(가슴줄을 착용할 수 없음) 잠금장치가 있는 견고한 이동장치 안에 있어야 하며, (iii) 어린이집, 유치원, 초등학교, 특수학교, 노인복지시설, 장애인복지시설, 어린이공원, 어린이놀이시설 등에 출입할 수 없다. 소유자는 맹견이 다른 사람 또는 동물을 다치게 하거나 죽게한 경우 발생한 피해를 보상하기 위하여 책임보험에 가입하여야 한다.

맹견의 관리 관련 의무 또는 책임보험에 가입하지 않은 자에게는 실제 사고의 발생여부와 관계없이 300만원 이하의 과태료가 부과될 수 있으며(제101조 제2항 제1조 내지 제5조 참조), 맹견 관리의무를 위반하여 사람을 사망에 이르게 하는 경우 3년 이하의 징역 또는 3천만원 이하의 벌금, 상해를 입게 하는 경우 2년 이하의 징역 또는 2천만원 이하의 벌금에 처해질 수 있다(제97조 제1항 제4호, 제2항 제5호). 한편 동물을 유기한 소유자등에 대한 처벌이 최대 300만원의 벌금인 것에 비하여(제97조 제5항 제1호), 맹견을 유기한 소유자등은 그보다 훨씬 높은 처벌인 2년 이하의 징역 또는 2천만원 이하의 벌금에 처해질 수 있다(제97조 제2항 제2호).

만약 맹견이 사람에게 신체적 피해를 주는 경우 지방자치단체의 장은 소유자의 동의 없이도 맹견에 대하여 격리조치 등 필요한 조치를 취할 수 있으며, 맹견사육허가를 받은 사람은 안전한 사육·관리 및 보호에 관하여 정기적으로 교육을 받도록 하였다.

4) 기질평가위원회

2023년 개정법에서는 "기질평가위원회" 제도를 신설하고, 다음과 같은 업무를 수행하기 위한 기질평가위원회를 각 시·도에 두도록 하였다.

1. 법에 따른 맹견 종(種)에 해당하는 지 여부에 대한 판정 업무
2. 맹견사육허가를 위한 맹견의 기질평가 업무
3. 사육허가가 거부된 맹견의 인도적인 처리에 대한 심의 업무
4. 맹견이 아니지만 사람 또는 동물에 위해를 가한 개에 대한 기질평가 업무

    5. 그 밖에 시·도지사가 요청하는 사항

기질평가위원회 위원의 자격은 동물의 행동과 발달 과정에 대한 학식과 경험이 평범한 수의사, 반려동물행동지도사, 동물복지정책에 대한 학식과 경험이 풍부하다고 인정되는 사람 중 하나이며, 위원회는 업무를 수행하기 위하여 필요한 경우 소유자등에 대한 출석 및 진술요청, 의견서 또는 자료 제출 요청, 소유자의 거주지 등에서의 조사 권한을 가지고 업무상 알게 된 비밀을 누설하지 않을 의무를 진다.

한편 2023년 개정법 제24조를 통하여 법에서 맹견으로 지정되지 않은 품종의 개라도 사람 또는 동물에게 위해를 가한 경우 시·도지사가 직권으로 또는 소유자의 신청을 받아 해당 동물에 대한 기질평가를 명할 수 있는 제도가 신설되었다. 기질평가위원회가 해당 개의 공격성이 높다고 판단하는 경우 시·도지사는 해당 개를 맹견으로 지정하여야 하며, 해당 개의 소유자는 개의 품종과 관계 없이 맹견에 대한 법령상 규제를 받게 된다.

3. 해외사례 및 입법과제

영국, 독일, 프랑스 등 유럽 국가들은 누구나 맹견을 키울 수 없도록 하기 위하여 맹견을 키우기 위해서는 맹견을 키우는 자는 자격증을 발급받거나 국가기관의 허가를 받도록 하고 있다.

영국은 1991년 맹견 사육 제한과 관리 지침을 담은 '위험한 개법(Dangerous Dogs Act 1991)'을 제정하고, 맹견으로 지정된 4가지 견종84의 생산, 판매, 소유, 양도, 입양을 원칙적으로 금지하고 있다. 이 법은 우리나라에서 반려견 안전사고가 이슈화되었을 때 참고하여야 할 훌륭한 법률인 것처럼 국내 언론을 통하여 알려졌으나, 사실 영국에서는 핏불테리어에 의하여 사람이 크게 상해를 입는 사고가 발생하고 기사화되자 짧은 기간 내에 포퓰리즘을 등에 업고 탄생시킨 졸속 입법으로 많은 비판을 받았던 법이기도 하다. 법 시행 이전 맹견을 소유하

---

84 핏불테리어, 도사견, 도고 아르헨티노, 필라 브라질레이로.

고 있었던 자의 경우에도 실제 개의 행동이나 위험성과 관계없이 맹견에 해당하기만 하면 정부가 소유자와 개를 강제로 격리하여 위험성에 대하여 판단하고 계속 소유할 수 있는지 여부에 대하여 법원의 허가를 받도록 하였기 때문이다.

독일 또한 개들이 사람을 공격하여 상해를 입히거나 죽음에 이르는 사고에 대한 대중의 관심이 높아진 후 기질평가(Wesenstest, 베젠 테스트) 제도를 도입하였다. 처음에는 맹견으로 지정된 특정 견종에 대하여 기질평가 제도를 시행하였으나, 단순히 견종을 기준으로 개의 위험성을 판단하는 것은 합리적이지 않다는 여론도 만만치 않아 그 후 니더작센주를 시작으로 일부 주에서는 견종과 상관없이 공격성을 보인 적이 있는 개를 기질평가 대상인 위험견으로 관리하고 있다. 스페인은 미성년자, 장애인 등에 대한 맹견 사육을 불허한다. 2023년 개정법에서 신설한 맹견사육허가제도 및 기질평가 제도는 위와 같은 해외의 입법례를 도입한 것으로 볼 수 있다.

한편 2024년 시행을 앞두고 아직 세부적인 운영 방침이 정해지지 않은 맹견사육허가 및 기질평가제도를 염려하는 시각도 많다. 기질평가를 담당할 전문가가 국내에 충분하지 않은 점, 사육허가를 받지 못하는 경우 해당 개는 생명이 박탈될 수도 있는만큼 동물 및 소유자에게 매우 중요한 평가인데 평가의 전문성이 담보되지 않았다는 점, 한 번 맹견으로 지정되면 해제될 수 없다는 점 등이 주로 문제점으로 지적되며, 기질평가 방식이 졸속으로 마련될 경우 아직 꽃피우지 못한 국내 행동의학 진료 저변이 망가질 수 있다는 견해도 있다.

맹견으로 분류되는 견종들의 특징은 대부분 인간이 공격성이 강한 유전자를 가진 개들끼리 의도적으로 번식하여 만들어 낸 종이거나('Dogs bred for fighting'), 어린 강아지일 때부터 맹견으로 낙인찍혀 공격성이 길러지는 환경에서 사육되거나 방범 등 공격을 목적으로 사육되는 경우가 많다는 것이다. 따라서 맹견을 번식하거나 매매하는 행위 자체를 원칙적으로 금지하는 것이 타당하며, 맹견을 키우려는 자의 목적과 자격을 제한하여야 하고, 그럼에도 불구하고 맹견을 소유한 자가 있다면 그에 대하여 특별한 관리의무 및 교육이수의무 등을 부과하는 제도로 나아가는 것이 바람직하다. 이러한 방향성을 가진 개정법의 취지에는 공감하며, 견종이 아닌 공격 이력으로도 동물 관리 규제를 하려고 하는 등 개물림 사고의 예방을 위해 다양한 견해를 수렴하려고 한 흔적 또한 엿보인다.

  개정법에 따라 입법예고된 시행령·시행규칙 중 개물림 사고 예방을 위한
소유자의 의무 강화에 관한 주요 내용은 다음과 같다.[85]

기존	개편
맹견이 소유자등 없이 기르는 곳에서 벗어나지 않도록 할 것	**반려견**(등록대상동물)으로 **확대**
반려견 외출시 **목줄·가슴줄·이동장치** 사용	**이동장치**에 동물이 탈출할 수 없도록 **잠금장치** 추가
다중주택·다가구주택·공동주택 내부 공용공간에서는 **반려견을 안거나 목술·가슴줄 잡을 것**	반려견을 안거나 목줄·가슴줄을 잡아야 하는 곳에 '**준주택**(오피스텔·기숙사 등)' 추가
맹견 출입금지 지역: 어린이집, 유치원, 초등학교, 특수학교, 시·도·조례로 정하는 장소	맹견 출입금지 지역 추가: **노인복지시설, 장애인복지시설, 어린이공원 어린이놀이시설**
맹견의 경우 **책임보험***가입 의무 * 개물림 사고 보상 등	**책임보험 가입 관리**를 위한 농식품부장관 권한* 신설 * 관계기관에 책임보험 가입 의무 안내, 가입 현황 등 요청

  개물림 사고가 사람에 대한 것이 아닌 다른 동물에 대한 사고를 포함한다
는 점 등에 비추어 개의 공격성 관리 내지 소유자의 의무 강화가 동물의 '보호'
에 이바지한다는 점을 부인할 수는 없겠으나, 동물의 위험성을 평가하고 생명
을 박탈하는 제도, 동물 학대행위자에 대한 상담·교육 등의 제도(법 제89조 참조)
등 동물의 보호보다는 인간의 이익에 보다 초점이 맞추어진 제도는 동물보호법
이 아닌 다른 특별법을 제정하여 규정함이 바람직하다고 본다. 또한 맹견뿐만
아니라 모든 반려동물을 사육하려는 자에 대해 최소한의 자격요건을 부여하고
이를 심사하는 제도와 무분별한 생산 및 판매를 규제하는 제도 또한 개물림 사
고 뿐만 아니라 유기동물 문제를 해결하기 위한 근본적인 해결책으로 고려되어
야 할 것이다.

제3절 반려동물행동지도사

제30조 - 제33조 반려동물행동지도사 등

제30조(반려동물행동지도사의 업무) ① 반려동물행동지도사는 다음 각 호의 업무를 수행한다.

1. 반려동물에 대한 행동분석 및 평가
2. 반려동물에 대한 훈련
3. 반려동물 소유자등에 대한 교육
4. 그 밖에 반려동물행동지도에 필요한 사항으로 농림축산식품부령으로 정하는 업무

② 농림축산식품부장관은 반려동물행동지도사의 업무능력 및 전문성 향상을 위하여 농림축산식품부령으로 정하는 바에 따라 보수교육을 실시할 수 있다.

제31조(반려동물행동지도사 자격시험) ① 반려동물행동지도사가 되려는 사람은 농림축산식품부장관이 시행하는 자격시험에 합격하여야 한다.

② 반려동물의 행동분석·평가 및 훈련 등에 전문지식과 기술을 갖추었다고 인정되는 대통령령으로 정하는 기준에 해당하는 사람에게는 제1항에 따른 자격시험 과목의 일부를 면제할 수 있다.

③ 농림축산식품부장관은 다음 각 호의 어느 하나에 해당하는 사람에 대해서는 해당 시험을 무효로 하거나 합격 결정을 취소하여야 한다.

1. 거짓이나 그 밖에 부정한 방법으로 시험에 응시한 사람
2. 시험에서 부정한 행위를 한 사람

④ 다음 각 호의 어느 하나에 해당하는 사람은 그 처분이 있은 날부터 3년간 반려동물행동지도사 자격시험에 응시하지 못한다.

1. 제3항에 따라 시험의 무효 또는 합격 결정의 취소를 받은 사람
2. 제32조제2항에 따라 반려동물행동지도사의 자격이 취소된 사람

⑤ 농림축산식품부장관은 제1항에 따른 자격시험의 시행 등에 관한 사항을 대통령령으로 정하는 바에 따라 관계 전문기관에 위탁할 수 있다.

⑥ 반려동물행동지도사 자격시험의 시험과목, 시험방법, 합격기준 및 자격증 발급 등에 관한 사항은 대통령령으로 정한다.

제32조(반려동물행동지도사의 결격사유 및 자격취소 등) ① 다음 각 호의 어느 하나에 해당하는 사람은 반려동물행동지도사가 될 수 없다.

  1. 피성년후견인

  2. 「정신건강증진 및 정신질환자 복지서비스 지원에 관한 법률」 제3조제1호에 따른 정신질환자 또는 「마약류 관리에 관한 법률」 제2조제1호에 따른 마약류의 중독자. 다만, 정신건강의학과 전문의가 반려동물행동지도사 업무를 수행할 수 있다고 인정하는 사람은 그러하지 아니하다.

  3. 이 법을 위반하여 벌금 이상의 실형을 선고받고 그 집행이 종료(집행이 종료된 것으로 보는 경우를 포함한다)되거나 집행이 면제된 날부터 3년이 지나지 아니한 경우

  4. 이 법을 위반하여 벌금 이상의 형의 집행유예를 선고받고 그 유예기간 중에 있는 경우

② 농림축산식품부장관은 반려동물행동지도사가 다음 각 호의 어느 하나에 해당하면 그 자격을 취소하거나 2년 이내의 기간을 정하여 그 자격을 정지시킬 수 있다. 다만, 제1호부터 제4호까지 중 어느 하나에 해당하는 경우에는 그 자격을 취소하여야 한다.

  1. 제1항 각 호의 어느 하나에 해당하게 된 경우

  2. 거짓이나 그 밖의 부정한 방법으로 자격을 취득한 경우

  3. 다른 사람에게 명의를 사용하게 하거나 자격증을 대여한 경우

  4. 자격정지기간에 업무를 수행한 경우

  5. 이 법을 위반하여 벌금 이상의 형을 선고받고 그 형이 확정된 경우

  6. 영리를 목적으로 반려동물의 소유자등에게 불필요한 서비스를 선택하도록 알선·유인하거나 강요한 경우

③ 제2항에 따른 자격의 취소 및 정지에 관한 기준은 그 처분의 사유와 위반 정도 등을 고려하여 농림축산식품부령으로 정한다.

제33조(명의대여 금지 등) ① 제31조에 따른 자격시험에 합격한 자가 아니면 반려동물행동지도사의 명칭을 사용하지 못한다.

② 반려동물행동지도사는 다른 사람에게 자기의 명의를 사용하여 제30조제1항에 따른 업무를 수행하게 하거나 그 자격증을 대여하여서는 아니 된다.

③ 누구든지 제1항이나 제2항에서 금지된 행위를 알선하여서는 아니 된다.

1. 입법취지 및 내용

개정 동물보호법에서는 반려동물의 행동분석·평가 및 훈련 등에 전문지식과 기술을 가진 사람으로서 농림축산식품부장관이 시행하는 자격시험에 합격한 사람은 반려동물행동지도사로서 관련 업무를 수행할 수 있도록 하는 반려동물 행동지도사 자격 제도를 도입하였다. 특히 법 제32조를 통하여 반려동물행동지도사 자격의 결격사유 및 자격취소 사유를 정함으로써 동물보호법을 위반하여 벌금 이상의 형을 선고받는 경우(동조 제1항 제3호, 제4호 및 제2항 제5호)에는 그 자격을 제한하는 등, 보다 수준 높은 반려동물 돌봄, 교육 사업의 운영을 촉진함과 동시에 반려동물 소유자에 대한 반려동물 행동 관련 교육, 안전관리 교육 등의 실현이 가능해질 것으로 기대한다.

제4절 동물의 구조 등

제34조 동물의 구조·보호 등

① 시·도지사와 시장·군수·구청장은 다음 각 호의 어느 하나에 해당하는 동물을 발견한 때에는 그 동물을 구조하여 제9조에 따라 치료·보호에 필요한 조치(이하 "보호조치"라 한다)를 하여야 하며, 제2호 및 제3호에 해당하는 동물은 학대 재발 방지를 위하여 학대행위자로부터 격리하여야 한다. 다만, 제1호에 해당하는 동물 중 농림축산식품부령으로 정하는 동물은 구조·보호조치의 대상에서 제외한다.

    1. 유실·유기동물

    2. 피학대동물 중 소유자를 알 수 없는 동물

    3. 소유자등으로부터 제10조제2항 및 같은 조 제4항제2호에 따른 학대를 받아 적정하게 치료·보호받을 수 없다고 판단되는 동물

② 시·도지사와 시장·군수·구청장이 제1항제1호 및 제2호에 해당하는 동물에 대하여 보호조치 중인 경우에는 그 동물의 등록 여부를 확인하여야 하고, 등록된 동물인 경우에는 지체 없이 동물의 소유자에게 보호조치 중인 사실을 통보하여야 한다.

③ 시·도지사와 시장·군수·구청장이 제1항제3호에 따른 동물을 보호할 때에는 농림축산식품부령으로 정하는 바에 따라 기간을 정하여 해당 동물에 대한 보호조치를 하여야 한다.

④ 시·도지사와 시장·군수·구청장은 제1항 각 호 외의 부분 단서에 해당하는 동물에 대하여도 보호·관리를 위하여 필요한 조치를 할 수 있다.

제35조 동물보호센터의 설치 등

① 시·도지사와 시장·군수·구청장은 제34조에 따른 동물의 구조·보호 등을 위하여 농림축산식품부령으로 정하는 시설 및 인력 기준에 맞는 동물보호센터를 설치·운영할 수 있다.

② 시·도지사와 시장·군수·구청장은 제1항에 따른 동물보호센터를 직접 설치·운영하도록 노력하여야 한다.

③ 제1항에 따라 설치한 동물보호센터의 업무는 다음 각 호와 같다.

   1. 제34조에 따른 동물의 구조·보호조치

   2. 제41조에 따른 동물의 반환 등

   3. 제44조에 따른 사육포기 동물의 인수 등

   4. 제45조에 따른 동물의 기증·분양

   5. 제46조에 따른 동물의 인도적인 처리 등

   6. 반려동물사육에 대한 교육

   7. 유실·유기동물 발생 예방 교육

   8. 동물학대행위 근절을 위한 동물보호 홍보

   9. 그 밖에 동물의 구조·보호 등을 위하여 농림축산식품부령으로 정하는 업무

④ 농림축산식품부장관은 제1항에 따라 시·도지사 또는 시장·군수·구청장이 설치·운영하는 동물보호센터의 설치·운영에 드는 비용의 전부 또는 일부를 지원할 수 있다.

⑤ 제1항에 따라 설치된 동물보호센터의 장 및 그 종사자는 농림축산식품부령으로 정하는 바에 따라 정기적으로 동물의 보호 및 공중위생상의 위해 방지 등에 관한 교육을 받아야 한다.

⑥ 동물보호센터 운영의 공정성과 투명성을 확보하기 위하여 농림축산식품부령으로 정하는 일정 규모 이상의 동물보호센터는 농림축산식품부령으로 정하는 바에 따라 운영위원회를 구성·운영하여야 한다. 다만, 시·도 또는 시·군·구에 운영위원회와 성격 및 기능이 유사한 위원회가 설치되어 있는 경우 해당 시·도 또는 시·군·구의 조례로 정하는 바에 따라 그 위원회가 운영위원회의 기능을 대신할 수 있다.

⑦ 제1항에 따른 동물보호센터의 준수사항 등에 관한 사항은 농림축산식품부령으로 정하고, 보호조치의 구체적인 내용 등 그 밖에 필요한 사항은 시·도의 조례로 정한다.

제36조 동물보호센터의 지정 등

① 시·도지사 또는 시장·군수·구청장은 농림축산식품부령으로 정하는 시설 및 인력기준에 맞는 기관이나 단체 등을 동물보호센터로 지정하여 제35조제3항에 따른 업무를 위탁할 수 있다. 이 경우 동물보호센터로 지정받은 기관이나 단체 등은 동물의 보호조치를 제3자에게 위탁하여서는 아니 된다.

② 제1항에 따른 동물보호센터로 지정받으려는 자는 농림축산식품부령으로 정하는 바에 따라 시·도지사 또는 시장·군수·구청장에게 신청하여야 한다.

③ 시·도지사 또는 시장·군수·구청장은 제1항에 따른 동물보호센터에 동물의 구조·보호조치 등에 드는 비용(이하 "보호비용"이라 한다)의 전부 또는 일부를 지원할 수 있으며, 보호비용의 지급절차와 그 밖에 필요한 사항은 농림축산식품부령으로 정한다.

④ 시·도지사 또는 시장·군수·구청장은 제1항에 따라 지정된 동물보호센터가 다음 각호의 어느 하나에 해당하는 경우에는 그 지정을 취소할 수 있다. 다만, 제1호 및 제4호에 해당하는 경우에는 그 지정을 취소하여야 한다.

  1. 거짓이나 그 밖의 부정한 방법으로 지정을 받은 경우
  2. 제1항에 따른 지정기준에 맞지 아니하게 된 경우
  3. 보호비용을 거짓으로 청구한 경우
  4. 제10조제1항부터 제4항까지의 규정을 위반한 경우
  5. 제46조를 위반한 경우
  6. 제86조제1항제3호의 시정명령을 위반한 경우
  7. 특별한 사유 없이 유실·유기동물 및 피학대동물에 대한 보호조치를 3회 이상 거부한 경우
  8. 보호 중인 동물을 영리를 목적으로 분양한 경우

⑤ 시·도지사 또는 시장·군수·구청장은 제4항에 따라 지정이 취소된 기관이나 단체 등을 지정이 취소된 날부터 1년 이내에는 다시 동물보호센터로 지정하여서는 아니 된다. 다만, 제4항제4호에 따라 지정이 취소된 기관이나 단체는 지정이 취소된 날부터 5년 이내에는 다시 동물보호센터로 지정하여서는 아니 된다.

⑥ 제1항에 따른 동물보호센터 지정절차의 구체적인 내용은 시·도의 조례로 정하고, 지정된 동물보호센터에 대하여는 제35조제5항부터 제7항까지의 규정을 준용한다.

제37조 민간동물보호시설의 신고 등

① 영리를 목적으로 하지 아니하고 유실·유기동물 및 피학대동물을 기증받거나 인수 등을 하여 임시로 보호하기 위하여 대통령령으로 정하는 규모 이상의 민간동물보호시설(이하 "보호시설"이라 한다)을 운영하려는 자는 농림축산식품부령으로 정하는 바에 따라 시설 명칭, 주소, 규모 등을 특별자치시장·특별자치도지사·시장·군수·구청장에게 신고

하여야 한다.

② 제1항에 따라 신고한 사항 중 대통령령으로 정하는 중요한 사항을 변경할 때에는 특별자치시장·특별자치도지사·시장·군수·구청장에게 신고하여야 한다.

③ 특별자치시장·특별자치도지사·시장·군수·구청장은 제1항에 따른 신고 또는 제2항에 따른 변경신고를 받은 경우 그 내용을 검토하여 이 법에 적합하면 신고를 수리하여야 한다.

④ 제3항에 따라 신고가 수리된 보호시설의 운영자(이하 "보호시설운영자"라 한다)는 농림축산식품부령으로 정하는 시설 및 운영 기준 등을 준수하여야 하며 동물보호를 위하여 시설정비 등의 사후관리를 하여야 한다.

⑤ 보호시설운영자가 보호시설의 운영을 일시적으로 중단하거나 영구적으로 폐쇄 또는 그 운영을 재개하려는 경우에는 농림축산식품부령으로 정하는 바에 따라 보호하고 있는 동물에 대한 관리 또는 처리 방안 등을 마련하여 특별자치시장·특별자치도지사·시장·군수·구청장에게 신고하여야 한다. 이 경우 제3항을 준용한다.

⑥ 제74조제1호·제2호·제6호·제7호에 해당하는 자는 보호시설운영자가 되거나 보호시설 종사자로 채용될 수 없다.

⑦ 농림축산식품부장관 또는 특별자치시장·특별자치도지사·시장·군수·구청장은 보호시설의 환경개선 및 운영에 드는 비용의 일부를 지원할 수 있다.

⑧ 제1항부터 제6항까지의 규정에 따른 보호시설의 시설 및 운영 등에 관한 사항은 대통령령으로 정한다.

시행령

제15조(민간동물보호시설의 신고 등) ① 법 제37조제1항에서 "대통령령으로 정하는 규모 이상"이란 보호동물의 마릿수가 20마리(개 또는 고양이 기준) 이상인 경우를 말한다.

② 법 제37조제2항에서 "대통령령으로 정하는 중요한 사항"이란 다음 각 호의 사항을 말한다.

1. 보호시설 운영자의 성명
2. 보호시설의 명칭
3. 보호시설의 주소
4. 보호시설의 면적 및 수용가능 마릿수

제38조 시정명령 및 시설폐쇄 등

① 특별자치시장·특별자치도지사·시장·군수·구청장은 제37조제4항을 위반한 보호시설운영자에게 해당 위반행위의 중지나 시정을 위하여 필요한 조치를 명할 수 있다.

② 특별자치시장·특별자치도지사·시장·군수·구청장은 보호시설운영자가 다음 각 호의 어느 하나에 해당하는 경우에는 보호시설의 폐쇄를 명할 수 있다. 다만, 제1호 및 제2호에 해당하는 경우에는 보호시설의 폐쇄를 명하여야 한다.

1. 거짓이나 그 밖의 부정한 방법으로 보호시설의 신고 또는 변경신고를 한 경우
2. 세10조제1항부터 제4항까지의 규정을 위반하여 벌금 이상의 형을 선고받은 경우
3. 제1항에 따른 중지명령이나 시정명령을 최근 2년 이내에 3회 이상 반복하여 이행하지 아니한 경우
4. 제37조제1항에 따른 신고를 하지 아니하고 보호시설을 운영한 경우
5. 제37조제2항에 따른 변경신고를 하지 아니하고 보호시설을 운영한 경우

제39조 신고 등

① 누구든지 다음 각 호의 어느 하나에 해당하는 동물을 발견한 때에는 관할 지방자치단체 또는 동물보호센터에 신고할 수 있다.

1. 제10조에서 금지한 학대를 받는 동물
2. 유실·유기동물

② 다음 각 호의 어느 하나에 해당하는 자가 그 직무상 제1항에 따른 동물을 발견한 때에는 지체 없이 관할 지방자치단체 또는 동물보호센터에 신고하여야 한다.

1. 제4조제3항에 따른 민간단체의 임원 및 회원
2. 제35조제1항에 따라 설치되거나 제36조제1항에 따라 지정된 동물보호센터의 장 및 그 종사자
3. 제37조에 따른 보호시설운영자 및 보호시설의 종사자
4. 제51조제1항에 따라 동물실험윤리위원회를 설치한 동물실험시행기관의 장 및 그 종사자
5. 제53조제2항에 따른 동물실험윤리위원회의 위원
6. 제59조제1항에 따라 동물복지축산농장 인증을 받은 자

7. 제69조제1항에 따른 영업의 허가를 받은 자 또는 제73조제1항에 따라 영업의 등록을 한 자 및 그 종사자

8. 제88조제1항에 따른 동물보호관

9. 수의사, 동물병원의 장 및 그 종사자

③ 신고인의 신분은 보장되어야 하며 그 의사에 반하여 신원이 노출되어서는 아니 된다.

④ 제1항 또는 제2항에 따라 신고한 자 또는 신고·통보를 받은 관할 특별자치시장·특별자치도지사·시장·군수·구청장은 관할 시·도 가축방역기관장 또는 국립가축방역기관장에게 해당 동물의 학대 여부 판단 등을 위한 동물검사를 의뢰할 수 있다.

제40조 공고

시·도지사와 시장·군수·구청장은 제34조제1항제1호 및 제2호에 따른 동물을 보호하고 있는 경우에는 소유자등이 보호조치 사실을 알 수 있도록 대통령령으로 정하는 바에 따라 지체 없이 7일 이상 그 사실을 공고하여야 한다.

시행령

제16조(공고) ① 특별시장·광역시장·특별자치시장·도지사 및 특별자치도지사(이하 "시·도지사"라 한다)와 시장·군수·구청장은 법 제40조에 따라 동물 보호조치 사실을 공고하려면 동물정보시스템에 게시해야 한다. 다만, 동물정보시스템이 정상적으로 운영되지 않는 경우에는 농림축산식품부령으로 정하는 동물보호 공고문을 작성하여 해당 기관의 인터넷 홈페이지에 게시하는 등 다른 방법으로 공고할 수 있다.

② 시·도지사와 시장·군수·구청장은 제1항에 따른 공고를 하는 경우에는 농림축산식품부령으로 정하는 바에 따라 동물정보시스템을 통하여 개체관리카드와 보호동물 관리대장을 작성·관리해야 한다.

제41조 동물의 반환 등

① 시·도지사와 시장·군수·구청장은 다음 각 호의 어느 하나에 해당하는 사유가 발생한 경우에는 제34조에 해당하는 동물을 그 동물의 소유자에게 반환하여야 한다.

1. 제34조제1항제1호 및 제2호에 해당하는 동물이 보호조치 중에 있고, 소유자가 그 동물에 대하여 반환을 요구하는 경우
2. 제34조제3항에 따른 보호기간이 지난 후, 보호조치 중인 같은 조 제1항제3호의 동물에 대하여 소유자가 제2항에 따른 사육계획서를 제출한 후 제42조제2항에 따라 보호비용을 부담하고 반환을 요구하는 경우

② 시·도지사와 시장·군수·구청장이 보호조치 중인 제34조제1항제3호의 동물을 반환받으려는 소유자는 농림축산식품부령으로 정하는 바에 따라 학대행위의 재발 방지 등 동물을 적정하게 보호·관리하기 위한 사육계획서를 제출하여야 한다.

③ 시·도지사와 시장·군수·구청장은 제1항제2호에 해당하는 동물의 반환과 관련하여 동물의 소유자에게 보호기간, 보호비용 납부기한 및 면제 등에 관한 사항을 알려야 한다.

④ 시·도지사와 시장·군수·구청장은 제1항제2호에 따라 동물을 반환받은 소유자가 제2항에 따라 제출한 사육계획서의 내용을 이행하고 있는지를 제88조제1항에 따른 동물보호관에게 점검하게 할 수 있다.

제42조 보호비용의 부담

① 시·도지사와 시장·군수·구청장은 제34조제1항제1호 및 제2호에 해당하는 동물의 보호비용을 소유자 또는 제45조제1항에 따라 분양을 받는 자에게 청구할 수 있다.

② 제34조제1항제3호에 해당하는 동물의 보호비용은 농림축산식품부령으로 정하는 바에 따라 납부기한까지 그 동물의 소유자가 내야 한다. 이 경우 시·도지사와 시장·군수·구청장은 동물의 소유자가 제43조제2호에 따라 그 동물의 소유권을 포기한 경우에는 보호비용의 전부 또는 일부를 면제할 수 있다.

③ 제1항 및 제2항에 따른 보호비용의 징수에 관한 사항은 대통령령으로 정하고, 보호비용의 산정 기준에 관한 사항은 농림축산식품부령으로 정하는 범위에서 해당 시·도의 조례로 정한다.

시행령

제17조(보호비용의 징수) 시·도지사와 시장·군수·구청장은 법 제42조제1항 및 제2항에 따라 보호비용을 징수하려는 경우에는 농림축산식품부령으로 정하는 비용징수통지서를 해당 동물의 소유자 또는 법 제45조제1항에 따라 분양을 받는 자에게 발급해야 한다.

제43조 동물의 소유권 취득

시·도 및 시·군·구가 동물의 소유권을 취득할 수 있는 경우는 다음 각 호와 같다.
  1. 「유실물법」제12조 및 「민법」제253조에도 불구하고 제40조에 따라 공고한 날부터 10일이 지나도 동물의 소유자등을 알 수 없는 경우
  2. 제34조제1항제3호에 해당하는 동물의 소유자가 그 동물의 소유권을 포기한 경우
  3. 제34조제1항제3호에 해당하는 동물의 소유자가 제42조제2항에 따른 보호비용의 납부기한이 종료된 날부터 10일이 지나도 보호비용을 납부하지 아니하거나 제41조제2항에 따른 사육계획서를 제출하지 아니한 경우
  4. 동물의 소유자를 확인한 날부터 10일이 지나도 정당한 사유 없이 동물의 소유자와 연락이 되지 아니하거나 소유자가 반환받을 의사를 표시하지 아니한 경우

제44조 사육포기 동물의 인수 등

① 소유자등은 시·도지사와 시장·군수·구청장에게 자신이 소유하거나 사육·관리 또는 보호하는 동물의 인수를 신청할 수 있다.
② 시·도지사와 시장·군수·구청장이 제1항에 따른 인수신청을 승인하는 경우에 해당 동물의 소유권은 시·도 및 시·군·구에 귀속된다.
③ 시·도지사와 시장·군수·구청장은 제1항에 따라 동물의 인수를 신청하는 자에 대하여 농림축산식품부령으로 정하는 바에 따라 해당 동물에 대한 보호비용 등을 청구할 수 있다.
④ 시·도지사와 시장·군수·구청장은 장기입원 또는 요양, 「병역법」에 따른 병역 복무 등 농림축산식품부령으로 정하는 불가피한 사유가 없음에도 불구하고 동물의 인수를 신청하는 자에 대하여는 제1항에 따른 동물인수신청을 거부할 수 있다.

제45조 동물의 기증·분양

① 시·도지사와 시장·군수·구청장은 제43조 또는 제44조에 따라 소유권을 취득한 동물이 적정하게 사육·관리될 수 있도록 시·도의 조례로 정하는 바에 따라 동물원, 동물을 애호하는 자(시·도의 조례로 정하는 자격요건을 갖춘 자로 한정한다)나 대통령령으로 정하는 민간단체 등에 기증하거나 분양할 수 있다.

② 시·도지사와 시장·군수·구청장은 제1항에 따라 기증하거나 분양하는 동물이 등록대상동물인 경우 등록 여부를 확인하여 등록이 되어 있지 아니한 때에는 등록한 후 기증하거나 분양하여야 한다.

③ 시·도지사와 시장·군수·구청장은 제43조 또는 제44조에 따라 소유권을 취득한 동물에 대하여는 제1항에 따라 분양될 수 있도록 공고할 수 있다.

④ 제1항에 따른 기증·분양의 요건 및 절차 등 그 밖에 필요한 사항은 시·도의 조례로 정한다.

시행령
제18조(동물의 기증 또는 분양 대상 민간단체 등의 범위) 법 제45조제1항에서 "대통령령으로 정하는 민간단체 등"이란 다음 각 호의 어느 하나에 해당하는 법인·단체·기관 또는 시설을 말한다.

  1. 제6조 각 호의 어느 하나에 해당하는 법인 또는 단체
  2. 「장애인복지법」 제40조제4항에 따라 지정된 장애인 보조견 전문훈련기관
  3. 「사회복지사업법」 제2조제4호에 따른 사회복지시설
  4. 「야생생물 보호 및 관리에 관한 법률」 제8조의4에 따른 유기·방치 야생동물 보호 시설

제46조 동물의 인도적인 처리 등

① 제35조제1항 및 제36조제1항에 따른 동물보호센터의 장은 제34조제1항에 따라 보호조치 중인 동물에게 질병 등 농림축산식품부령으로 정하는 사유가 있는 경우에는 농림축산식품부장관이 정하는 바에 따라 마취 등을 통하여 동물의 고통을 최소화하는 인도적인 방법으로 처리하여야 한다.

② 제1항에 따라 시행하는 동물의 인도적인 처리는 수의사가 하여야 한다. 이 경우 사용된 약제 관련 사용기록의 작성·보관 등에 관한 사항은 농림축산식품부령으로 정하는 바에 따른다.

③ 동물보호센터의 장은 제1항에 따라 동물의 사체가 발생한 경우 「폐기물관리법」에 따라 처리하거나 제69조제1항제4호에 따른 동물장묘업의 허가를 받은 자가 설치·운영하는 동물장묘시설 및 제71조제1항에 따른 공설동물장묘시설에서 처리하여야 한다.

1. 입법연혁 및 취지

국가 또는 지방자치단체에게 유기동물을 구조·보호하여야 할 의무를 부여하는 내용의 조항은 1991. 5. 31. 제정 동물보호법부터 포함되었으며, 제정법에서도 현재와 같이 보호조치의 주체, 공고, 소유권의 취득, 경비의 부담에 대한 내용을 담고 있었으나 수차례의 개정에 걸쳐 그 내용이 보다 구체화되었다. 또한 제정법은 유기동물만을 보호의 대상으로 하고 있었으나, 2011. 8. 4. 개정법부터는 유기동물뿐만 아니라 소유자등으로부터 학대를 받는 동물도 지방자치단체의 구조·보호대상으로 하고, 대신 동물의 치료·보호에 든 비용을 해당 동물의 소유자가 부담하도록 하였다.

2023년 개정법에서는 동물의 구조·보호 조치와 이를 위한 제도적 여건을 개선하기 위하여 그 동안 법의 규제영역이 아니었던 민간동물보호시설 신고제도를 신설하고 운영자에게 시설정비 및 사후관리 의무를 부과하고 정부 또는 지방자치단체의 장이 이들의 환경개선 및 운영에 드는 비용의 일부를 지원할 수 있는 근거를 마련하였다. 또한 소유자가 양육을 포기한 동물을 지방자치단체에서 인수할 수 있는 제도를 도입하였는데, 무분별한 인수 신청을 막기 위하

여 법령에서 정하는 불가피한 사유가 아닌 경우 지자체에서 인수를 거부할 수
있도록 하였다.

구조·보호조치 관련 조항은 유실동물에 대해서는 행정기관이 일시적으로
구조 및 보호하여 소유자가 이를 찾을 수 있도록 하고, 유기동물 및 피학대동물
에 대해서는 행정기관이 이들을 적정하게 보호·관리하게 하여 학대행위의 재발
을 방지하고 동물이 본래의 습성과 신체의 원형 등을 유지하면서 정상적으로
살아가도록 하려는 것을 그 취지로 한다.

2. 조문 해설

1) 구조·보호조치의 주체

시·도지사, 시장·군수·구청장과 같은 지방자치단체의 장이 구조·보호조
치의무의 주체이다. 지방자치단체의 장은 구조·보호조치를 위하여 동물보호센
터를 직접 설치·운영하거나 또는 농림축산식품부령으로 정하는 기준에 맞는 기
관이나 단체를 동물보호센터로 지정하여 구호·보호조치 등을 하게 할 수 있다.
2017. 3. 21. 개정법에서는 지방자치단체의 장이 동물보호센터를 '직접' 설치·
운영하도록 노력하여야 한다는 내용을 신설하기도 하였지만, 지자체가 직접 설
치·운영하는 동물보호센터의 숫자로는 유기동물을 수용하기에 역부족인 탓에
동물병원 등 많은 단체에 업무를 위탁하고 있다. 동물보호센터는 시설기준 총
239개소가 운영 중이며 지자체가 직접 설치하여 운영하는 곳이 68개소, 민간
기관을 지정하여 업무를 위탁한 곳이 171개소로 파악되었다. 2022년 말 기준
동물보호센터 운영인력은 총 893명이며 운영비용은 294.8억원, 구조 동물의 평
균 보호기간은 26일로 나타났다.[86] 법에 따라 동물보호센터로 지정된 기관 및
단체는 동물보호관리시스템[87]에서 확인할 수 있다.

---

[86] 2023.8.11. 농림축산식품부 '2022년 반려동물 보호·복지 실태조사 결과'.

[87] http://www.animal.go.kr

2) 구조·보호조치의 대상

유실·유기동물,[88] 피학대 동물[89] 중 소유자를 알 수 없는 동물, 소유자로부터 제10조 제2항 및 같은 조 제4항 제2호에 따른 학대를 받아 적정하게 치료·보호받을 수 없다고 판단되는 동물이 구조·보호조치의 대상이 된다. 그 외의 동물에 대해서도 필요한 경우 지방자치단체의 장이 보호·관리를 위하여 필요한 조치를 취할 수 있다.

한편 유실·유기동물 중 도심지나 주택가에서 자연적으로 번식하여 자생적으로 살아가는 고양이로서 개체수 조절을 위해 중성화하여 포획장소에 방사하는 등의 조치 대상이거나 조치가 된 고양이는 구조·보호조치의 대상에서 제외된다.[90]

이러한 길고양이의 과잉 번식을 억제하기 위하여 지방자치단체가 실시하는 TNR(Trap·Neuter·Return)사업의 세부사항은 농림축산식품부의 고시[91]로 정하고 있으며, 중성화가 된 고양이는 이를 알 수 있도록 하기 위하여 좌측 귀 끝부분의 약 1센티미터를 잘라 표식을 남긴 후 방사하고 있다. 2016년에 제정된 위 고시는 2021년 개정안에서 길고양이의 안전과 복지 강화를 위해 수술 중 및 수술 후 관리를 강화하고, 장마철·혹서기·혹한기 등 외부환경 요인에 대한 준수사항 및 사업 시행시기를 규정하였다. 길고양이 중성화사업은 정책 사업으로 추진중이며 2018년 이후 사업 규모가 지속 확대되어 2022년 한 해에는 길고양이 104,434마리를 대상으로 중성화 수술을 실시하였다고 한다.[92]

---

88 도로·공원 등의 공공장소에서 소유자등이 없이 배회하거나 내버려진 동물(법 제4조제1항제2호가목).

89 법 제8조제2항에 따른 학대를 받은 동물(법 제4조제1항제2호나목)

90 시행규칙 제14조(구조·보호조치 제외 동물) ① 법 제34조제1항 각 호 외의 부분 단서에서 "농림축산식품부령으로 정하는 동물"이란 도심지나 주택가에서 자연적으로 번식하여 자생적으로 살아가는 고양이로서 개체수 조절을 위해 중성화(中性化)하여 포획장소에 방사(放飼)하는 등의 조치 대상이거나 조치가 된 고양이를 말한다.
　　② 제1항의 동물에 대한 세부적인 처리방법에 대해서는 농림축산식품부장관이 정하여 고시할 수 있다.

91 농림축산식품부고시 제2021-88호, 「고양이 중성화사업 실시 요령」.

92 2023.8.11. 농림축산식품부 '2022년 반려동물 보호·복지 실태조사 결과'.

3) 동물보호센터

동물보호센터는 시행규칙에서 정하는 시설 및 인력 기준을 갖추어야 하며, 동물의 구조·보호조치, 동물의 반환, 사육포기 동물의 인수 등, 동물의 기증·분양, 동물의 인도적인 처리 등, 반려동물사육에 대한 교육, 유실·유기동물 발생 예방 교육, 동물학대행위 근절을 위한 동물보호 홍보 등의 업무를 수행한다. 동물보호센터의 운영에 관한 보다 구체적인 내용은 농림축산식품부고시[93]에서 정하고 있다.

4) 민간동물보호센터

2023년 개정법에서 영리를 목적으로 하지 않고 유실·유기동물 및 피학대 동물을 기증받거나 인수 등을 하여 임시로 보호하기 위한 민간동물보호시설을 운영하려는 자는 지방자치단체장에게 이를 신고하도록 하는 제도를 신설하였다. 보호시설운영자는 신고의 수리 후에도 시행규칙이 정하는 시설 및 운영 기준 등을 준수하고 시설정비 등의 사후관리를 하여야 하며, 운영을 중단하거나 폐쇄 또는 재개하려는 경우에는 보호하고 있는 동물에 대한 관리 또는 처리 방안 등을 마련하여 이를 신고하여야 한다. 지자체의 장은 보호시설운영자가 법을 위반한 경우 시정명령을 내리거나 보호시설의 폐쇄를 명할 수 있다.

농림축산식품부는 이 제도의 신설 사유를 그동안 법적 정의가 부재하여 애니멀호딩 등 동물학대 등이 발생하는 등 제도권 밖에 있어 동물복지의 사각지대였던 사설보호소를 제도권 내로 편입하고, 동물학대, 변칙적 영업, 열악한 시설 양산 등을 방지하기 위한 별도의 관리체계를 확립하기 위한 목적이라고 밝혔다. 기존의 사설 동물보호소 또한 개정법이 시행되면 관할 지자체에 시설 운영사실을 신고하여야 한다. 다만, 제도의 원활한 정착을 취해 신고제 적용 대상[94]이 단계적으로 확대되도록 하였다.

---

93 농림축산식품부고시 제2021-89호 「동물보호센터 운영 지침」.
94 보호동물 마릿수 400마리 이상 시설(2023. 4. 27. ~ 2025. 4. 26.) → 100마리 이상 시설(2025. 4. 27. ~ 2026. 4. 26.) → 20마리 이상 시설(2026. 4. 27.~)

신고가 수리된 민간동물보호시설의 운영자("보호시설운영자")는 계속해서 농림축산식품부령으로 정하는 시설 및 운영 기준 등을 준수하고 시설정비 등의 사후관리를 하여야 하며, 이를 위반하는 경우 지방자치단체의 장으로부터 위반행위의 중지나 시정조치를 명령받을 수 있다. 지방자치단체의 장은 보호시설운영자가 정당한 신고·변경신고를 하지 않거나 중지명령·시정명령을 반복하여 이행하지 않는 경우 등에는 민간보호시설의 폐쇄를 명할 수 있다.

5) 피학대동물 및 유실·유기동물의 신고

「민법」에 따라 설립된 동물보호를 목적으로 하는 법인 또는 「비영리민간단체 지원법」 제4조에 따라 등록된 동물보호를 목적으로 하는 단체, 법에 따라 설치되거나 동물보호센터로 지정된 기관·단체의 장 및 그 종사자, 법에 따라 동물실험윤리위원회를 설치한 동물실험시행기관의 장 및 그 종사자, 동물실험윤리위원회의 위원, 법에 따른 동물복지축산농장으로 인증을 받은 자, 법에 따라 동물 관련 영업등록을 하거나 영업허가를 받은 자 및 그 종사자 또는 수의사, 동물병원의 장 및 그 종사자가 유실·유기동물 또는 피학대 동물을 발견한 때에는 관할 지방자치단체의 장 또는 동물보호센터에 '신고하여야 할' 의무가 있다(법 제39조 제2항).

다만 그 범위가 '직무상 발견한 때'로 한정되어, 자신의 영업행위 또는 자신이 소속된 위 기관·단체에서 부여한 직무와 관련된 행위를 하던 중 해당 동물을 발견한 때에만 법적인 신고의무가 발생하며, 제39조 제2항 각호의 하나에 해당하는 자일지라도 직무와 관련 없이 우연히 해당 동물을 발견한 때에는 법적 신고의무가 발생하지는 않는다고 하겠다. 다만 신고의무가 부여된 자가 신고를 하지 않은 경우에도 이를 처벌 또는 제재하는 규정은 두고 있지 아니하다.

제39조 제2항 각호 외의 자가 위와 같은 동물을 발견한 때에는 같은 기관에 '신고할 수 있다'고 하고 있을 뿐이므로 신고의무가 발생하는 것은 아니나(제39조 제1항), 소유자가 일시적으로 유실한 동물을 임의로 보호하는 경우 그 사실관계에 따라 절도죄 또는 점유이탈물횡령죄 등이 성립할 수도 있으므로 신고의무가 없는 자라고 할지라도 가급적 동물보호센터 등에 신고하거나 가까운 동

물병원 등에 등록 여부를 확인하여 유실한 동물의 소유자 존재 여부를 확인하고 동물보호센터 등에 인계하는 것이 바람직하다.

6) 구조·보호조치의 내용

치료·보호에 필요한 조치의 내용은 법 제7조에 따른 적정한 사육·관리를 말하며, 「동물보호센터 운영 지침」95에서 보다 구체적인 포획·구조 방법, 운송, 센터 입소 절차, 위생관리, 사료 및 물 제공, 예방접종 및 구충, 치료 등의 방법을 정하고 있다. 조치 내용 중 피학대 동물의 경우에는 학대 재발 방지를 위하여 학대행위자로부터 반드시 격리하여야 한다(법 제34조 제1항).

7) 소유자 확인 및 반환절차

① 유실·유기동물 및 피학대동물 중 소유자를 알 수 없는 동물(제34조 제1항 제1호 및 제2호에 해당하는 동물)

제34조 제1항 제1호 및 제2호에 해당하는 동물의 경우 동물의 등록 여부를 확인하여야 하고, 등록된 동물인 경우 지체 없이 소유자에게 보호조치 중인 사실을 통보하여야 하고(법 제34조 제2항), 등록되지 않았거나 소유자를 찾을 수 없는 경우 동물보호관리시스템에 게시하는 등의 방법으로96 7일 이상 그 사실을 공고하여야 한다(법 제40조).

지방자치단체의 장은 소유자가 동물의 반환을 요구하는 경우 이를 반환하

---

95 농림축산식품부고시 제2016-18호. 법에서 규정하고 있는 유실·유기동물 보호, 동물보호센터 운영에 관하여 필요한 사항을 정하고 있다.

96 시행령 제7조(공고) ① 특별시장·광역시장·특별자치시장·도지사 및 특별자치도지사(이하 "시·도지사"라 한다)와 시장·군수·구청장(자치구의 구청장을 말한다. 이하 같다)은 법 제17조에 따라 동물 보호조치에 관한 공고를 하려면 농림축산식품부장관이 정하는 시스템(이하 "동물보호관리시스템"이라 한다)에 게시하여야 한다. 다만, 동물보호관리시스템이 정상적으로 운영되지 않을 경우에는 농림축산식품부령으로 정하는 동물보호 공고문을 작성하여 다른 방법으로 게시하되, 동물보호관리시스템이 정상적으로 운영되면 그 내용을 동물보호관리시스템에 게시하여야 한다.
② 시·도지사와 시장·군수·구청장은 제1항에 따른 공고를 하는 경우 농림축산식품부령으로 정하는 바에 따라 동물보호관리시스템을 통하여 개체관리카드와 보호동물 관리대장을 작성·관리하여야 한다.

여야 하며(법 제41조 제1항 제1호), 소유자에게 동물의 보호비용을 청구할 수 있다
(법 제42조 제1항).

**② 소유자등으로부터 학대를 받아 적정하게 치료·보호받을 수 없다고 판단
되는 동물(제34조 제1항 제3호에 해당하는 동물)**

소유자로부터 학대를 받은 동물의 경우 농림축산식품부령으로 정하는 바
에 따라 기간을 정하여 보호조치를 하여야 한다. 현재 시행규칙은 '수의사의 진
단에 따라 기간을 정하여 보호조치하되 5일 이상 소유자로부터 격리조치' 하도
록 하고 있다.97 소유자가 위 동물에 대한 반환을 요구하기 위해서는 시행규칙
으로 정하는 바에 따라 학대행위의 재발 방지 등 동물을 적정하게 보호·관리하
기 위한 '사육계획서'를 제출하여야 하며, 해당 동물의 보호기간 동안 보호비용
을 반드시 부담하여야 한다. 학대행위자에 대한 사육계획서 제출의무 및 사육
계획서 내용 이행 점검에 관한 내용(법 제41조 제4항)은 2023년 개정법에서 신설
되었다. 다만 보호기간이 지난 후 사육계획서 제출의무를 이행하고 보호비용을
부담하고 반환을 요구하는 소유자에 대하여 지방자치단체의 장은 동물을 반환
하여야 한다(법 제41조 제1항 제2호).

8) 동물의 소유권 취득 및 사육포기 동물의 인수

법 제40조에 따라 공고한 날부터 10일이 지나도 동물의 소유자등을 알 수
없는 경우 지방자치단체는 그 동물의 소유권을 취득할 수 있다(법 제43조 제1호).
이 경우 일실한 가축에 대하여 공고 후 6개월 이후에야 습득자가 소유권을 취
득할 수 있도록 정하고 있는 「유실물법」 제12조98 및 「민법」 제253조99의 적용

---

97 제15조(보호조치 기간) 특별시장·광역시장·특별자치시장·도지사 및 특별자치도지사(이하 "시·도지
사"라 한다)와 시장·군수·구청장은 법 제34조제3항에 따라 소유자등에게 학대받은 동물을 보호할 때
에는 「수의사법」 제2조제1호에 따른 수의사(이하 "수의사"라고 한다)의 진단에 따라 기간을 정하여 보
호조치 하되, 5일 이상 소유자등으로부터 격리조치를 해야 한다.
98 유실물법 제12조(준유실물) 착오로 점유한 물건, 타인이 놓고 간 물건이나 일실(逸失)한 가축에 관하여
는 이 법 및 「민법」 제253조를 준용한다. 다만, 착오로 점유한 물건에 대하여는 제3조의 비용과 제4
조의 보상금을 청구할 수 없다.
99 민법 제253조(유실물의 소유권취득) 유실물은 법률에 정한 바에 의하여 공고한 후 6개월 내에 그 소

은 명시적으로 배제된다.

피학대동물의 소유자가 그 동물의 소유권을 포기한 경우 및 사육계획서를 제출하지 않거나 보호비용을 납부하지 아니한 경우, 동물의 소유자를 확인한 날부터 10일이 지나도 정당한 사유 없이 소유자와 연락이 되지 아니하거나 소유자가 반환받을 의사를 표시하지 아니한 경우에도 지방자치단체가 동물의 소유권을 취득할 수 있다(법 제43조 제2호 내지 제4호).

2023년 개정법에서는 사육포기 동물의 인수 제도를 신설하였는데, 소유자들은 장기입원 또는 요양, 병역 복무 등 시행규칙으로 정하는 불가피한 사유가 있는 경우 지방자치단체의 장에게 자신이 소유하거나 사육·관리 또는 보호하는 동물의 인수를 신청할 수 있다. 지자체의 장이 인수신청을 승인하는 경우 해당 동물의 소유권은 해당 지자체에 귀속되며, 신청인에게 보호비용 등을 청구할 수 있다. 불가피한 사유가 없는 신청은 거부할 수 있다.

7) 동물의 기증·분양 및 인도적인 처리

지방자치단체가 소유권을 취득한 동물은 시·도의 조례로 정하는 바에 따라 동물원, 동물을 애호하는 자, 대통령령으로 정하는 민간단체 등에 기증하거나 분양할 수 있다(법 제45조 제1항). 기증·분양의 요건 및 절차 등 그 밖에 필요한 사항은 시·도의 조례로 정하도록 하였다(같은 조 제4항).

한편 동물보호센터의 장은 법에 따라 보호조치 중인 동물에게 질병 등 농림축산식품부령으로 정하는 사유가 있는 경우에는 마취 등을 통하여 동물을 고통을 최소화하는 인도적인 방법으로 처리하여야 한다. 현행 시행규칙은 그 사유를 (ⅰ) 동물이 질병 또는 상해로부터 회복될 수 없거나 지속적으로 고통을 받으며 살아야 할 것으로 수의사가 진단한 경우, (ⅱ) 동물이 사람이나 보호조치 중인 다른 동물에게 질병을 옮기거나 위해를 끼칠 우려가 매우 높은 것으로 수의사가 진단한 경우, (ⅲ) 법 제45조에 따른 기증 또는 분양이 곤란한 경우 등 지방자치단체의 장이 부득이한 사정이 있다고 인정하는 경우로 정하고 있다

유자가 권리를 주장하지 아니하면 습득자가 그 소유권을 취득한다.

(시행규칙 제28조).

3. 입법과제

1) 유기동물의 증가 문제

2022년 한해 동물보호센터가 구조한 동물은 113,440마리로 그 중 31,182 마리(27.5%)가 입양되어 가장 큰 비중을 차지하였으며, 자연사 30,490마리(26.9%), 인도적 처리 19,043마리(16.8%), 소유주 반환 14,031마리(12.4%), 보호중 14,157 마리(12.5%) 순으로 나타났다.[100]

유기동물의 개체수는 반려동물의 증가와 함께 계속해서 증가 추세를 보이고 있는데, 현대사회에서 한 해 10만 마리 이상(구조되지 못한 유기동물의 숫자도 무시할 수 없을 것이다)의 유기동물이 생긴다는 것은 고의로 동물을 유기하는 자가 그만큼 많다는 의미이며, 이는 동물을 생산하고 판매하는 산업구조에 큰 문제가 있다는 이야기이기도 하다.

동물등록제 및 구조·보호조치는 유기동물 감소를 위한 보조적인 장치가 될 수 있을 뿐이며, 유기동물 문제를 근본적으로 해결하기 위해서는 동물의 생산과 판매 산업을 규제하고 아무나 쉽게 동물을 키울 수 없도록 동물의 소유를 제한하는 방향으로 입법이 이루어져야 할 것이다. 영국의 경우에는 자신이 직접 생산하지 않은 6개월령 이하의 개와 고양이를 판매할 수 없도록 하는 법안을 마련하여 이른바 '펫샵'을 통한 무분별한 동물의 판매와 충동구매를 방지하고자 하였고,[101] 미국·영국·독일 등 많은 국가는 동물학대 전력이 있는 자에 대하여 동물의 소유에 제한을 두고 있다. 우리나라는 동물의 생산과 판매, 소유가 모두 지나치게 쉽게 이루어지고 있어 유기동물 문제가 해결되지 않고 있는바, 위와 유사한 입법례를 도입하여야 한다.

---

[100] 2023.8.11. 농림축산식품부 '2022년 반려동물 보호·복지 실태조사 결과'.

[101] 강아지 농장에서 심각한 영양실조 상태로 구조된 킹 찰스 스패니얼 종의 개 루시에서 이름을 따온 '루시의 법' 캠페인에서 시작되어 많은 개인과 동물단체의 지지를 받아 발의된 법안.

2) 피학대 동물의 구조·보호조치 및 반환에 대한 문제

현행법은 지방자치단체의 장에게 피학대 동물을 구조·보호조치할 의무를 부과하고 있고 그 외의 동물에 대해서도 보호·관리를 위하여 필요한 조치를 취할 수 있는 근거를 두고 있지만, 그 외 피학대 동물의 구조를 위하여 지방자치단체가 강제조사를 할 수 있도록 하는 등 실효성 있는 권한을 부여하고 있지 아니하다. 그에 따라 학대의 정황이 충분히 의심되는 상황인데도 학대행위가 소유자의 집 안에서 이루어지는 등의 이유로 아무런 조치를 취하지 못하거나, 동물이 고통을 받고 있음에도 법에서 정한 학대에 이른다고 볼 증거가 부족하여 동물을 즉시 구조하거나 학대자를 격리시키는 등 즉시 학대 행위를 중지하거나 방지하기 어려운 문제가 자주 발생하고 있다.

아동학대범죄와 동물학대는 피학대자(피학대개체)가 직접 수사기관 등에 보호를 요청하기 어렵고, 보호자(소유자)에 의해서 학대행위가 이루어지는 경우 이를 알기 어렵다는 공통점이 있다. 이에 아동학대범죄의 경우에는 「아동학대범죄의 처벌 등에 관한 특례법」 및 관련 지침에서 경찰관에게 아동학대 신고를 접수한 경우 반드시 현장에 출동할 의무 및 현장 조사 권한,102 학대행위자의 격리 등 응급조치의무103를 부여하고 있다. 위와 유사한 의무 혹은 권한을 경찰

102　제11조(현장출동) ① 아동학대범죄 신고를 접수한 사법경찰관리나 아동보호전문기관의 직원은 지체 없이 아동학대범죄의 현장에 출동하여야 한다. 이 경우 수사기관의 장이나 아동보호전문기관의 장은 서로 동행하여 줄 것을 요청할 수 있으며, 그 요청을 받은 수사기관의 장이나 아동보호전문기관의 장은 정당한 사유가 없으면 사법경찰관리나 그 소속 직원이 아동학대범죄 현장에 동행하도록 조치하여야 한다.
　　② 아동학대범죄 신고를 접수한 사법경찰관리나 아동보호전문기관의 직원은 아동학대범죄가 행하여지고 있는 것으로 신고된 현장에 출입하여 아동 또는 아동학대행위자 등 관계인에 대하여 조사를 하거나 질문을 할 수 있다. 다만, 아동보호전문기관의 직원은 피해아동의 보호를 위한 범위에서만 아동학대행위자 등 관계인에 대하여 조사 또는 질문을 할 수 있다.
　　③ 제2항에 따라 출입이나 조사를 하는 사법경찰관리나 아동보호전문기관의 직원은 그 권한을 표시하는 증표를 지니고 이를 관계인에게 내보여야 한다.
　　④ 누구든지 제1항에 따라 현장에 출동한 사법경찰관리나 아동보호전문기관의 직원이 제2항에 따른 업무를 수행할 때에 폭행·협박이나 현장조사를 거부하는 등 그 업무 수행을 방해하는 행위를 하여서는 아니 된다.
103　제12조(피해아동에 대한 응급조치) ① 제11조제1항에 따라 현장에 출동하거나 아동학대범죄 현장을 발견한 사법경찰관리 또는 아동보호전문기관의 직원은 피해아동 보호를 위하여 즉시 다음 각 호의 조

또는 지방자치단체의 담당공무원에게 부여한다면 학대행위의 지속 및 재발 방지에 도움이 될 것이다.104

그리고 피학대 동물의 경우, 소유자를 알 수 없거나 소유자로부터 학대를 받아 적정하게 치료·보호받을 수 없다고 판단되는 경우에만 구조·보호조치의 대상이 되는데, 학대행위로 인정된다는 자체는 이미 정당성이 없는 행위라는 의미이고 학대를 받아 '적정하게 치료·보호받을 수 없다고 판단'할 기준이 명확하지 않고 그 필요성도 높지 않아 보이므로 제34조 제1항 제3호를 '소유자로부터 제10조 제2항 및 같은 조 제4항 제2호에 따른 학대를 받은 동물'로 개정하거나 제2호와 제3호를 합하여 피학대 동물 전체를 구조·보호조치의 대상으로 하는 것이 바람직하다.

또한 현행법에 따르면, 소유자로부터 학대를 받은 동물의 경우에도 학대자

치(이하 "응급조치"라 한다)를 하여야 한다. 이 경우 제3호의 조치를 하는 때에는 피해아동의 의사를 존중하여야 한다(다만, 피해아동을 보호하여야 할 필요가 있는 등 특별한 사정이 있는 경우에는 그러하지 아니하다).
  1. 아동학대범죄 행위의 제지
  2. 아동학대행위자를 피해아동으로부터 격리
  3. 피해아동을 아동학대 관련 보호시설로 인도
  4. 긴급치료가 필요한 피해아동을 의료기관으로 인도
② 사법경찰관리나 아동보호전문기관의 직원은 제1항제3호 및 제4호 규정에 따라 피해아동을 분리·인도하여 보호하는 경우 지체 없이 피해아동을 인도받은 보호시설·의료시설을 관할하는 특별시장·광역시장·특별자치시장·도지사·특별자치도지사 또는 시장·군수·구청장에게 그 사실을 통보하여야 한다.
③ 제1항제2호부터 제4호까지의 규정에 따른 응급조치는 72시간을 넘을 수 없다. 다만, 검사가 제15조제2항에 따라 임시조치를 법원에 청구한 경우에는 법원의 임시조치 결정 시까지 연장된다.
④ 사법경찰관리 또는 아동보호전문기관의 직원이 제1항에 따라 응급조치를 한 경우에는 즉시 응급조치결과보고서를 작성하여야 하며, 아동보호전문기관의 직원이 응급조치를 한 경우 아동보호전문기관의 장은 작성된 응급조치결과보고서를 지체 없이 관할 경찰서의 장에게 송부하여야 한다.
⑤ 제4항에 따른 응급조치결과보고서에는 피해사실의 요지, 응급조치가 필요한 사유, 응급조치의 내용 등을 기재하여야 한다.
⑥ 누구든지 아동보호전문기관의 직원이나 사법경찰관리가 제1항에 따른 업무를 수행할 때에 폭행·협박이나 응급조치를 저지하는 등 그 업무 수행을 방해하는 행위를 하여서는 아니 된다.
104 참고할 만한 입법례로, 미국 미네소타 주법 제346.57조, 캘리포니아주 형법 제597.7조 등은 치안담당관 외 휴메인소사이어티 직원 등도 차량 내 남겨진 개나 고양이를 꺼내기 위해 '합리적인 강제력'을 사용해서 차량에 진입할 수 있다고 규정하고 있다(김지현, 전게서, 제29, 30쪽).

의 소유권을 박탈할 수 있는 근거가 없어 소유자가 소유권을 스스로 포기하지 않는 이상 보호조치 기간 후 학대자인 소유자에게 동물을 반환할 수밖에 없다는 문제가 있다. 2023년 개정법의 입법 과정에서 동물 학대자의 소유권 제한 및 박탈에 대한 논의가 이루어졌으나 해당 법안의 내용은 통과되지 못하였다.

동물도 사람과 마찬가지로 학대행위를 겪게 되면 심각한 신체적·정신적 질병과 트라우마에 시달리게 되고 장기간의 치료 및 회복기간을 필요로 하며, 그 중 가장 중요한 것은 무엇보다 해당 동물이 학대행위를 다시 겪지 않도록 하는 것이다. 그런데 불과 최소 5일 이상의 보호기간 후 학대행위자에게 동물을 반환하게 되면 학대행위의 재발 방지를 담보할 수 없다.

동물보호법은 소유자의 동물에 대한 재산권 보장이 아닌 '동물에 대한 학대행위의 방지 등 동물을 적정하게 보호·관리하기 위하여 필요한 사항을 규정함으로써 동물의 생명보호, 안전 보장 및 복지 증진을 꾀하는' 데에 그 제정목적이 있다(제1조 참조). 또한 동물에 대하여 학대행위를 한 소유자의 재산권과 해당 동물의 생명보호 및 안전 보장을 형량해 보았을 때 일반적으로 후자의 보호가치가 월등히 높다고 할 것이다. 따라서 소유자로부터 학대를 받은 동물의 경우 소유자의 의사가 아닌 수의사 등 전문가의 판단에 따라 지방자치단체가 소유권을 취득할 수 있도록 하여야 할 것이며, 합리적인 이유가 있어 소유자에게 동물을 반환하는 경우에도 사육계획서의 제출 및 재량에 따른 이행 점검이 아닌 재발 방지를 담보할 수 있는 보다 강력한 조치가 이루어져야 한다. 또한 앞서 언급한 것과 같이, 학대전력이 있는 자가 다른 동물을 소유하는 것까지 제한하는 내용의 입법이 이루어져야 할 것이다.

3) 인도적인 처리에 대한 문제

2018년경 한 동물구조보호단체가 그동안 유기동물·피학대동물들을 구조하여 보호하던 중, 후원자들에게 그 사실을 알리지 않고 보호에 필요한 자원부족 등을 이유로 약물주입 등의 방법으로 사망에 이르게 하였다는 사실이 알려지면서, 피보호동물의 인도적인 처리를 규정하고 있는 제46조 등이 논란이 된 바 있다. 이에 2023년 개정법에서는 민간동물보호시설 신고제도를 도입하여 사설보호소를 규제하고자 하였으며, 인도적인 처리 방법에 대한 내용을 '마취 등을 통하여 동물을 고통을 최소화하는 인도적인 방법'이라고 하는 등 조금 더 구체화하였다.

그러나 신고의무가 없는 사설보호소 또는 개인이 자신이 소유하고 있는 동물을 약물주입 등의 방법으로 사망에 이르게 하는 경우 그 행위가 제10조제1항에 따른 학대에 해당하지 않는 이상 법적으로 아무런 제한을 받지 않게 된다. 입법적으로는 인도적인 처리가 허용되는 동물을 보호조치 중인 동물로 한정하고 허용 사유를 전부 시행규칙에 위임할 것이 아니라 모든 동물에 대한 인도적인 처리 기준에 대해 법에서 기본적인 제한을 두는 것이 바람직하며, 모든 사람을 관련 규정의 수범자로 하는 것이 바람직하다.

또한 현행법에 따라 전문가가 안락사 대상의 동물을 선정함에 있어서도 동물의 특성을 고려하여 동물의 연령, 행동장애, 견종, 건강 상태 등을 참고로 하여야 한다. 안락사는 동물보호소에서 동물의 수를 통제 관리하기 위한 방법으로 사용되고 있는 최후의 수단으로서 동물보호소가 처한 상황이나 기타 이유 등으로 부득이 시행되고 있는 필요악이다. 또한 보호소에서의 안락사는 동물의 생명을 인위적으로 마감하는 일이니 만큼 그 선별과 시행에 최대한의 신중을 기하여야 한다.[105]

나아가 사회 구성원들의 입양 활성화, 중성화 수술을 통한 동물 개체수 조절, 인식 개선 등을 통해 반려동물을 끝까지 책임지고 보살피는 반려인이 될 수 있도록 노력해야 한다.

---

[105] 공주대학교 산학협력단, 유기동물 보호·관리 강화방안 연구, 농림수산식품부, 2011, 204쪽.

제4장 　동물실험의 관리 등

제47조 – 제48조　동물실험의 원칙 등

제49조　동물실험의 금지 등

제50조　미성년자 동물 해부실습의 금지

제51조 – 제58조　동물실험윤리위원회의 설치, 기능 등

제47조(동물실험의 원칙) ① 동물실험은 인류의 복지 증진과 동물 생명의 존엄성을 고려하여 실시되어야 한다.

② 동물실험을 하려는 경우에는 이를 대체할 수 있는 방법을 우선적으로 고려하여야 한다.

③ 동물실험은 실험동물의 윤리적 취급과 과학적 사용에 관한 지식과 경험을 보유한 자가 시행하여야 하며 필요한 최소한의 동물을 사용하여야 한다.

④ 실험동물의 고통이 수반되는 실험을 하려는 경우에는 감각능력이 낮은 동물을 사용하고 진통제·진정제·마취제의 사용 등 수의학적 방법에 따라 고통을 덜어주기 위한 적절한 조치를 하여야 한다.

⑤ 동물실험을 한 자는 그 실험이 끝난 후 지체 없이 해당 동물을 검사하여야 하며, 검사 결과 정상적으로 회복한 동물은 기증하거나 분양할 수 있다.

⑥ 제5항에 따른 검사 결과 해당 동물이 회복할 수 없거나 지속적으로 고통을 받으며 살아야 할 것으로 인정되는 경우에는 신속하게 고통을 주지 아니하는 방법으로 처리하여야 한다.

⑦ 제1항부터 제6항까지에서 규정한 사항 외에 동물실험의 원칙과 이에 따른 기준 및 방법에 관한 사항은 농림축산식품부장관이 정하여 고시한다.

제48조(전임수의사) ① 대통령령으로 정하는 기준 이상의 실험동물을 보유한 동물실험시행기관의 장은 그 실험동물의 건강 및 복지 증진을 위하여 실험동물을 전담하는 수의사(이하 "전임수의사"라 한다)를 두어야 한다.

② 전임수의사의 자격 및 업무 범위 등에 필요한 사항은 대통령령으로 정한다.

1. 배경 및 입법취지

"동물실험"은 실험동물을 이용하여 실시하는 관찰과 시험을 통한 연구, 병성감정, 생물학적 제제의 제조 등 과학실험을 하거나 교육의 목적으로 동물을 사용하는 것을 말한다.

1959년 영국의 동물학자인 윌리엄 러셀(W. M. S. Russell)과 미생물학자인 렉스 버치(R.L.Burch)는 'The Principles of Humane Experimental Technique(인도적인 실험 기술의 원리)'라는 저서에서 '3R'라는 동물실험에서의 실험윤리의 원칙을 제안했다. 3R은, (1) 동물실험 대상의 수를 줄이는 시험 방식을 찾고(Reduction), (2) 실험과정에서의 기본적인 복지와 환경을 개선하고(Refinement, 개선), (3) 동물실험을 대체할 수 있다면 그 대안법을 사용하자는(Replacement, 대체) 것이다. 위 3R 원칙은 지금까지도 각국의 입법과 실험 기준이 되고 있다.

본 조 역시 동물실험의 원칙을 규정하면서 3R 원칙에 따른 동물실험의 보충성의 원칙(대체할 수 있는 방법의 우선적 고려), 윤리적 취급의 필요성, 동물실험이 끝난 후 해당 동물의 처리 방법 등을 규정하고 있고, 그 상세한 사항에 관하여는 별도의 동물보호지침에 상세하게 위임하고 있다.

또한 동물보호법 외에 2008. 3. 28. 법률 제9025호로 「실험동물에 관한 법률」이 별도로 제정되어, 식품·의약품 등의 안전 및 품질관리에 필요한 실험에 사용되는 동물과 동물실험시설의 관리에 대해 정하고 있다.

2. 조문 해설

1) 동물실험의 원칙적·선언적 의미

법 제47조는 동물실험은 인류의 복지 증진과 동물 생명의 존엄성을 고려하여 실시하여야 한다는 원칙적·선언적 조항이다. 동물 생명의 존엄성을 고려하는 이상 동물실험은 보충적으로 고려되어야 하는 수단이다. 따라서 본 조에서도 이를 "대체할 수 있는 방법"을 우선적으로 고려한 뒤, 동물실험을 "대체할 수 있는 방법이 없는 경우에만" 시행하도록 하고 있다.

또한, 동물실험에 사용하는 동물인 실험동물의 윤리적 취급과 과학적 사용에 관한 지식과 경험을 보유한 실험자가 시행하여야 하며, 동물실험에 사용되는 동물의 수에 관해서도 실험 등에 필요한 최소한의 동물만을 사용하여야 한다.

2) 동물실험 원칙 및 수행방법의 세부화 : 동물실험지침

농림축산검역본부 동물실험지침 [시행 2021. 12. 16.] [농림축산검역본부훈령 제127호, 2021.12.16., 일부개정]

제4조(동물실험 일반원칙) ① 시설관리책임자, 시설운영자, 관리자 및 실험자는 동물실험 시설의 운영과 승인된 동물실험을 수행하는데 필요한 사항에 대하여 협력하여야 한다.

② 시설관리책임자, 시설운영자, 관리자 및 실험자는 실험동물 보호와 동물실험시설 등에 대하여 주기적으로 점검하고 예산 확보을 통해 그 유지·보수 및 개선을 위한 필요한 조치 등을 행하여야 한다.

③ 시설관리책임자 및 시설운영자는 실험자가 「동물보호법」 제23조[1]에 따라 실험에 사용되는 동물의 윤리적 취급과 과학적 사용 원칙을 준수하여 동물실험을 행하도록 지도·감독을 하여야 한다.

④ 실험자는 동물실험을 행하거나 실험동물을 관리할 때 동물에게 불필요한 고통을 주지 않도록 배려하여야 한다. 실험자는 동물실험을 행할 때 위원회의 승인을 받은 동물실험계획과 그 준수사항을 지켜 동물실험을 실시하여야 한다.

제10조(동물실험 수행) ① 동물실험은 검역본부 또는 위원회가 인정하는 교육기관 등에서 실시하는 실험 관련 전문교육·훈련을 이수하였거나 위원회로부터 승인받은 동물실험계획상의 숙련된 실험자가 수행하여야 한다.

② 동물실험은 위원회가 승인한 동물실험계획에 의한 실험과정에 따라 실시하여야 하며, 위원회의 승인 없이는 동물실험의 내용을 임의로 변경하여 수행할 수 없다.

③ 실험자는 동물실험을 수행할 때 그 목적에 지장을 주지 않는 범위 내에서 실험동물에게 주는 고통을 최소화하도록 노력하여야 하며 실험동물에게 쾌적하고 적합한 환경이 제공될 수 있도록 온도·습도 및 환기 등을 별표 2의 동물실험시설 환경기준을 고려하여 적절히 유지·조절해 주어야 한다.

④ 실험동물의 고통을 감소시키기 위한 처치는 전문교육과 훈련을 받은 경험 있는 자에게 의뢰할 수 있다.

동물실험의 원칙에 관하여 필요한 사항은 개정 법 제47조 제7항에 따라

---

1 개정 전 동물보호법 제23조임

농림축산검역본부훈령인 동물실험지침으로 정하고 있다. 동물실험지침 제4조에서도 동물실험에 관한 일반원칙을 정하고 있는데, 지침 제2조에서 시설관리책임자2와 시설운영자,3 관리자,4 실험자5를 정의함으로써 동물실험 일반원칙을 준수해야 하는 주체를 명확히 하고 있으며, 시설관리책임자 및 시설운영자가 실험자의 동물보호법 준수 여부를 지도 및 감독하도록 하고 있다.

동물실험의 구체적인 방법에 관하여 동물실험지침 제10조 제3항 내지 제4항에서는 동물실험 수행 시, 실험동물에게 주는 고통을 최소화하도록 노력하고 실험동물에게 쾌적하고 적합한 환경이 제공될 수 있는 동물실험시설 환경기준을 제시하고 있으며, 이때 각 실험동물에 적합한 온도, 습도, 환기 등을 정하고 있다.

또한 실험자가 실험동물의 고통을 감소시키기 위한 처치를 직접 할 수 없거나 직접 하는 것보다 실험동물의 고통을 감소시킬 수 있는 적절한 방법인 경우에는 이를 전문교육과 훈련을 받은 경험 있는 자에게 의뢰할 수 있도록 하고 있다.

3) 실험이 끝난 동물에 대한 처치

제47조 제5항, 제6항은 동물실험이 끝난 동물에 대해 지체없이 해당 동물을 검사하여야 하며, 검사 결과 해당 동물이 회복될 수 없거나 지속적으로 고통을 받으며 살아야 할 것으로 인정되는 경우에는 가능하면 빨리 고통을 주지 아니하는 방법으로 처리하여야 한다고 함으로써 동물실험의 대상이 된 동물 중

---

2 제2조 제4호 "시설관리책임자"라 함은 동물실험시설의 관리를 위하여 「농림축산검역본부 사무분장 규정」(이하 "사무분장규정"이라 한다)에 따라 정한 부서의 장(본부는 과장, 지역본부는 과장·센터장 또는 사무소장을 말한다)을 말한다.

3 제2조 제5호 "시설운영자"란 시설관리 책임자의 지시에 따라 동물실험시설 및 해당 시설 실험동물의 관리를 담당하는 자로서 각 동물실험시설에 대하여 시설관리책임자가 정한자를 말한다.

4 제2조 제6호 "관리자"란 시설운영자를 보좌하여 동물실험시설 내의 개인위생 준수, 실험동물의 관리 및 점검, 질병의 확인 및 보고, 출입기록, 환경 및 동물사육관리기록의기재 등을 담당하는 자로서 승인된 동물실험에 대하여 1인 이상 시설운영자가 정한자를 말한다.

5 제2조 제7호 "실험자"라 함은 농림축산검역본부(이하 "검역본부"라한다)의 동물실험윤리위원회(이하 "위원회"라 한다)의 승인을 받은 동물실험계획에 따라 동물실험을 수행하는 자를 말한다.

회복이 어렵거나 지속적인 고통이 예상되는 경우에는 안락사할 수 있도록 하고 있다.

  그러나 실제 동물실험의 운영상 실험이 끝난 동물이 충분히 회복될 수 있거나 고통을 받으며 살 것이 예상되지 않는다 하더라도 실험동물에 대한 입양이나 지속적인 관리가 어렵다는 이유로 안락사를 하는 경우가 많으며, 동물실험지침 제11조6(실험종료 후의 처치)는 동물을 정상적으로 회복시켜 살 수 있도록 우선 고려하되 부득이 실험자가 동물을 처치해야 하는 경우와 안락사시켜야 할 경우 인도적 처리에 의할 것과 사체 처리시 '실험동물사체처리내역서'를 보관할 의무만을 부과하고 있을 뿐 부득이 안락사를 시켜야 하는 경우인지에 대한 검사 결과를 기록하고 실험자 또는 위탁받은 제3자나 외부의 제3자가 안락사를 시켜야 하는 경우인지에 대하여 판단하게 하는 사전적, 사후적 절차 등에 대해서는 전혀 규정하고 있지 않아, 실질적으로 동물실험을 마친 동물에 대한 안락사 판단 기준, 안락사 필요성을 판단하기 위한 검사 결과의 기록 의무, 그리고 이를 위반한 경우의 제재 등이 미비하다는 한계점이 있다.

4) 실험이 끝난 동물의 분양·기증

  2018. 3. 20.자 개정 동물보호법은 실험동물의 기증 및 분양의 근거를 신설하여 실험 이후 회복된 경우에 기증 및 분양이 가능하게 하는 법률 근거를 마련하였다(개정 법 제47조 제5항).

---

6 제11조(실험종료 후의 처치) ① 실험자는 실험의 종료 또는 중단으로 인하여 실험동물을 처리해야 하는 경우 가능한 한 정상적으로 회복시켜 살 수 있도록 우선 고려하여야 한다. 부득이 실험자가 동물을 처치해야 하는 경우에는 위원회가 승인한 동물실험계획에 의한 방법에 따라 인도적으로 실시하여야 한다. 실험동물을 안락사 시켜야 할 경우 인도적 처리에 관한 전문교육을 받은 숙련자에게 위탁하여 처리하게 할 수 있다.
   ② 실험자와 사체처리 담당자는 실험동물의 사체를 처리함에 있어서 실험동물의 사체 등에 의한 재해를 방지하고 국민보건과 생활환경을 해치지 않도록 관계법·규정에 따라 적법하게 처리하여야 한다.
   ③ 실험자는 실험이 종료된 경우 위원회 운영규정에 따라 동물실험 종료보고서를 위원회에 제출하고 별지 제2호서식에 따른 실험동물사체처리내역서를 보관하여야 한다.

5) 실험동물 전임수임사 제도

개정 동물보호법은 제48조를 신설하여 대통령령으로 정하는 기준 이상의 실험동물을 보유한 동물실험시행기관의 장은 그 실험동물의 건강 및 복지 증진을 위하여 실험동물을 전담하는 수의사를 두도록 하고 있다.

개정 동물보호법 시행령에 따르면 연간 1만 마리 이상의 실험동물을 보유하거나 실험에 사용하는 경우 해당 실험동물을 전담하는 전임수의사를 두어야 한다. 다만 동물실험시행기관 및 해당 기관이 보유한 실험동물의 특성을 고려하여 농림축산식품부장관 및 해양수산부장관이 공동으로 고시하는 기준에 따른 동물실험시행기관은 제외된다(동법 시행령 제19조 제1항 제1호). 또한 연간 보유하는 마리 수와 무관하게 실험동물의 감각능력, 지각능력, 고통등급을 고려하여 농림축산식품부장관 및 해양수산부장관이 공동으로 고시하는 기준에 따른 실험동물을 보유한 동물실험시행기관도 전임수의사를 두어야 한다. 이는 실험동물의 질병 예방 등 수의학적 관리, 실험동물의 반입 및 사육 관리 등을 전담하기 위한 제도로서 비윤리적이고 무분별한 동물실험을 방지하고 실험동물의 건강, 복지를 증진하기 위한 제도라 할 것이다.

개정 법 제101조 제2항 제10호에 따라 본 조를 위반하여 전임수의사를 두지 아니한 동물실험시행기관의 장에게는 300만원 이하의 과태료를 부과한다.

제49조 동물실험의 금지 등

누구든지 다음 각 호의 동물실험을 하여서는 아니 된다. 다만, 인수공통전염병 등 질병의 확산으로 인간 및 동물의 건강과 안전에 심각한 위해가 발생될 것이 우려되는 경우 또는 봉사동물의 선발·훈련방식에 관한 연구를 하는 경우로서 제52조에 따른 공용동물실험윤리위원회의 실험 심의 및 승인을 받은 때에는 그러하지 아니하다.

　1. 유실·유기동물(보호조치 중인 동물을 포함한다)을 대상으로 하는 실험
　2. 봉사동물을 대상으로 하는 실험

제97조(벌칙) ⑤ 다음 각 호의 어느 하나에 해당하는 자는 300만원 이하의 벌금에 처한다.
　10. 제49조를 위반하여 동물실험을 한 자

1. 조문 해설

1) 동물실험 금지 사항

누구든지 유실되거나 유기된 동물(보호조치 중인 동물을 포함)을 동물실험하는 것은 금지된다. 이는 유실되거나 유기된 동물에 대한 동물실험을 원칙적 금지하지 않는 경우, 실제로 소유자나 관리자를 파악하기 어려운 동물에 대한 실험이 이루어져 윤리적 취급이 불가하게 되므로 이를 방지하고자 하는 것이다.

장애인복지법 제40조에 따른 장애인 보조견 등 사람이나 국가를 위해 봉사하는 동물(인명구조견, 경찰견, 군견, 그리고 마약 및 폭발물 탐지견과 검역 탐지견)로서 대통령령으로 정한 동물7에 대한 동물실험도 금지된다. 위 동물들에 대한 동

7　개정 동물보호법 시행령 제3조(봉사동물의 범위) 법 제2조제6호에서 "대통령령으로 정하는 동물"이란 다음 각 호의 어느 하나에 해당하는 동물을 말한다.
　1.「장애인복지법」제40조에 따른 장애인 보조견
　2. 국방부(그 소속 기관을 포함한다)에서 수색·경계·추적·탐지 등을 위해 이용하는 동물
　3. 농림축산식품부(그 소속 기관을 포함한다) 및 관세청(그 소속 기관을 포함한다) 등에서 각종 물질의 탐지 등을 위해 이용하는 동물
　4. 다음 각 목의 기관(그 소속 기관을 포함한다)에서 수색·탐지 등을 위해 이용하는 동물

물실험 금지는 국가와 사회를 위해 본능을 억제하고 일생을 헌신한 동물들에 대한 최소한의 예우로서 정해진 것이다.

위 두 가지 각 호에 해당하는 동물을 대상으로 하는 동물실험이 아닌 경우에는 원칙으로 돌아가 구 동물보호법8 제23조 및 동물실험지침 등에 따른 원칙에 적합한 동물실험만이 가능하다.

2) 예외적 허용

개정 동물보호법에 의하면 본 조는 동물실험을 금지하는 경우에도 예외적으로 불가피한 경우에는 동물실험을 할 수 있도록 하는예외 규정을 두고 있는데, 위 동물보호법 전부개정 이전에는 1) 인수공통전염병 등의 질병의 진단 치료 또는 연구를 위한 경우, 2) 방역 목적의 실험인 경우, 3) 해당 동물 또는 동물종의 생태, 습성에 관한 과학적 연구를 위한 실험에 해당하는 경우로 한정하여, 이때 동물실험윤리위원회의 심의를 거쳐 승인을 받아야만 가능하였다.

다만 개정 동물보호법은 그 범위를 더욱 좁게 해석하여, 기존의 인수공통전염병 등의 질병의 진단 치료 또는 연구를 위한 경우에서 1) 인수공통전염병 등 질병의 확산으로 인간 및 동물의 건강과 안전에 심각한 위해가 발생할 것이 우려되는 경우로 규정함으로써 질병의 확산과 심각한 위해 발생의 우려라는 요건이 필요하도록 정하고 있다. 또한 기존 법에서 정한 방역 목적 또는 동물종의 생태, 습성에 관한 과학적 연구를 위한 경우라는 예외적 허용 조항은 삭제되었고, 다만 봉사동물의 선발훈련방식에 관한 연구를 하는 경우에만 가능하도록 하고 있다. 나아가 이 경우에도 제52조에 따른 공용동물실험윤리위원회의 실험 심의 및 승인을 받은 때에만 동물실험이 가능하다.

가. 국토교통부
나. 경찰청
다. 해양경찰청
5. 소방청(그 소속 기관을 포함한다)에서 효율적인 구조활동을 위해 이용하는 119구조견
8 구 동물보호법(법률 제16977호, 2020. 2. 11. 일부개정).

2. 동물실험지침의 구체적인 내용

제5조(동물실험계획 승인 등) ① 실험자는 동물실험의 수행 착수 전에 위원회운영규정에 따른 동물실험계획서를 위원회에 제출하여 승인을 받아 동물실험을 실시하여야 한다.
② 실험자가 위원회에 승인을 받기 위하여 동물실험계획서를 작성할 때에는 다음 각 호의 사항을 고려하여야 한다.

1. 동물실험의 필요근거
2. 동물구입의 적정성
3. 동물실험 및 실험동물 관리 등과 관련하여 동물복지와 동물의 윤리적 취급의 적정성 여부
4. 동물실험의 대체방법 사용 가능성 여부
5. 실험동물 종의 선택과 그 수의 적정성 여부
6. 장기간 실험인 경우 사육환경 풍부화 제공 여부
7. 실험동물이 받는 고통과 스트레스의 정도
8. 동물실험 중에 실험동물의 고통이 수반되는 경우 고통감소방안 및 그 적정성 여부
9. 실험동물의 안락사 방법의 적정성과 인도적 종료시점의 합리성 여부
10. 「동물보호법」 제24조의 준수 여부
11. 동물의 윤리적 취급과 실험자의 실험 전문지식 및 훈련 정도
12. 그 밖에 위원회가 실험동물의 보호, 동물의 윤리적 취급과 과학적 사용을 위하여 필요하다고 인정하는 사항

③ 위원회의 승인을 받은 동물실험계획을 부득이하게 변경하고자 하는 경우에는 위원회 운영규정에 따른 동물실험계획변경승인신청서를 위원회에 제출하여 승인을 받아야 한다.

동물실험지침 제5조는 실험자가 동물실험의 수행 착수 전에 위원회운영규정에 따른 동물실험계획서를 위원회에 제출하여 승인을 받아 동물실험을 실시하도록 하고 있다. 이때 실험자가 위원회의 승인을 받기 위해서는 구 동물보호법 제24조(개정 동물보호법 제49조)를 준수하고 있는지에 대한 점을 고려하여 동물실험계획서를 작성해야 한다(지침 제5조 제2항 제9호).

3. 구 동물보호법 제24조 관련 사례

구 동물보호법9 제24조 제2호 및 동법 시행령과 관련하여 2019. 4.경 알려진 "검역 탐지견 메이" 사례가 있다. 검역 탐지견 메이는 복제견으로 태어나 관세청에서 검역 탐지견으로 5년을 근무하였다. 메이는 구 동물보호법 제24조 제2호 및 동법 시행령 제10조 제5호에 따라 동물실험이 금지된 동물이었으나 서울대학교 수의과대학 동물실험실에서 동물실험 대상이 되었다.

메이에 대한 동물실험은 구 동물보호법 제24조 단서에서 정한 동물실험 금지 적용의 예외에도 해당하지 않는다. 동물보호법 구 제24조 단서 및 동물실험지침에서는 인수공통전염병이나 방역, 또는 해당 동물이나 동물 종의 생태, 습성 등에 관한 과학적 연구를 위하여 실험하는 경우에는 검역견에 해당하더라도 동물실험을 할 수 있도록 허용하고 있다. 단, 이때 실험을 위해서는 반드시 해당 동물을 실험하려는 기관의 동물실험윤리위원회의 심의를 거쳐 동물실험이 타당하다는 점에 대한 확인을 받아야 한다(동물실험지침 제5조). 그러나 밝혀진 언론 보도에 따르면 서울대학교 동물실험윤리위원회 산하 조사위원회는 이병천 교수의 연구팀이 메이 등 복제견 3마리에 대한 반입을 보고한 사실이 없다고 발표했다. 결국, 메이에 대한 동물실험은 위법한 실험에 해당한다.

4. 벌칙 조항의 개정 및 개정 취지

동물보호법 제97조(벌칙)
⑤ 다음 각 호의 어느 하나에 해당하는 자는 300만원 이하의 벌금에 처한다.
<u>10. 제49조를 위반하여 동물실험을 한 자</u>
<u>⑥ 상습적으로 제1항부터 제5항까지의 죄를 지은 자는 그 죄에 정한 형의 2분의 1까지 가중한다.</u>

---

9 구 동물보호법(법률 제16977호, 2020. 2. 11. 일부개정)

구 동물보호법10 제46조 제4항 제5호에 따르면, 제24조를 위반하여 동물실험을 한 경우, 300만원 이하의 벌금에 처하도록 되어 있어 비교적 낮은 수준의 처벌만이 가능하였고 나아가 이를 상습적으로 위반하여 동물실험을 한 자에 대해서는 상습범 가중처벌 규정에서 제외 되어있어(구 동물보호법 제46조 제5항) 만연하게 일어나는 위법한 동물실험을 방지하기에 실효성이 없다는 지적이 있었다. 그러나 개정법에서는 제96조 제6항에서 상습적으로 제49조를 위반하여 동물실험을 한 자에 대하여 그 죄에 정한 형의 2분의 1까지 가중하는 가중처벌 규정을 둠으로써 그 처벌을 강화하였다는 점에서 의미가 있다.

한편, 구 동물보호법에 의한 경우 봉사동물에 대한 실험가능 요건이 다소 광범위하다는 지적이 있었으나 전부개정을 통하여 봉사동물에 대해서도 기존과 같이 질병의 진단 치료 또는 연구, 방역(防疫), 해당 동물 또는 동물종(種)의 생태 및 습성이 아닌 인수공통전염병 등의 확산으로 인한 심각한 위해 발생 우려 또는 봉사동물의 선발 및 훈련을 위한 경우로 한정함으로 그 대상을 합리적으로 제한하였다.

---

10 구 동물보호법(법률 제16977호, 2020. 2. 11. 일부개정).

제50조 미성년자 동물 해부실습의 금지

누구든지 미성년자에게 체험·교육·시험·연구 등의 목적으로 동물(사체를 포함한다) 해부실습을 하게 하여서는 아니 된다. 다만, 「초·중등교육법」 제2조에 따른 학교 또는 동물실험시행기관 등이 시행하는 경우 등 농림축산식품부령으로 정하는 경우에는 그러하지 아니하다.

제101조(과태료) ③ 다음 각 호의 어느 하나에 해당하는 자에게는 100만원 이하의 과태료를 부과한다.
  8. 제50조를 위반하여 미성년자에게 동물 해부실습을 하게 한 자

1. 입법취지

2018. 3. 20. 개정 동물보호법은 미성년자의 동물 해부실습을 금지하는 조항을 신설하였다. 이는 기존에 미성년자에게 동물해부 실습을 할 수 없도록 금지하는 규정이 없는 상태에서 현실에서 학원 등을 중심으로 미성년자에게 해부실습을 시키고 있어 동물의 생명권을 경시하고 미성년자의 정서를 해칠 우려가 있다는 문제 의식에서 출발하여, 미성년자에 대한 무분별한 동물 해부 실습을 금지하여 미성년자의 정서를 보호하고 동물의 생명권에 대한 인식을 제고하기 위하여 도입된 조항이다. 본 조는 2020. 3. 21.부터 시행되고 있다.

2. 조문 해설

누구든지 미성년자에게 체험, 교육은 물론 시험이나 연구 목적을 위한 경우에도 동물의 해부 실습을 하게 하여서는 안 된다. 이때 동물이란 살아있는 동물 외에 동물의 사체도 포함하는 의미이다. 다만 예외적으로 「초·중등교육법」 제2조11에 따른 학교 또는 동물실험시행기관 등이 시행하는 경우에는 미성년자에 대한 동물의 해부실습이 허용된다.

또한 2019. 3. 21. 시행된 개정법에 따라 본조를 위반하여 미성년자에게 동물 해부실습을 하게 한 자는 100만원 이하의 과태료에 처한다.

---

11 초·중등교육법 제2조(학교의 종류) 초·중등교육을 실시하기 위하여 다음 각 호의 학교를 둔다.
　　1. 초등학교·공민학교
　　2. 중학교·고등공민학교
　　3. 고등학교·고등기술학교
　　4. 특수학교
　　5. 각종학교

제51조 – 제58조 동물실험윤리위원회의 설치, 기능 등

제51조(동물실험윤리위원회의 설치 등) ① 동물실험시행기관의 장은 실험동물의 보호와 윤리적인 취급을 위하여 제53조에 따라 동물실험윤리위원회(이하 "윤리위원회"라 한다)를 설치·운영하여야 한다.

② 제1항에도 불구하고 다음 각 호의 어느 하나에 해당하는 경우에는 윤리위원회를 설치한 것으로 본다.

    1. 농림축산식품부령으로 정하는 일정 기준 이하의 동물실험시행기관이 제54조에 따른 윤리위원회의 기능을 제52조에 따른 공용동물실험윤리위원회에 위탁하는 협약을 맺은 경우

    2. 동물실험시행기관에 「실험동물에 관한 법률」 제7조에 따른 실험동물운영위원회가 설치되어 있고, 그 위원회의 구성이 제53조제2항부터 제4항까지에 규정된 요건을 충족할 경우

③ 동물실험시행기관의 장은 동물실험을 하려면 윤리위원회의 심의를 거쳐야 한다.

④ 동물실험시행기관의 장은 제3항에 따른 심의를 거친 내용 중 농림축산식품부령으로 정하는 중요사항에 변경이 있는 경우에는 해당 변경사유의 발생 즉시 윤리위원회에 변경심의를 요청하여야 한다. 다만, 농림축산식품부령으로 정하는 경미한 변경이 있는 경우에는 제56조제1항에 따라 지정된 전문위원의 검토를 거친 후 제53조제1항의 위원장의 승인을 받아야 한다.

⑤ 농림축산식품부장관은 윤리위원회의 운영에 관한 표준지침을 위원회(IACUC)표준운영가이드라인으로 고시하여야 한다.

제52조(공용동물실험윤리위원회의 지정 등) ① 농림축산식품부장관은 동물실험시행기관 또는 연구자가 공동으로 이용할 수 있는 공용동물실험윤리위원회(이하 "공용윤리위원회"라 한다)를 지정 또는 설치할 수 있다.

② 공용윤리위원회는 다음 각 호의 실험에 대한 심의 및 지도·감독을 수행한다.

    1. 제51조제2항제1호에 따라 공용윤리위원회와 협약을 맺은 기관이 위탁한 실험

    2. 제49조 각 호 외의 부분 단서에 따라 공용윤리위원회의 실험 심의 및 승인을 받도록 규정한 같은 조 각 호의 동물실험

    3. 제50조에 따라 「초·중등교육법」 제2조에 따른 학교 등이 신청한 동물해부실습

    4. 둘 이상의 동물실험시행기관이 공동으로 수행하는 실험으로 각각의 윤리위원회에

서 해당 실험을 심의 및 지도·감독하는 것이 적절하지 아니하다고 판단되어 해당
동물실험시행기관의 장들이 공용윤리위원회를 이용하기로 합의한 실험

    5. 그 밖에 농림축산식품부령으로 정하는 실험

③ 제2항에 따른 공용윤리위원회의 심의 및 지도·감독에 대해서는 제51조제4항, 제54조
제2항·제3항, 제55조의 규정을 준용한다.

④ 제1항 및 제2항에 따른 공용윤리위원회의 지정 및 설치, 기능, 운영 등에 필요한 사
항은 농림축산식품부령으로 정한다.

제53조(윤리위원회의 구성) ① 윤리위원회는 위원장 1명을 포함하여 3명 이상의 위원으
로 구성한다.

② 위원은 다음 각 호에 해당하는 사람 중에서 동물실험시행기관의 장이 위촉하며, 위원
장은 위원 중에서 호선한다.

    1. 수의사로서 농림축산식품부령으로 정하는 자격기준에 맞는 사람

    2. 제4조제3항에 따른 민간단체가 추천하는 동물보호에 관한 학식과 경험이 풍부한
       사람으로서 농림축산식품부령으로 정하는 자격기준에 맞는 사람

    3. 그 밖에 실험동물의 보호와 윤리적인 취급을 도모하기 위하여 필요한 사람으로서
       농림축산식품부령으로 정하는 사람

③ 윤리위원회에는 제2항제1호 및 제2호에 해당하는 위원을 각각 1명 이상 포함하여야
한다.

④ 윤리위원회를 구성하는 위원의 3분의 1 이상은 해당 동물실험시행기관과 이해관계가
없는 사람이어야 한다.

⑤ 위원의 임기는 2년으로 한다.

⑥ 동물실험시행기관의 장은 제2항에 따른 위원의 추천 및 선정 과정을 투명하고 공정
하게 관리하여야 한다.

⑦ 그 밖에 윤리위원회의 구성 및 이해관계의 범위 등에 관한 사항은 농림축산식품부령
으로 정한다.

제54조(윤리위원회의 기능 등) ① 윤리위원회는 다음 각 호의 기능을 수행한다.

    1. 동물실험에 대한 심의(변경심의를 포함한다. 이하 같다)

    2. 제1호에 따라 심의한 실험의 진행·종료에 대한 확인 및 평가

    3. 동물실험이 제47조의 원칙에 맞게 시행되도록 지도·감독

    4. 동물실험시행기관의 장에게 실험동물의 보호와 윤리적인 취급을 위하여 필요한 조
       치 요구

② 윤리위원회의 심의대상인 동물실험에 관여하고 있는 위원은 해당 동물실험에 관한 심의에 참여하여서는 아니 된다.

③ 윤리위원회의 위원 또는 그 직에 있었던 자는 그 직무를 수행하면서 알게 된 비밀을 누설하거나 도용하여서는 아니 된다.

④ 제1항에 따른 심의·확인·평가 및 지도·감독의 방법과 그 밖에 윤리위원회의 운영 등에 관한 사항은 대통령령으로 정한다.

제55조(심의 후 감독) ① 동물실험시행기관의 장은 제53조제1항의 위원장에게 대통령령으로 정하는 바에 따라 동물실험이 심의된 내용대로 진행되고 있는지 감독하도록 요청하여야 한다.

② 위원장은 윤리위원회의 심의를 받지 아니한 실험이 진행되고 있는 경우 즉시 실험의 중지를 요구하여야 한다. 다만, 실험의 중지로 해당 실험동물의 복지에 중대한 침해가 발생할 것으로 우려되는 경우 등 대통령령으로 정하는 경우에는 실험의 중지를 요구하지 아니할 수 있다.

③ 제2항 본문에 따라 실험 중지 요구를 받은 동물실험시행기관의 장은 해당 동물실험을 중지하여야 한다.

④ 동물실험시행기관의 장은 제2항 본문에 따라 실험 중지 요구를 받은 경우 제51조제3항 또는 제4항에 따른 심의를 받은 후에 동물실험을 재개할 수 있다.

⑤ 동물실험시행기관의 장은 제1항에 따른 감독 결과 위법사항이 발견되었을 경우에는 지체 없이 농림축산식품부장관에게 통보하여야 한다.

제56조(전문위원의 지정 및 검토) ① 윤리위원회의 위원장은 윤리위원회의 위원 중 해당 분야에 대한 전문성을 가지고 실험을 심의할 수 있는 자를 전문위원으로 지정할 수 있다.

② 위원장은 제1항에 따라 지정한 전문위원에게 다음 각 호의 사항에 대한 검토를 요청할 수 있다.

    1. 제51조제4항 단서에 따른 경미한 변경에 관한 사항
    2. 제54조제1항제2호에 따른 확인 및 평가

제57조(윤리위원회 위원 및 기관 종사자에 대한 교육) ① 윤리위원회의 위원은 동물의

보호·복지에 관한 사항과 동물실험의 심의에 관하여 농림축산식품부령으로 정하는 바에 따라 정기적으로 교육을 이수하여야 한다.

② 동물실험시행기관의 장은 위원과 기관 종사자를 위하여 동물의 보호·복지와 동물실험 심의에 관한 교육의 기회를 제공할 수 있다.

제58조(윤리위원회의 구성 등에 대한 지도·감독) ① 농림축산식품부장관은 제51조제1항 및 제2항에 따라 윤리위원회를 설치한 동물실험시행기관의 장에게 제53조부터 제57조까지의 규정에 따른 윤리위원회의 구성·운영 등에 관하여 지도·감독을 할 수 있다.

② 농림축산식품부장관은 윤리위원회가 제53조부터 제57조까지의 규정에 따라 구성·운영되지 아니할 때에는 해당 동물실험시행기관의 장에게 대통령령으로 정하는 바에 따라 기간을 정하여 해당 윤리위원회의 구성·운영 등에 대한 개선명령을 할 수 있다.

동물보호법 시행령

제20조(동물실험윤리위원회의 지도·감독 등) 법 제51조제1항에 따른 동물실험윤리위원회(같은 조 제2항에 따라 동물실험윤리위원회를 설치하는 것으로 보는 경우를 포함한다)는 법 제54조제1항에 따른 심의(변경심의를 포함한다)·확인·평가 및 지도·감독을 다음 각 호의 방법으로 수행한다.

1. 동물실험의 윤리적·과학적 타당성에 대한 심의
2. 실험동물의 생산·도입·관리·실험 및 이용과 실험이 끝난 뒤 해당 동물의 처리에 관한 확인 및 평가
3. 동물실험시행기관의 종사자에 대한 교육·훈련 등에 대한 지도·감독
4. 동물실험 및 동물실험시행기관의 동물복지 수준 및 관리실태에 대한 지도·감독

제21조(동물실험윤리위원회의 운영) ① 법 제51조제1항에 따른 동물실험윤리위원회(이하 "윤리위원회"라 한다)의 회의는 다음 각 호의 어느 하나에 해당하는 경우에 위원장이 소집하고, 위원장이 그 의장이 된다.

1. 재적위원 3분의 1 이상이 소집을 요구하는 경우
2. 해당 동물실험시행기관의 장이 소집을 요구하는 경우
3. 그 밖에 윤리위원회 위원장이 필요하다고 인정하는 경우

② 윤리위원회의 회의는 재적위원 과반수의 출석으로 개의하고, 출석위원 과반수의 찬성으로 의결한다.

③ 동물실험계획을 심의·평가하는 회의에는 다음 각 호의 위원이 각각 1명 이상 참석해야 한다.

1. 법 제53조제2항제1호에 따른 위원

2. 법 제53조제4항에 따른 해당 동물실험시행기관과 이해관계가 없는 위원

④ 회의록 등 윤리위원회의 구성·운영 등과 관련된 기록 및 문서는 3년 이상 보존해야 한다.

⑤ 윤리위원회는 심의사항과 관련하여 필요하다고 인정할 때에는 관계인의 의견을 들을 수 있다.

⑥ 동물실험시행기관의 장은 해당 기관에 설치된 윤리위원회(법 제51조제2항에 따라 동물실험윤리위원회를 설치하는 것으로 보는 경우를 포함한다)의 효율적인 운영을 위하여 다음 각 호의 사항에 대하여 적극 협조해야 한다.

1. 윤리위원회의 독립성 보장

2. 윤리위원회의 결정 및 권고사항에 대한 즉각적이고 효과적인 조치 및 시행

3. 윤리위원회의 설치 및 운영에 필요한 인력, 장비, 장소, 비용 등에 관한 적절한 지원

⑦ 동물실험시행기관의 장은 매년 윤리위원회의 운영 및 동물실험의 실태에 관한 사항을 다음 해 1월 31일까지 농림축산식품부령으로 정하는 바에 따라 농림축산식품부장관에게 통지해야 한다.

⑧ 제1항부터 제7항까지에서 규정한 사항 외에 윤리위원회의 효율적인 운영을 위하여 필요한 사항은 농림축산식품부장관이 정하여 고시한다.

제22조(동물실험의 감독 등) ① 동물실험시행기관의 장은 윤리위원회 위원장에게 법 제55조제1항에 따라 다음 각 호의 사항을 연 1회 이상 감독하도록 요청해야 한다. 이 경우 감독 요청시기는 윤리위원회 위원장과 협의하여 정한다.

1. 동물실험이 심의된 내용대로 진행되는지 여부

2. 동물실험에 사용되는 동물의 사육환경

3. 동물실험에 사용되는 동물의 수의학적 관리

4. 동물실험에 사용되는 동물의 고통에 대한 경감조치 여부

② 법 제55조제2항 단서에서 "해당 실험동물의 복지에 중대한 침해가 발생할 것으로 우려되는 경우 등 대통령령으로 정하는 경우"란 다음 각 호의 어느 하나에 해당하는 경우를 말한다.

1. 동물실험의 중지로 해당 실험동물이 죽음에 이르게 되는 경우

2. 동물실험의 중지로 해당 실험동물의 고통이 심해지는 경우

제23조(윤리위원회의 구성·운영 등에 대한 개선명령) ① 농림축산식품부장관은 법 제58조제2항에 따라 해당 동물실험시행기관의 장에게 윤리위원회의 구성·운영 등에 대한 개선명령을 하는 경우 그 개선에 필요한 조치 등을 고려하여 3개월의 범위에서 기간을 정하여 개선명령을 해야 한다.
② 농림축산식품부장관은 동물실험시행기관의 장이 천재지변이나 그 밖의 부득이한 사유로 제1항에 따른 개선기간에 개선을 할 수 없는 경우 개선기간의 연장 신청을 하면 그 사유가 끝난 날부터 3개월의 범위에서 그 기간을 연장할 수 있다.
③ 제1항에 따라 개선명령을 받은 동물실험시행기관의 장이 그 명령을 이행하였을 때에는 지체 없이 그 결과를 농림축산식품부장관에게 통지해야 한다.

동물보호법 시행규칙
제31조(윤리위원회의 설치 등) ① 법 제51조제2항제1호에서 "농림축산식품부령으로 정하는 일정 기준 이하의 동물실험시행기관"이란 다음 각 호의 어느 하나에 해당하는 동물실험시행기관을 말한다.
  1. 연구인력 5명 이하인 동물실험시행기관
  2. 동물실험시행기관의 장이 동물실험계획의 심의 건수 및 관련 연구 실적 등에 비추어 윤리위원회를 따로 두는 것이 적절하지 않은 것으로 판단하는 동물실험시행기관
② 법 제51조제4항 본문에서 "농림축산식품부령으로 정하는 중요사항에 변경이 있는 경우"란 다음 각 호의 어느 하나의 경우를 말한다.
  1. 동물실험 연구책임자를 변경하는 경우
  2. 실험동물 종(種)을 추가하거나 변경하는 경우
  3. 별표 9에 따른 고통등급을 D 또는 E등급으로 상향하는 경우
  4. 그 밖에 승인받은 실험동물 사용 마릿수가 증가하는 경우 등 윤리위원회에서 필요하다고 인정하는 경우
③ 법 제51조제4항 단서에서 "농림축산식품부령으로 정하는 경미한 변경이 있는 경우"란 제2항 각 호를 제외한 실험계획에 변경사항이 발생한 경우를 말한다.

제32조(윤리위원회 위원 자격) ① 법 제53조제2항제1호에서 "농림축산식품부령으로 정하는 자격기준에 맞는 사람"이란 다음 각 호의 어느 하나에 해당하는 사람을 말한다.

  1. 동물실험시행기관에서 동물실험 또는 실험동물에 관한 업무에 1년 이상 종사한 수의사

  2. 법 제48조에 따른 전임수의사

  3. 제2항제2호 또는 제4호에 따른 교육을 이수한 수의사

  4. 「수의사법」 제23조에 따른 대한수의사회에서 인정하는 실험동물 전문수의사

② 법 제53조제2항제2호에서 "농림축산식품부령으로 정하는 자격기준에 맞는 사람"이란 다음 각 호의 어느 하나에 해당하는 사람을 말한다.

  1. 동물보호 민간단체에서 동물보호나 동물복지에 관한 업무에 1년 이상 종사한 사람

  2. 동물보호 민간단체 또는 「고등교육법」 제2조에 따른 학교에서 실시하는 동물보호·동물복지 또는 동물실험과 관련된 교육을 이수한 사람

  3. 「생명윤리 및 안전에 관한 법률」 제7조에 따른 국가생명윤리심의위원회의 위원 또는 같은 법 제10조에 따른 기관생명윤리위원회의 위원으로 1년 이상 활동한 사람

  4. 검역본부장이 실시하는 동물보호·동물복지 또는 동물실험에 관련된 교육을 이수한 사람

③ 법 제53조제2항제3호에서 "농림축산식품부령으로 정하는 사람"이란 다음 각 호의 어느 하나에 해당하는 사람을 말한다.

  1. 동물실험 분야의 박사학위를 취득한 사람으로서 동물실험 또는 실험동물 관련 업무에 종사한 경력(학위 취득 전의 경력을 포함한다)이 있는 사람

  2. 「고등교육법」 제2조에 따른 학교에서 철학·법학 또는 동물보호·동물복지를 담당하는 교수

  3. 그 밖에 실험동물의 윤리적 취급과 과학적 이용을 위하여 필요하다고 해당 동물실험시행기관의 장이 인정하는 사람으로서 제2항제2호 또는 제4호에 따른 교육을 이수한 사람

④ 제2항제2호 및 제4호에 따른 동물보호·동물복지 또는 동물실험에 관련된 교육의 내용 및 교육과정의 운영에 필요한 사항은 검역본부장이 정하여 고시할 수 있다.

제33조(윤리위원회의 구성) ① 동물실험시행기관의 장은 윤리위원회를 구성하려는 경우에는 동물보호 민간단체에 법 제53조제2항제2호에 해당하는 위원의 추천을 의뢰해야 한다.

② 제1항의 추천을 의뢰받은 민간단체는 해당 동물실험시행기관의 윤리위원회 위원으로 적합하다고 판단되는 사람 1명 이상을 해당 동물실험시행기관에 추천할 수 있다.

③ 동물실험시행기관의 장은 제2항에 따라 추천받은 사람 중 적임자를 선택하여 법 제

53조제2항제1호 및 제3호에 해당하는 위원과 함께 윤리위원회를 구성해야 한다.

④ 동물실험시행기관의 장은 제3항에 따라 윤리위원회가 구성되거나 구성된 윤리위원회에 변경이 발생한 경우 윤리위원회의 구성 또는 변경이 발생한 날부터 30일 이내에 그 사실을 검역본부장에게 통지해야 한다.

제34조(윤리위원회 위원의 이해관계인의 범위) 법 제53조제4항에 따른 해당 동물실험시행기관과 이해관계가 없는 사람은 다음 각 호의 어느 하나에 해당하지 않는 사람으로 한다.

1. 최근 3년 이내 해당 동물실험시행기관에 재직한 경력이 있는 사람과 그 배우자
2. 해당 동물실험시행기관의 임직원 및 그 배우자의 직계혈족, 직계혈족의 배우자 및 형제 · 자매
3. 해당 동물실험시행기관 총 주식의 100분의 3 이상을 소유한 사람 또는 법인의 임직원
4. 해당 동물실험시행기관에 실험동물이나 관련 기자재를 공급하는 등 사업상 거래관계에 있는 사람 또는 법인의 임직원
5. 해당 동물실험시행기관의 계열회사(「독점규제 및 공정거래에 관한 법률」 제2조제12호에 따른 계열회사를 말한다) 또는 같은 법인에 소속된 임직원

1. 입법취지

동물실험을 함에 있어 필요한 사항을 정하고 실험동물의 보호와 윤리적인 취급을 위하여 동물보호법은 동물실험윤리위원회를 설치하도록 하고 있다. 동물실험윤리위원회(이하, "위원회")는 국가로부터 위임된 것이며 시설장이 임명해야 하는 의무사항으로서 위반시에는 과태료의 부과대상이 된다. 시설의 장은 각 기관의 행정적 최고책임자가 궁극적인 책임을 전담한다.

이때, 동물실험시행기관에 「실험동물에 관한 법률」(이하, "실험동물법") 제7조[12]에 따른 실험동물운영위원회가 설치되어 있고, 그 위원회의 구성이 법 제

---

12 실험동물에 관한 법률 제7조(실험동물운영위원회 설치 등) ① 동물실험시설에는 동물실험의 윤리성,

53조 제2항부터 제4항까지에 규정된 요건을 충족할 경우에는 해당 위원회를 윤리위원회로 본다.

2. 공용동물실험윤리위원회의 신설(법 제52조)

　　개정 동물보호법은 동물실험시행기관 또는 연구자가 공동으로 이용할 수 있는 공용동물실험윤리위원회를 지정 또는 설치할 수 있도록 조문을 신설하였다. 공용윤리위원회는 농림축산식품부령으로 정하는 일정 기준 이하의 동물실험시행기관이 공용윤리위원회에 윤리위원회 기능을 위탁하는 협약을 맺은 경우에 협약을 맺은 기관이 위탁한 실험에 대한 심의 및 지도 감독을 수행할 수 있으며, 제49조 각 호 외의 부분 단서에 따라 공용윤리위원회의 심의 및 승인을 받아야 하는 경우 또는 제50조에 따라 학교 등이 신청한 동물해부실습 등에서 진행되는 동물실험에 대한 심의 및 지도 감독을 수행한다.

안전성 및 신뢰성 등을 확보하기 위하여 실험동물운영위원회를 설치·운영하여야 한다. 다만, 해당 동물실험시설에「동물보호법」제25조에 따른 동물실험윤리위원회가 설치되어 있고, 그 위원회의 구성이 제2항 및 제3항의 요건을 충족하는 경우에는 그 위원회를 실험동물운영위원회로 본다.
② 실험동물운영위원회는 위원장 1명을 포함하여 4명 이상 15명 이내의 위원으로 구성한다.
③ 위원은 다음 각 호의 어느 하나에 해당하는 사람 중에서 동물실험시설의 운영자가 위촉하고, 위원장은 위원 중에서 호선(互選)한다.
　1.「수의사법」에 따른 수의사
　2. 동물실험 분야에서 박사 학위를 취득한 사람으로서 동물실험의 관리 또는 동물실험 업무 경력이 있는 사람
　3. 동물보호에 관한 학식과 경험이 풍부한 사람 중에서「민법」에 따른 법인 또는「비영리민간단체지원법」에 따른 비영리민간단체가 추천하는 사람으로서 대통령령으로 정하는 자격요건에 해당하는 사람
　4. 그 밖에 동물실험에 관한 학식과 경험이 풍부한 사람으로서 총리령으로 정하는 사람
④ 다음 각 호의 사항은 실험동물운영위원회의 심의를 거쳐야 한다.
　1. 동물실험의 계획 및 실행에 관한 사항
　2. 동물실험시설의 운영과 그에 관한 평가
　3. 유해물질을 이용한 동물실험의 적정성에 관한 사항
　4. 실험동물의 사육 및 관리에 관한 사항
　5. 그 밖에 동물실험의 윤리성, 안전성 및 신뢰성 등을 확보하기 위하여 위원회의 위원장이 필요하다고 인정하는 사항
⑤ 제1항의 실험동물운영위원회의 운영 등에 관하여 필요한 사항은 대통령령으로 정한다.

3. 조문 해설

1) 위원회의 권한 및 기능

위원회는 동물실험기관의 동물 실험 행태를 살펴보고 감독자 역할을 하기 위해서 연 1회 이상 동물실험시설에 대한 운영 및 동물실험 실태에 관한 사항(동법 시행령 제22조 제1항 각 호)을 감독하여야 한다.

동물실험계획을 검토하고 승인하는 위원회의 독립적인 권위를 보장해야 하므로 동물실험시설의 장은 동물실험계획을 승인하지 않더라도 위원회의 결정을 거부할 수 없다. 반대로 위원회가 동물실험계획을 승인한 것에 대해서 기관이나 동물실험시설의 장이 연구 활동을 수행하지 못하도록 방해할 수도 없다.

시설의 장은 시설의 성격과 동물실험의 양에 따라 필요한 위원수를 결정할 수 있다. 동물을 이용하는 실험이 많은 시설은 전담하는 중앙부서를 둘 수 있다.

2) 위원회의 기능 및 책임(법 제54조, 동법 시행령 제20조, 제22조)

위원회는 동물실험이 동물보호법상의 원칙에 부합하게 시행되도록 지도·감독하며, 동물실험시설의 운영자 또는 종사자에 대하여 실험동물의 보호와 윤리적인 취급을 위하여 필요한 조치를 요구할 수 있다.

3) 위원회의 운영(법 제55조, 동법 시행령 제21조)

(가) 위원회는 윤리위원회의 재적위원 3분의 1 이상의 소집 요구가 있거나, 해당 동물실험시행기관의 장이 소집을 요구하거나, 그 밖에 윤리위원회의 위원장이 필요하다고 인정하는 경우에 위원장이 소집하고, 위원장이 그 의장이 된다.

(나) 위원회의 회의는 재적위원 과반수의 출석으로 개의하고, 출석위원 과반수의 찬성으로 의결한다.

(다) 위원회는 심의사항과 관련하여 필요하다고 인정할 때에는 관계인을 의견을 청취할 수 있다.

(라) 이 경우 위원장은 윤리위원회의 심의를 받지 아니한 실험이 진행되고

있는 경우 즉시 실험의 중지를 요구할 수 있고, 실험 중지 요구를 받은 경우 동물실험시행기관의 장은 해당 동물실험을 중지하여야 한다. 중지된 실험은 법 제51조 제3항 또는 제4항에 따른 심의를 받은 후에 재개할 수 있다.

4) 전문위원제도

위원회의 위원장은 윤리위원회의 위원 중 해당 분야에 대한 전문성을 가지고 실험을 심의할 수 있는 자를 전문위원으로 지정할 수 있다. 해당 제도는 전문위원으로 지정함으로써 법 제51조 제4항 단서에 따른 경미한 변경에 관한 사항을 전문위원이 빠르게 검토하고, 위원장의 승인을 받는 경우 윤리위원회의 변경심의 없이 비교적 간단한 절차로 변경 승인을 가능하게끔 하고 윤리위원회가 심의한 실험의 진행, 종료에 대한 확인 및 평가 업무 등을 전문위원이 하게 함으로써 전문성과 효율성을 제고하기 위한 제도이다.

3. 동물실험의 대체론의 연구

최근에는 동물실험의 한계를 극복하고자 하는 동물대체시험법에 대한 논의가 시작되었다. 인류는 지난 100년 동안 랫드, 마우스, 토끼 등과 같은 동물을 사용하여 의약품이나 화장품 등을 사람이 사용하였을 때, 인체에 어떤 영향을 미치는지 평가하여왔다. 동물실험은 인체에 대한 안전성을 예측하는데 많은 도움을 주었으나, 사람과 실험동물의 생물학적 차이로 인한 물질대사 및 약리·독성 반응에 대한 동물실험 결과와 임상시험 결과의 불일치, 실험동물과 인체에 적용하는 물질의 용량차이에 따른 실험의 오차 및 그리고 실험결과에 대한 정확한 해석 등에 한계점이 존재하였다.

동물실험의 부정확성과 비윤리성에 대한 문제의식이 생겨나면서 점차 독성연구에 동물을 사용하지 않거나 실험에 사용되는 동물의 수를 감소하거나 고통을 경감시킬 수 있는 방법(동물대체시험법)이 모색되기 시작하였다.

동물대체시험법 논의는 동물복지 선진국에서 활발히 논의되고 있다. 대체시험법이 가장 유연하게 받아들여지는 분야는 화장품 개발 분야이다. 유럽연합(EU)은 1993년 화장품 개발에 동물실험을 금지한다는 목표를 설정하고 2009년부터는 EU 내에서 화장품 원료에 대한 동물실험이 전면 금지되었다.

우리나라는 2016년 화장품법이 개정되면서 '동물실험을 한 화장품 또는 원료를 사용하여 제조하거나, 제조된 화장품의 유통·판매를 원칙적으로 금지'하고 위해평가의 필요성, 수출입 대상국의 법령상 필요의 경우에만 예외적으로 허용하고 있다.13

우리나라 식품의약안전처는 2009년 아시아 최초로 동물대체시험법검증센터(KoCVAM)를 설치했으나 법률상 설치근거가 명확하지 않고, 위 센터가 단순히 식품의약품안전처 산하에 개설되어 있어 범부처 차원에서 대체시험법 개발을 적극적으로 추진하기 어려운 구조적인 문제점이 존재한다. 추후 다른 국가들의 입법례를 참고하여 정부부처를 총괄하는 권한과 기능을 갖추고 동물실험 및 대체시험법 관련 데이터를 일원화하여 보관·관리하는 등 기능을 강화하는 입법을 모색해야 한다.14

---

13 화장품법 제15조의2(동물실험을 실시한 화장품 등의 유통판매 금지) ① 화장품책임판매업자는 「실험동물에 관한 법률」 제2조제1호에 따른 동물실험(이하 이 조에서 "동물실험"이라 한다)을 실시한 화장품 또는 동물실험을 실시한 화장품 원료를 사용하여 제조(위탁제조를 포함한다) 또는 수입한 화장품을 유통·판매하여서는 아니 된다. 다만, 다음 각 호의 어느 하나에 해당하는 경우는 그러하지 아니하다.
  1. 제8조제2항의 보존제, 색소, 자외선차단제 등 특별히 사용상의 제한이 필요한 원료에 대하여 그 사용기준을 지정하거나 같은 조 제3항에 따라 국민보건상 위해 우려가 제기되는 화장품 원료 등에 대한 위해평가를 하기 위하여 필요한 경우
  2. 동물대체시험법(동물을 사용하지 아니하는 실험방법 및 부득이하게 동물을 사용하더라도 그 사용되는 동물의 개체 수를 감소하거나 고통을 경감시킬 수 있는 실험방법으로서 식품의약품안전처장이 인정하는 것을 말한다. 이하 이 조에서 같다)이 존재하지 아니하여 동물실험이 필요한 경우
  3. 화장품 수출을 위하여 수출 상대국의 법령에 따라 동물실험이 필요한 경우
  4. 수입하려는 상대국의 법령에 따라 제품 개발에 동물실험이 필요한 경우
  5. 다른 법령에 따라 동물실험을 실시하여 개발된 원료를 화장품의 제조 등에 사용하는 경우
  6. 그 밖에 동물실험을 대체할 수 있는 실험을 실시하기 곤란한 경우로서 식품의약품안전처장이 정하는 경우
  ② 식품의약품안전처장은 동물대체시험법을 개발하기 위하여 노력하여야 하며, 화장품책임판매업자 등이 동물대체시험법을 활용할 수 있도록 필요한 조치를 하여야 한다. (2018. 3. 13. 개정)
14 2020년 1월 농림축산식품부가 발표한 「2020~2024 동물복지 종합계획」에서 대체시험법 여부를 확인하고 활용할 수 있도록 대체시험법 정보를 취합 및 게재하는 온라인 포털 구축과 각 법률에 대체시험법이 반영되도록 하는 관계부처 협의를 추진하겠다고 발표하였다.

제5장　동물복지축산농장의 인증

제5장

제59조 − 제68조　동물복지축산농장의 인증. 표시. 관리 등

제59조 - 제68조 동물복지축산농장의 인증, 표시, 관리 등

제59조(동물복지축산농장의 인증) ① 농림축산식품부장관은 동물복지 증진에 이바지하기 위하여 「축산물 위생관리법」 제2조제1호에 따른 가축으로서 농림축산식품부령으로 정하는 동물(이하 "농장동물"이라 한다)이 본래의 습성 등을 유지하면서 정상적으로 살 수 있도록 관리하는 축산농장을 동물복지축산농장으로 인증할 수 있다.

② 제1항에 따른 인증을 받으려는 자는 제60조제1항에 따라 지정된 인증기관(이하 "인증기관"이라 한다)에 농림축산식품부령으로 정하는 서류를 갖추어 인증을 신청하여야 한다.

③ 인증기관은 인증 신청을 받은 경우 농림축산식품부령으로 정하는 인증기준에 따라 심사한 후 그 기준에 맞는 경우에는 인증하여 주어야 한다.

④ 제3항에 따른 인증의 유효기간은 인증을 받은 날부터 3년으로 한다.

⑤ 제3항에 따라 인증을 받은 동물복지축산농장(이하 "인증농장"이라 한다)의 경영자는 그 인증을 유지하려면 제4항에 따른 유효기간이 끝나기 2개월 전까지 인증기관에 갱신 신청을 하여야 한다.

⑥ 제3항에 따른 인증 또는 제5항에 따른 인증갱신에 대한 심사결과에 이의가 있는 자는 인증기관에 재심사를 요청할 수 있다.

⑦ 제6항에 따른 재심사 신청을 받은 인증기관은 농림축산식품부령으로 정하는 바에 따라 재심사 여부 및 그 결과를 신청자에게 통보하여야 한다.

⑧ 인증농장의 인증 절차 및 인증의 갱신, 재심사 등에 관한 사항은 농림축산식품부령으로 정한다.

제60조(인증기관의 지정 등) ① 농림축산식품부장관은 대통령령으로 정하는 공공기관 또는 법인을 인증기관으로 지정하여 인증농장의 인증과 관련한 업무 및 인증농장에 대한 사후관리업무를 수행하게 할 수 있다.

② 제1항에 따라 지정된 인증기관은 인증농장의 인증에 필요한 인력·조직·시설 및 인증업무 규정 등을 갖추어야 한다.

③ 농림축산식품부장관은 제1항에 따라 지정한 인증기관에서 인증심사업무를 수행하는 자에 대한 교육을 실시하여야 한다.

④ 제1항부터 제3항까지의 규정에 따른 인증기관의 지정, 인증업무의 범위, 인증심사업무를 수행하는 자에 대한 교육, 인증농장에 대한 사후관리 등에 필요한 구체적인 사항은 농림축산식품부령으로 정한다.

제61조(인증기관의 지정취소 등) ① 농림축산식품부장관은 인증기관이 다음 각 호의 어느 하나에 해당하면 그 지정을 취소하거나 6개월 이내의 기간을 정하여 인증업무의 전부 또는 일부의 정지를 명할 수 있다. 다만, 제1호 또는 제2호에 해당하면 그 지정을 취소하여야 한다.

    1. 거짓이나 그 밖의 부정한 방법으로 지정을 받은 경우

    2. 업무정지 명령을 위반하여 정지기간 중 인증을 한 경우

    3. 제60조제2항에 따른 지정기준에 맞지 아니하게 된 경우

    4. 고의 또는 중대한 과실로 제59조제3항에 따른 인증기준에 맞지 아니한 축산농장을 인증한 경우

    5. 정당한 사유 없이 지정된 인증업무를 하지 아니하는 경우

② 제1항에 따른 지정취소 및 업무정지의 기준 등에 관한 사항은 농림축산식품부령으로 정한다.

제62조(인증농장의 표시) ① 인증농장은 농림축산식품부령으로 정하는 바에 따라 인증농장 표시를 할 수 있다.

② 제1항에 따른 인증농장의 표시에 관한 기준 및 방법 등은 농림축산식품부령으로 정한다.

제63조(동물복지축산물의 표시) ① 인증농장에서 생산한 축산물에는 다음 각 호의 구분에 따라 그 포장·용기 등에 동물복지축산물 표시를 할 수 있다.

    1. 「축산물 위생관리법」 제2조제3호 및 제4호의 축산물: 다음 각 목의 요건을 모두 충족하여야 한다.

      가. 인증농장에서 생산할 것

      나. 농장동물을 운송할 때에는 농림축산식품부령으로 정하는 운송차량을 이용하여 운송할 것

      다. 농장동물을 도축할 때에는 농림축산식품부령으로 정하는 도축장에서 도축할 것

    2. 「축산물 위생관리법」 제2조제5호 및 제6호의 축산물: 인증농장에서 생산하여야 한다.

    3. 「축산물 위생관리법」 제2조제8호의 축산물: 제1호의 요건을 모두 충족한 원료의 함량에 따라 동물복지축산물 표시를 할 수 있다.

    4. 「축산물 위생관리법」 제2조제9호 및 제10호의 축산물: 인증농장에서 생산한 축산물의 함량에 따라 동물복지축산물 표시를 할 수 있다.

② 제1항에 따른 동물복지축산물을 포장하지 아니한 상태로 판매하거나 낱개로 판매하는 때에는 표지판 또는 푯말에 동물복지축산물 표시를 할 수 있다.

③ 제1항 및 제2항에 따른 동물복지축산물 표시에 관한 기준 및 방법 등에 관한 사항은 농림축산식품부령으로 정한다.

제64조(인증농장에 대한 지원 등) ① 농림축산식품부장관은 인증농장에 대하여 다음 각 호의 지원을 할 수 있다.

1. 동물의 보호·복지 증진을 위하여 축사시설 개선에 필요한 비용
2. 인증농장의 환경개선 및 경영에 관한 지도·상담 및 교육
3. 인증농장에서 생산한 축산물의 판로개척을 위한 상담·자문 및 판촉
4. 인증농장에서 생산한 축산물의 해외시장의 진출·확대를 위한 정보제공, 홍보활동 및 투자유치
5. 그 밖에 인증농장의 경영안정을 위하여 필요한 사항

② 농림축산식품부장관, 시·도지사, 시장·군수·구청장, 제4조제3항에 따른 민간단체 및 「축산자조금의 조성 및 운용에 관한 법률」 제2조제3호에 따른 축산단체는 인증농장의 운영사례를 교육·홍보에 적극 활용하여야 한다.

제65조(인증취소 등) ① 농림축산식품부장관 또는 인증기관은 인증 받은 자가 거짓이나 그 밖의 부정한 방법으로 인증을 받은 경우 그 인증을 취소하여야 하며, 제59조제3항에 따른 인증기준에 맞지 아니하게 된 경우 그 인증을 취소할 수 있다.

② 제1항에 따라 인증이 취소된 자(법인인 경우에는 그 대표자를 포함한다)는 그 인증이 취소된 날부터 1년 이내에는 인증농장 인증을 신청할 수 없다.

제66조(사후관리) ① 농림축산식품부장관은 인증기관으로 하여금 매년 인증농장이 제59조제3항에 따른 인증기준에 맞는지 여부를 조사하게 하여야 한다.

② 제1항에 따른 조사를 위하여 인증농장에 출입하는 자는 농림축산식품부령으로 정하는 증표를 지니고 이를 관계인에게 보여 주어야 한다.

③ 제1항에 따른 조사의 요구를 받은 자는 정당한 사유 없이 이를 거부·방해하거나 기피하여서는 아니 된다.

제67조(부정행위의 금지) ① 누구든지 다음 각 호에 해당하는 행위를 하여서는 아니 된다.

1. 거짓이나 그 밖의 부정한 방법으로 인증농장 인증을 받는 행위
2. 제59조제3항에 따른 인증을 받지 아니한 축산농장을 인증농장으로 표시하는 행위
3. 거짓이나 그 밖의 부정한 방법으로 제59조제3항, 제5항 및 제6항에 따른 인증심사, 인증갱신에 대한 심사 및 재심사를 하거나 받을 수 있도록 도와주는 행위
4. 제63조제1항부터 제3항까지의 규정을 위반하여 동물복지축산물 표시를 하는 다음 각 목의 행위(동물복지축산물로 잘못 인식할 우려가 있는 유사한 표시를 하는 행위를 포함한다)

   가. 제63조제1항제1호가목 및 같은 항 제2호를 위반하여 인증농장에서 생산되지 아니한 축산물에 동물복지축산물 표시를 하는 행위
   나. 제63조제1항제1호나목 및 다목을 따르지 아니한 축산물에 동물복지축산물 표시를 하는 행위
   다. 제63조제3항에 따른 동물복지축산물 표시 기준 및 방법을 위반하여 동물복지축산물 표시를 하는 행위

② 제1항제4호에 따른 동물복지축산물로 잘못 인식할 우려가 있는 유사한 표시의 세부기준은 농림축산식품부령으로 정한다.

제68조(인증의 승계) ① 다음 각 호의 어느 하나에 해당하는 자는 인증농장 인증을 받은 자의 지위를 승계한다.

1. 인증농장 인증을 받은 사람이 사망한 경우 그 농장을 계속하여 운영하려는 상속인
2. 인증농장 인증을 받은 자가 그 사업을 양도한 경우 그 양수인
3. 인증농장 인증을 받은 법인이 합병한 경우 합병 후 존속하는 법인이나 합병으로 설립되는 법인

② 제1항에 따라 인증농장 인증을 받은 자의 지위를 승계한 자는 그 사실을 30일 이내에 인증기관에 신고하여야 한다.
③ 제2항에 따른 신고에 필요한 사항은 농림축산식품부령으로 정한다.

부칙

제17조(동물복지축산농장의 인증에 관한 경과조치) ① 동물복지축산농장의 인증에 관하여는 제59조부터 제68조까지의 개정규정이 시행되기 전까지는 종전의 제29조부터 제31조까지의 규정을 적용한다.

② 이 법 시행 당시 종전의 제29조제2항에 따라 농림축산식품부장관(종전의 제44조에 따라 인증업무를 위임받은 소속기관의 장을 포함한다. 이하 같다)에게 인증을 신청하였으나 부칙 제1조 단서의 시행일 전날까지 인증을 받지 못한 경우에는 제59조의 개정규정에 따라 인증기관에 인증 신청을 다시 하여야 한다. 이 경우 농림축산식품부장관은 신청인의 요청에 따라 심사 중인 자료를 인증기관에 이관할 수 있고, 이관한 경우에는 그 사실을 신청인에게 알려주어야 한다.

③ 부칙 제1조 단서에 따른 시행일 당시 종전의 제29조에 따라 받은 동물복지축산농장의 인증은 제59조의 개정규정에 따른 동물복지축산농장 인증으로 본다. 이 경우 인증의 유효기간은 제59조제4항의 개정규정에도 불구하고 다음 각 호에서 정하는 날까지로 한다.

1. 부칙 제1조 단서에 따른 시행일 당시 인증일로부터 2년 미만의 기간이 경과한 축산농장: 부칙 제1조 단서에 따른 시행일로부터 4년
2. 부칙 제1조 단서에 따른 시행일 당시 인증일로부터 2년 이상 5년 미만의 기간이 경과한 축산농장: 부칙 제1조 단서에 따른 시행일로부터 3년
3. 부칙 제1조 단서에 따른 시행일 당시 인증일로부터 5년 이상의 기간이 경과한 축산농장: 부칙 제1조 단서에 따른 시행일로부터 2년

④ 이 법 시행 전의 행위에 대하여 동물복지축산농장의 인증취소, 인증 결격기간을 적용할 때에는 종전의 규정에 따른다.

1. 배경 및 입법취지

2011. 8. 4. 동물보호법 개정을 통해 동물보호와 사육과정에서의 복지증진에 이바지하는 축산농장을 동물복지축산농장으로 인증하도록 하는 제도가 도입되었다. 구체적인 인증제도는 2012년 산란계(계란), 2013년 돼지, 2014년 육계, 2015년 한·육우, 젖소, 염소 등에 도입되어 있고 동물복지 축산농장에서 사육되고 운송, 도축을 거쳐 생산된 축산물에 대해서는 동물복지 축산물 표시를 하는 등의 방법을 통해 농장동물 복지체계를 마련하고 있다. 이는 동물복지의 관점에서 도입된 제도이다.

본 조에 따르면 축산물위생관리법 제2조 제1호[1] 및 같은 법 시행령[2]에 따른 가축이 동물의 본래 습성을 유지하면서 정상적으로 살 수 있도록 관리하는 농장을 동물복지축산농장으로 인증할 수 있도록 함으로써 동물의 축산 과정에서 각 동물의 습성에 맞는 형태를 보장하고, 최소한의 사육면적 등을 준수하도록 하고 있다.

2. 동물복지축산농장 인증 절차

개정 동물보호법은 동물복지축산농장 제도 중 인증업무를 수행할 인증기관을 지정하고 지정취소의 근거를 마련하였다. 농림축산식품부장관은 대통령령으로 정하는 공공기관 또는 법인을 인증기관으로 지정하여 인증농장의 인증기준에 따라 심사한 뒤 기준에 맞는 경우 인증하도록 하였고(법 제60조 제1항, 제59조 제3항), 인증의 유효기간을 3년으로 정하고 인증 갱신 및 갱신 심사결과에 대한 재심사 제도 등을 도입하였다(법 제59조 제4항 내지 제8항).

또한 농림축산식품부장관은 인증기관으로 하여금 매년 인증농장이 제59조 제3항에 따른 인증기준을 충족하고 있는지 조사하게 하여야 함으로써 인증농장에 대한 사후관리 절차를 법에서 규정하였으며, 부정행위 금지 조항에서도 인증심사, 인증갱신에 대한 심사 및 재심사를 거짓이나 그 밖의 부정한 방법으로 하는 행위를 정함으로써 동물복지축산농장 인증절차의 실질적인 실효성을 확보하고자 하고 있다.

---

1 축산물위생관리법(법률 제15487호 일부개정 2018. 03. 13.) 제2조.
  1. "가축"이란 소, 말, 양(염소 등 산양을 포함한다. 이하 같다), 돼지(사육하는 멧돼지를 포함한다. 이하 같다), 닭, 오리, 그 밖에 식용(食用)을 목적으로 하는 동물로서 대통령령으로 정하는 동물을 말한다.
2 축산물위생관리법 시행령(대통령령 제28835호 일부개정 2018. 04. 24.) 제2조 (가축의 범위 등) ① 「축산물 위생관리법」(이하 "법"이라 한다) 제2조제1호에서 "대통령령으로 정하는 동물"이란 다음 각 호의 동물을 말한다.
    1. 사슴   2. 토끼   3. 칠면조
    4. 거위   5. 메추리   6. 꿩
    7. 당나귀

나아가 개정 동물보호법은 부칙 제17조에서 동물복지축산농장의 인증 절차 및 인증 유효기간 제도 신설 도입으로 인한 혼란을 방지하기 위하여 경과조치를 정하여 두었다.

3. 동물복지축산농장 인증기준 및 인증 등에 관한 세부 실시요령(고시)[3]의 주요내용

동물복지축산농장 인증기준에 대해서는 전 축종 공통사항인 인증기준이 있으며, 축산·산란계·양돈·염소·육계·젖소·한육우·오리 총 8개로 나뉘어 인증 및 평가기준을 정하고 있다.

위 인증 및 평가기준을 살펴보면, 건강 관리, 급이(사료 및 급이기 기준), 급수(급수기 기준), 사육시설(폐쇄형 케이지 사용 여부, 각 축종별 필요한 구조물 등의 구비 여부), 사육밀도, 조명, 온도, 소음, 공기 오염도 등을 기준으로 하고 있다.

[참조] 각 축종별 동물복지축산농장 인증 기준인 최소 사육밀도

산란계 사육밀도 기준	• 바닥면적 m²당 성계 9마리 이하 • 다단구조물: 이용 가능 면적(다단구조물 포함) 1m² 당 9마리 이하, 바닥면적(다단구조물 제외) 1m² 당 17마리 이하		
	체중(kg)	최소 휴식공간 면적(m²)	최소 소요면적(m²)
양돈 사육밀도 기준	10 이하	0.1	0.15
	10~20 미만	0.13	0.2
	20~30 미만	0.2	0.3
	30~60 미만	0.36	0.55
	60 이상	0.66	1.0
육계 사육밀도 기준	• 육계·토종닭: m² 당 19수 이하 및 30kg/m² 이내 • 삼계: m² 당 35수 이하 및 30kg/m² 이내		

한우·육우 사육밀도 기준	사육단계	깔짚 제공면적(㎡)	총 면적(㎡)
	번식우	5	10
	비육우	3.5	7
	송아지	1.5	2.5

• 씨수소 우리는 운동 및 교미가 가능하도록 최소 25㎡ 이상이어야 하며, 최소 16㎡ 이상의 깔짚을 제공

젖소 사육밀도 기준	사육단계		깔집 제공면적(㎡)	두당 최소 소요 면적(㎡)
	경산우	착유우	8	16.5
		건유우	6.5	13.5
	미경산우		3	10.8
	육성우		3	6.4
	송아지		2	4.3

• 씨수소 우리는 운동 및 교미가 가능하도록 최소 25㎡ 이상이어야 하며, 최소 16㎡ 이상의 깔짚을 제공

염소 사육밀도 기준	종류	깔짚 제공면적(㎡)	두당 최소 소요면적(㎡)
	성축	1.5	2.5
	육성축	0.4	0.5
	자축/모축	2.0	3.0
	추가 자축	0.4	0.5

• 개방식 흙바닥 축사의 경우 슬랫바닥 축사에 비해 1.5배의 면적을 제공

오리 사육밀도 기준	• 산란오리: ㎡ 당 6.8kg 및 2마리 이하 • 육용오리: ㎡ 당 10.2kg 및 3마리 이하

4. 인증농장 및 동물복지축산물의 표시

동물복지축산농장 인증기준 및 인증 등에 관한 세부실시요령(고시)4에 따르면 동물복지축산농장 표시는 다음과 같다.

[참고] 동물복지축산농장 인증 마크

포장·용기 등에 표시하는 동물복지축산농장 표시의 예시

동물복지축산농장 표시사항		
동물복지 (ANIMAL WELFARE) 농림축산검역본부 ANIMAL WELFARE MAFRA KOREA Animal and Plant Quarantine Agency	생산자	홍길동
	인증번호	동물복지 – 10 – 01 – 1 – *
	품목(축종, 추가인증사항)	계란(산란계, 동물복지 자유방목)
	농장소재지	경기도 수원시
	무게 또는 개수	10개

[인증방법] 동물복지축산농장 인증 표시는 표시간판과 표시도형이 있으며, 인증을 받고자 하는 축산농가가 서류를 구비하여 농림축산검역본부에 인증신청을 하면 서류심사와 현장심사를 거쳐 인증기준에 적합한 경우 인증서를 교부하고 사후관리를 실시한다.

[표기법] 동물복지 축산농장 인증을 받은 농가는 형식에 맞추어 동물복지축산 농장 표시간판을 설치할 수 있으며, 실외 방목장 기준을 준수하는 농장은 동물 복지 자유방목 농장이라는 표시를 추가적으로 할 수 있다. 축산물의 포장·용기 등에 표시하려면 동물복지축산농장 표시도형과 동물복지축산농장 인증을 받은 분의 성명 또는 농장명, 인증번호, 축종, 농장소재지를 표시하여야 하고, 실외 방목장 기준을 준수하는 농장에서 유래한 축산물이 아닌 경우에는 동물복지 자 유방목 농장으로 표시하거나 방목, 방사 등 소비자가 동물복지 자유방목 농장 으로 오인·혼동할 우려가 있는 표시를 할 수 없다. 특히 인증받지 않은 농장에 서 유래된 축산물에 인증 표시를 할 경우 동물보호법 제46조 제2항에 따라 500만원 이하의 벌금에 처한다.

제6장　반려동물 영업

제69조　영업의 허가　　제70조　맹견취급영업의 특례

제71조　공설동물장묘시설의 특례

제72조　동물장묘시설의 설치 제한

제72조의2　장묘정보시스템의 구축, 운영 등

제73조　영업의 등록　　제74조　허가 또는 등록의 결격 사유

제75조　영업의 승계　　제76조　휴업·폐업 등의 신고

제77조　직권말소　　제78조　영업자 등의 준수사항

제79조　등록대상동물의 판매에 따른 등록신청

제80조　거래내역의 신고　　제81조　표준계약서의 제정 및 보급

제82조　교육

제83조 – 제85조　허가 또는 등록의 취소, 과징금 부과, 영업장 폐쇄 등

제86조　출입·검사 등　　제87조　고정형 영상정보처리기기의 설치 등

제88조　동물보호관

제89조　학대행위자에 대한 상담, 교육 등의 권고

제90조　명예동물보호관　　제91조　수수료

제92조　청문　　제93조　권한의 위임·위탁

제94조　실태조사 및 정보의 공개

제95조　동물보호정보의 수집 및 활용

제96조　위반사실의 공표

제69조 영업의 허가

① 반려동물(이하 이 장에서 "동물"이라 한다. 다만, 동물장묘업 및 제71조제1항에 따른 공설동물장묘시설의 경우에는 제2조제1호에 따른 동물로 한다)과 관련된 다음 각 호의 영업을 하려는 자는 농림축산식품부령으로 정하는 바에 따라 특별자치시장·특별자치도 지사·시장·군수·구청장의 허가를 받아야 한다.

    1. 동물생산업

    2. 동물수입업

    3. 동물판매업

    4. 동물장묘업

② 제1항 각 호에 따른 영업의 세부 범위는 농림축산식품부령으로 정한다.

③ 제1항에 따른 허가를 받으려는 자는 영업장의 시설 및 인력 등 농림축산식품부령으로 정하는 기준을 갖추어야 한다.

④ 제1항에 따라 영업의 허가를 받은 자가 허가받은 사항을 변경하려는 경우에는 변경 허가를 받아야 한다. 다만, 농림축산식품부령으로 정하는 경미한 사항을 변경하는 경우에는 특별자치시장·특별자치도지사·시장·군수·구청장에게 신고하여야 한다.

동물보호법 시행규칙

제37조(영업의 허가) ① 법 제69조제1항 각 호의 영업을 하려는 자는 별지 제19호서식의 영업허가신청서(전자문서로 된 신청서를 포함한다)에 다음 각 호의 서류를 첨부하여 관할 특별자치시장·특별자치도지사·시장·군수·구청장에게 제출해야 한다.

    1. 영업장의 시설 명세 및 배치도

    2. 인력 현황

    3. 사업계획서

    4. 별표 10의 시설 및 인력 기준을 갖추었음을 증명하는 서류

    5. 동물사체의 처리 후 잔재에 대한 처리계획서(동물화장시설, 동물건조장시설 또는 동물수분해장시설을 설치하는 경우만 해당한다)

② 제1항에 따른 신청서를 받은 특별자치시장·특별자치도지사·시장·군수·구청장은 「전자정부법」 제36조제1항에 따른 행정정보의 공동이용을 통하여 다음 각 호의 서류를 확인해야 한다. 다만, 신청인이 주민등록표 초본의 확인에 동의하지 않는 경우에는 해당 서류를 직접 제출하도록 해야 한다.

1. 주민등록표 초본(법인인 경우에는 법인 등기사항증명서를 말한다)
2. 건축물대장 및 토지이용계획정보

③ 특별자치시장·특별자치도지사·시장·군수·구청장은 제1항에 따른 신청인이 법 제 74조에 해당되는지를 확인할 수 없는 경우에는 그 신청인에게 제1항 및 제2항의 서류 외에 신원확인에 필요한 자료를 제출하게 할 수 있다.

④ 특별자치시장·특별자치도지사·시장·군수·구청장은 제1항에 따른 허가신청이 별표 10의 시설 및 인력 기준에 적합한 경우에는 신청인에게 별지 제20호서식의 허가증을 발급하고, 별지 제21호서식의 허가(변경허가, 변경신고) 관리대장을 각각 작성·관리해야 한다.

⑤ 제4항에 따라 허가를 받은 자가 허가증을 잃어버리거나 헐어 못 쓰게 되어 재발급을 받으려는 경우에는 별지 제22호서식의 허가증 재발급 신청서(전자문서로 된 신청서를 포함한다)에 기존 허가증을 첨부(등록증을 잃어버린 경우는 제외한다)하여 특별자치시장·특별자치도지사·시장·군수·구청장에게 제출해야 한다.

⑥ 제4항의 허가 관리대장은 전자적 처리가 불가능한 특별한 사유가 없으면 전자적 방법으로 작성·관리해야 한다.

제38조(허가영업의 세부 범위) 법 제69조제2항에 따른 허가영업의 세부 범위는 다음 각호의 구분에 따른다.

1. 동물생산업: 반려동물을 번식시켜 판매하는 영업
2. 동물수입업: 반려동물을 수입하여 판매하는 영업
3. 동물판매업: 반려동물을 구입하여 판매하거나, 판매를 알선 또는 중개하는 영업
4. 동물장묘업: 다음 각 목 중 어느 하나 이상의 시설을 설치·운영하는 영업
   가. 동물 전용의 장례식장: 동물 사체의 보관, 안치, 염습 등을 하거나 장례의식을 치르는 시설
   나. 동물화장시설: 동물의 사체 또는 유골을 불에 태우는 방법으로 처리하는 시설
   다. 동물건조장시설: 동물의 사체 또는 유골을 건조·멸균분쇄의 방법으로 처리하는 시설
   라. 동물수분해장시설: 동물의 사체를 화학용액을 사용해 녹이고 유골만 수습하는 방법으로 처리하는 시설
   마. 동물 전용의 봉안시설: 동물의 유골 등을 안치·보관하는 시설

제39조(허가영업의 시설 및 인력 기준) 법 제69조제3항에 따른 허가영업의 시설 및 인력 기준은 별표 10과 같다.

제40조(허가사항의 변경 등) ① 법 제69조제4항 본문에 따라 변경허가를 받으려는 자는 별지 제23호서식의 변경허가 신청서(전자문서로 된 신청서를 포함한다)에 다음 각 호의 서류를 첨부하여 특별자치시장·특별자치도지사·시장·군수·구청장에게 제출해야 한다.

    1. 허가증

    2. 제37조제1항 각 호에 대한 변경사항(제2항 각 호의 사항은 제외한다)

② 법 제69조제4항 단서에서 "농림축산식품부령으로 정하는 경미한 사항"이란 다음 각 호의 사항을 말한다.

    1. 영업장의 명칭 또는 상호

    2. 영업장 전화번호

    3. 오기, 누락 또는 그 밖에 이에 준하는 사유로서 그 변경 사유가 분명한 사항

③ 법 제69조제4항 단서에 따라 경미한 변경사항을 신고하려는 자는 별지 제29호서식의 변경신고서(전자문서로 된 신고서를 포함한다)에 허가증을 첨부하여 특별자치시장·특별자치도지사·시장·군수·구청장에게 제출해야 한다.

④ 제1항에 따른 변경허가신청서 및 제3항에 따른 변경신고서를 받은 특별자치시장·특별자치도지사·시장·군수·구청장은 「전자정부법」 제36조제1항에 따른 행정정보의 공동이용을 통하여 다음 각 호의 서류를 확인해야 한다. 다만, 신고인이 주민등록표 초본의 확인에 동의하지 않는 경우에는 해당 서류를 직접 제출하도록 해야 한다.

    1. 주민등록표 초본(법인인 경우에는 법인 등기사항증명서를 말한다)

    2. 건축물대장 및 토지이용계획정보

1. 반려동물 영업의 종류

우리 동물보호법은 반려의 목적으로 기르는 동물과 관련된 영업으로 동물 생산업, 동물수입업, 동물판매업, 동물장묘업, 동물전시업, 동물위탁관리업, 동물미용업, 동물운송업을 규정하고 있고, 그러한 영업시설과 인력에 대한 기준을 규정하고 있다.

동물과 관련된 영업이 날로 증가하는 추세에서 그에 대한 시설과 인력의

최소한의 기준을 규정하여 동물이 학대받지 않고 오염되거나 감염되지 않는 쾌적한 환경을 만들고자 하는 것이 그 입법목적이라 할 것이다.

2. 입법 취지 및 연혁

동물판매업과 동물장묘업의 등록에 대해서는 제4차 개정법률(2007. 1. 26. 개정, 2008. 1. 27. 시행)부터 규정하였고 이에 대해 영업으로 규정한 것은 제7차 개정법률(2011. 8. 4. 개정, 2012. 2. 5. 시행)이며, 그 영업의 종류로 동물장묘업과 동물판매업, 동물수입업, 동물생산업을 규정하였다. 또한 가정에서 반려의 목적으로 기르는 동물이라는 특정은 제12차 개정법률(2013. 8. 13. 개정, 2014. 2. 14. 시행)부터 이루어졌고, 제16차 개정법률(2017. 3. 21. 개정, 2018. 3. 22.시행)에서 동물전시업, 동물위탁관리업, 동물미용업, 동물운송업이 추가로 규정되었다.

개정 동물보호법 제6장은 모든 동물이 아닌 "반려동물"에 대해서만 적용되는데 이때 반려동물이란 "반려의 목적으로 기르는 개·고양이 등 농림축산식품부령으로 정하는 동물을 말하며, 구체적으로는 개, 고양이, 토끼, 페럿, 기니피그 및 햄스터"를 말한다(시행규칙 제3조).

개정 전 동물보호법은 동물생산업, 동물수입업, 동물판매업, 동물장묘업, 동물전시업, 동물위탁관리업, 동물미용업, 동물운송업을 반려동물 영업의 종류로 정하고 동물생산업은 허가제(법률 제16977호 동물보호법 제34조)로, 나머지 영업은 등록제(법률 제16977호 동물보호법 제33조)로 운영하고 있었으나, 개정 후 동물보호법에서는 동물생산업 이외에 동물수입업, 동물판매업, 동물장묘업도 허가영업으로 하도록 정비하고 나머지 동물전시업, 동물위탁관리업, 동물미용업, 동물운송업은 등록제 영업으로 하도록 하였다.

기존에는 동물생산업에 대해 좀 더 집중해 규제하려고 하였으나, 사실상 동물생산업과 동물판매업, 동물수입업은 긴밀히 연결되어 동물생산 산업의 한 축을 담당하고 있고 위 영업에서 동물복지가 중요한 과제임을 고려할 때 동물의 번식(생산)과 판매(경매) 등까지 범위를 넓혀 허가제로 전환하였다는 점에서 앞으로 동물의 번식, 수입 및 판매 영업 전반에 보다 실질적인 관리가 가능하다는 의의가 있다.

3. 조문 해설

허가영업인 동물생산업, 동물수입업, 동물판매업, 동물장묘업의 세부 범위에 대해서는 시행규칙 제38조에서 정하고 있다. 동물생산업이란 반려동물을 번식하여 판매하는 영업을 말하며, 동물수입업은 반려동물을 수입하여 판매하는 영업이다.

동물판매업은 반려동물을 구입하여 판매하거나, 판매를 알선 또는 중개하는 영업을 말한다. 이때 판매, 알선 또는 중개의 상대에는 소비자에 한정하지 않고 다른 동물판매업자 등 영업자도 이에 포함된다고 볼 것이다.[1]

동물장묘업은 동물 사체의 보관, 안치, 염습 등을 하거나 장례의식을 치르는 시설인 동물 전용의 장례식장, 동물의 사체 또는 유골을 불에 태우는 방법으로 처리하는 동물화장 시설, 동물의 사체 또는 유골을 건조, 멸균분쇄의 방법으로 처리하는 동물건조장 시설, 동물의 사체를 화학용액을 사용해 녹이고 유골만 수습하는 방법으로 처리하는 동물수분해장시설, 동물의 유골 등을 안치 보관하는 동물 전용의 봉안시설을 설치·운영하는 영업을 뜻한다.

반려동물 관련 허가영업별 시설 및 인력기준의 세부적인 사항에 대해서는

---

1 대법원 2016. 11. 24. 선고, 2015도18765호 동물보호법위반 사건에서는 당시 동물보호법 시행규칙 제36조 제2호(동물판매업: 소비자에게 제35조 제1항에 따른 동물을 판매하거나 알선하는 영업)에 규정한 '소비자'의 의미 및 동물판매업자 등 반려동물을 구매하여 다른 사람에게 판매하는 영업을 하는 자가 이에 포함되는지 여부가 다루어졌다. 대법원은 '소비자'란 일반적으로 '재화를 소비하는 사람'을 의미하는 것으로 파악되며, 당시 시행규칙이 동물판매업의 판매·알선 상대방을 '소비자'로, 동물수입업과 동물생산업의 판매 상대방을 '영업자'로 분명히 구분하여 규정하고 있는 점에 비추어 판매·알선의 상대방인 소비자의 범위를 다른 동물판매업자 등 영업자도 이에 포함된다고 본다면 동물판매업의 판매·알선 상대방의 범위에 아무런 제한이 없다고 보는 셈이 되고 결국 시행규칙 제36조 제2호가 판매·알선 상대방을 '소비자'로 규정한 것이 불필요한 문언이 되는 것이므로, 결국 '소비자'는 반려동물을 구매하여 가정에서 반려 목적으로 기르는 사람을 의미하는 것으로만 해석해야 한다고 판시하였다. 그러나 현행법 시행규칙 제36조에서는 동물판매업과 동물수입업, 동물생산업의 상대에 대해 구분하거나 특정하고 있지 않아 위와 같은 판례의 해석은 과거 시행규칙에 해당하는 것으로, 현행 동물보호법 시행규칙의 해석상 동물판매, 동물수입, 동물생산의 영업 상대에는 동물판매업자 등 다른 영업자도 포함된다고 볼 수 있다. 한편, 농림축산식품부의 2014. 4. 28.자 유권해석은 「동물보호법」 제32조 제1항에 따른 동물생산업자와 동물판매업자 사이에서 반려동물의 매매를 중개하는 영업도 같은 법 제32조제1항 제2호 및 같은 법 시행규칙 제36조제2호에 따른 동물판매업에 포함된다"고 보고 있다.

동물보호법 시행규칙 [별표10]에서 규정하고 있고 그 내용은 다음 표와 같다.

■ 동물보호법 시행규칙 [별표 10]

허가영업의 시설 및 인력 기준(제39조 관련)

1. 공통 기준

　가. 영업장은 독립된 건물이거나 다른 용도로 사용되는 시설과 같은 건물에 있을 경우에는 해당 시설과 분리(벽이나 층 등으로 나누어진 경우를 말한다. 이하 같다)되어야 한다. 다만, 다음의 경우에는 분리하지 않을 수 있다.

　　1) 영업장(동물장묘업은 제외한다)과 「수의사법」에 따른 동물병원(이하 "동물병원"이라 한다)의 시설이 함께 있는 경우

　　2) 영업장과 금붕어, 앵무새, 이구아나 및 거북이 등을 판매하는 시설이 함께 있는 경우

　　3) 제2호가목1)바)에 따라 개 또는 고양이를 소규모로 생산하는 경우

　나. 영업시설은 동물의 습성 및 특징에 따라 채광 및 환기가 잘 되어야 하고, 동물을 위생적으로 건강하게 관리할 수 있도록 온도와 습도 조절이 가능해야 한다.

　다. 청결 유지와 위생 관리에 필요한 급수시설 및 배수시설을 갖춰야 하고, 바닥은 청소와 소독을 쉽게 할 수 있고 동물들이 다칠 우려가 없는 재질이어야 한다.

　라. 설치류나 해충 등의 출입을 막을 수 있는 설비를 해야 하고, 소독약과 소독장비를 갖추고 정기적으로 청소 및 소독을 실시해야 한다.

　마. 영업장에는 「소방시설 설치 및 관리에 관한 법률」 제12조에 따라 소방시설을 화재안전기준에 적합하게 설치 또는 유지·관리해야 한다.

2. 개별 기준

　가. 동물생산업

　　1) 일반기준

　　　가) 사육실, 분만실 및 격리실을 분리 또는 구획(칸막이나 커튼 등으로 나누어진 경우를 말한다. 이하 같다)하여 설치해야 하며, 동물을 직접 판매하는 경우에는 판매실을 별도로 설치해야 한다. 다만, 바)에 해당하는 경우는 제외한다.

　　　나) 사육실, 분만실 및 격리실에 사료와 물을 주기 위한 설비를 갖춰야 한다.

　　　다) 사육설비의 바닥은 동물의 배설물 청소와 소독이 쉬워야 하고, 사육설비의 재질은 청소, 소독 및 건조가 쉽고 부식성이 없어야 한다.

라) 사육설비는 동물이 쉽게 부술 수 없어야 하고 동물에게 상해를 입히지 않는 것이어야 한다.

마) 번식이 가능한 12개월 이상이 된 개 또는 고양이 50마리당 1명 이상의 사육·관리 인력을 확보해야 한다.

바) 「건축법」 제2조제2항제1호에 따른 단독주택(「건축법 시행령」 별표 1 제1호나목·다목의 다중주택·다가구주택은 제외한다)에서 다음의 요건에 따라 개 또는 고양이를 소규모로 생산하는 경우에는 동물의 소음을 최소화하기 위한 소음방지설비 등을 갖춰야 한다.

    (1) 체중 5킬로그램 미만: 20마리 이하

    (2) 체중 5킬로그램 이상 15킬로그램 미만: 10마리 이하

    (3) 체중 15킬로그램 이상: 5마리 이하

2) 사육실

가) 사육실이 외부에 노출된 경우 직사광선, 비바람, 추위 및 더위를 피할 수 있는 시설이 설치되어야 한다.

나) 사육설비의 크기는 다음의 기준에 적합해야 한다.

    (1) 사육설비의 가로 및 세로는 각각 사육하는 동물의 몸길이의 2.5배 및 2배(동물의 몸길이가 80센티미터를 초과하는 경우에는 각각 2배) 이상일 것

    (2) 사육설비의 높이는 사육하는 동물이 뒷발로 일어섰을 때 머리가 닿지 않는 높이 이상일 것

다) 개의 경우에는 운동공간을 설치하고, 고양이의 경우에는 배변시설, 선반 및 은신처를 설치하는 등 동물의 특성에 맞는 생태적 환경을 조성해야 한다.

라) 사육설비는 사육하는 동물의 배설물 청소와 소독이 쉬운 재질이어야 한다.

마) 사육설비는 위로 쌓지 않아야 한다.

바) 사육설비의 바닥은 망으로 하지 않아야 한다.

3) 분만실

가) 새끼를 배거나 새끼에게 젖을 먹이는 동물을 안전하게 보호할 수 있도록 별도로 구획되어야 한다.

나) 분만실의 바닥과 벽면은 물 청소와 소독이 쉬워야 하고, 부식되지 않는 재질이어야 한다.

다) 분만실의 바닥에는 망을 사용하지 않아야 한다.

라) 직사광선, 비바람, 추위 및 더위를 피할 수 있어야 하며, 동물의 체온을 적정하게 유지할 수 있는 설비를 갖춰야 한다.

4) 격리실

가) 전염성 질병이 다른 동물에게 전염되지 않도록 별도로 분리되어야 한다. 다만, 토끼, 페럿, 기니피그 및 햄스터의 경우 개별 사육시설의 바닥, 천장 및 모든 벽(환기구는 제외한다)이 유리, 플라스틱 또는 그 밖에 이에 준하는 재질로 만들어진 경우는 해당 개별 사육시설이 격리실에 해당하고 분리된 것으로 본다.

나) 격리실의 바닥과 벽면은 물 청소와 소독이 쉬워야 하고, 부식되지 않는 재질이어야 한다.

다) 격리실에 보호 중인 동물에 대해 외부에서 상태를 수시로 관찰할 수 있는 구조를 갖춰야 한다. 다만, 동물의 생태적 특성을 고려하여 특별한 사정이 있는 경우는 제외한다.

나. 동물수입업

1) 사육실과 격리실을 구분하여 설치해야 한다.

2) 사료와 물을 주기 위한 설비를 갖추고, 동물의 생태적 특성에 따라 채광 및 환기가 잘 되어야 한다.

3) 사육설비의 바닥은 지면과 닿아 있어야 하고, 동물의 배설물 청소와 소독이 쉬운 재질이어야 한다.

4) 사육설비는 직사광선, 비바람, 추위 및 더위를 피할 수 있도록 설치되어야 한다.

5) 개 또는 고양이의 경우 50마리당 1명 이상의 사육·관리 인력을 확보해야 한다.

6) 격리실은 가목4)의 격리실에 관한 기준에 적합하게 설치해야 한다.

다. 동물판매업

1) 일반 동물판매업의 기준

가) 사육실과 격리실을 분리하여 설치해야 하며, 사육설비는 다음의 기준에 따라 동물들이 자유롭게 움직일 수 있는 충분한 크기여야 한다.

(1) 사육설비의 가로 및 세로는 각각 사육하는 동물의 몸길이의 2배 및 1.5배 이상일 것

(2) 사육설비의 높이는 사육하는 동물이 뒷발로 일어섰을 때 머리가 닿지 않는 높이 이상일 것

나) 사육설비는 직사광선, 비바람, 추위 및 더위를 피할 수 있도록 설치되어야

하고, 사육설비를 2단 이상 쌓은 경우에는 충격으로 무너지지 않도록 설치해야 한다.

다) 사료와 물을 주기 위한 설비와 동물의 체온을 적정하게 유지할 수 있는 설비를 갖춰야 한다.

라) 토끼, 페럿, 기니피그 및 햄스터만을 판매하는 경우에는 급수시설 및 배수시설을 갖추지 않더라도 같은 건물에 있는 급수시설 또는 배수시설을 이용하여 청결 유지와 위생 관리가 가능한 경우에는 필요한 급수시설 및 배수시설을 갖춘 것으로 본다.

마) 개 또는 고양이의 경우 50마리당 1명 이상의 사육·관리 인력을 확보해야 한다.

바) 격리실은 가목4)의 격리실에 관한 기준에 적합하게 설치해야 한다.

2) 경매방식을 통한 거래를 알선·중개하는 동물판매업의 경매장 기준

가) 접수실, 준비실, 경매실 및 격리실을 각각 구분(선이나 줄 등으로 나누어진 경우를 말한다. 이하 같다)하여 설치해야 한다.

나) 3명 이상의 운영인력을 확보해야 한다.

다) 전염성 질병이 유입되는 것을 예방하기 위해 소독발판 등의 소독장비를 갖춰야 한다.

라) 접수실에는 경매되는 동물의 건강상태를 검진할 수 있는 검사장비를 구비해야 한다.

마) 준비실에는 경매되는 동물을 해당 동물의 출하자별로 분리하여 넣을 수 있는 설비를 준비해야 한다. 이 경우 해당 설비는 동물이 쉽게 부술 수 없어야 하고 동물에게 상해를 입히지 않는 것이어야 한다.

바) 경매실에 경매되는 동물이 들어 있는 설비를 2단 이상 쌓은 경우 충격으로 무너지지 않도록 설치해야 한다.

사) 영 별표 3에 따라 고정형 영상정보처리기기를 설치·관리해야 한다.

3) 「전자상거래 등에서의 소비자보호에 관한 법률」 제2조제1호에 따른 전자상거래(이하 "전자상거래"라 한다) 방식만으로 반려동물의 판매를 알선 또는 중개하는 동물판매업의 경우에는 제1호의 공통 기준과 1)의 일반 동물판매업의 기준을 갖추지 않을 수 있다.

라. 동물장묘업

1) 동물 전용의 장례식장은 장례 준비실과 분향실을 갖춰야 한다.

2) 동물화장시설, 동물건조장시설 및 동물수분해장시설

   가) 동물화장시설의 화장로는 동물의 사체 또는 유골을 완전히 연소할 수 있는 구조로 영업장 내에 설치하고, 영업장 내의 다른 시설과 분리되거나 별도로 구획되어야 한다.

   나) 동물건조장시설의 건조·멸균분쇄시설은 동물의 사체 또는 유골을 완전히 건조하거나 멸균분쇄할 수 있는 구조로 영업장 내에 설치하고, 영업장 내의 다른 시설과 분리되거나 별도로 구획되어야 한다.

   다) 동물수분해장시설의 수분해시설은 동물의 사체 또는 유골을 완전히 수분해할 수 있는 구조로 영업장 내에 설치하고, 영업장 내의 다른 시설과 분리되거나 별도로 구획되어야 한다.

   라) 동물화장시설, 동물건조장시설 및 동물수분해장시설에는 연소, 건조·멸균분쇄 및 수분해 과정에서 발생하는 소음, 매연, 분진, 폐수 또는 악취를 방지하는 데에 필요한 시설을 설치해야 한다.

   마) 영 별표 3에 따라 고정형 영상정보처리기기를 설치·관리해야 한다.

3) 냉동시설 등 동물의 사체를 위생적으로 보관할 수 있는 설비를 갖춰야 한다.

4) 동물 전용의 봉안시설은 유골을 안전하게 보관할 수 있어야 하고, 유골을 개별적으로 확인할 수 있도록 표지판이 붙어 있어야 한다.

5) 1)부터 4)까지에서 규정한 사항 외에 동물장묘업 시설기준에 관한 세부 사항은 농림축산식품부장관이 정하여 고시한다.

6) 특별자치시장·특별자치도지사·시장·군수·구청장은 필요한 경우 1)부터 5)까지에서 규정한 사항 외에 해당 지역의 특성을 고려하여 화장로의 개수(個數) 등 동물장묘업의 시설기준을 정할 수 있다.

제70조 맹견취급영업의 특례

① 제2조제5호가목에 따른 맹견을 생산·수입 또는 판매(이하 "취급"이라 한다)하는 영업을 하려는 자는 제69조제1항에 따른 동물생산업, 동물수입업 또는 동물판매업의 허가 외에 대통령령으로 정하는 바에 따라 맹견 취급에 대하여 시·도지사의 허가(이하 "맹견취급허가"라 한다)를 받아야 한다. 허가받은 사항을 변경하려는 때에도 또한 같다.
② 맹견취급허가를 받으려는 자의 결격사유에 대하여는 제19조를 준용한다.
③ 맹견취급허가를 받은 자는 다음 각 호의 어느 하나에 해당하는 경우 농림축산식품부령으로 정하는 바에 따라 시·도지사에게 신고하여야 한다.

 1. 맹견을 번식시킨 경우
 2. 맹견을 수입한 경우
 3. 맹견을 양도하거나 양수한 경우
 4. 보유하고 있는 맹견이 죽은 경우

④ 맹견 취급을 위한 동물생산업, 동물수입업 또는 동물판매업의 시설 및 인력 기준은 제69조제3항에 따른 기준 외에 별도로 농림축산식품부령으로 정한다.

1. 입법취지

개정 동물보호법은 맹견에 대한 사육허가제, 기질평가제 등을 신설하면서 그에 더하여 사육 제한 맹견을 생산, 수입 또는 판매하는 자에 대해서는 동물생산업, 동물수입업 또는 동물판매업의 허가 외에도 맹견 취급에 대한 허가를 별도로 득하여야 하는 내용의 특례 허가를 신설하였다.

맹견을 사육할 수 없는 사육허가 결격사유(동물보호법 제19조 각 호)가 있는 자는 맹견취급허가에 있어서도 결격사유가 있는 것으로 보고 맹견취급허가를 받을 수 없으며, 맹견취급허가를 받은 이후에는 맹견을 번식시키거나, 수입하거나 양수도하거나 죽은 경우에 신고하여야 한다.

개정 동물보호법은 맹견취급을 위한 시설 및 인력기준을 별도로 정하도록 하고 있으나, 구체적인 시설 및 인력기준에 대해서는 아직 마련되지 않은 상태이다.

제71조 공설동물장묘시설의 특례

① 지방자치단체의 장은 동물을 위한 장묘시설(이하 "공설동물장묘시설"이라 한다)을 설치·운영할 수 있다. 이 경우 시설 및 인력 등 농림축산식품부령으로 정하는 기준을 갖추어야 한다.

② 농림축산식품부장관은 제1항에 따라 공설동물장묘시설을 설치·운영하는 지방자치단체에 대해서는 예산의 범위에서 시설의 설치에 필요한 경비를 지원할 수 있다.

③ 지방자치단체의 장이 공설동물장묘시설을 사용하는 자에게 부과하는 사용료 또는 관리비의 금액과 부과방법 및 용도, 그 밖에 필요한 사항은 해당 지방자치단체의 조례로 정한다.

제72조 동물장묘시설의 설치 제한

다음 각 호의 어느 하나에 해당하는 지역에는 제69조제1항제4호의 동물장묘업을 영위하기 위한 동물장묘시설 및 공설동물장묘시설을 설치할 수 없다.

1. 「장사 등에 관한 법률」 제17조에 해당하는 지역
2. 20호 이상의 인가밀집지역, 학교, 그 밖에 공중이 수시로 집합하는 시설 또는 장소로부터 300미터 이내. 다만, 해당 지역의 위치 또는 지형 등의 상황을 고려하여 해당 시설의 기능이나 이용 등에 지장이 없는 경우로서 특별자치시장·특별자치도지사·시장·군수·구청장이 인정하는 경우에는 적용을 제외한다.

1. 입법취지 및 연혁

본 조는 동물장묘시설을 지방자치단체가 설치·운영할 수 있고, 국가에서 필요 경비를 지원할 수 있는 근거 규정을 마련하였다는 점에 의의가 있다.

반려동물의 수가 증대하고 반려동물에 대한 관심이 높아지면서 동물장묘시설에 대한 공적 차원의 관리를 위해 위 규정을 신설한 것으로 보인다. 제15차 개정법률(2018. 12. 24. 개정, 2019. 3. 25. 시행)에서 공설 동물장묘시설에 대한 설치와 운영 및 경비 지원 근거, 사용료 또는 관리비에 대한 규정이 신설된 바 있었다.

이에 더하여 이번 개정 동물보호법 제72조에서는 동물장묘시설의 설치 제한 규정을 마련함으로써 동물장묘업을 영위하기 위한 시설은 묘지 등의 설치가 제한된 장소(장사 등에 관한 법률 제17조) 및 20호 이상의 인가밀집지역이나 학교, 그 밖에 공중이 수시로 집합하는 시설 또는 장소로부터 300미터 이내에는 설치할 수 없도록 하였다.

2. 조문 해설

공설 동물장묘시설에 대한 규정이 만들어지기 전에는 동물장묘시설은 사

설로만 인식되었으나, 위 규정이 신설되어 지방자치단체에 공설 동물장묘시설을 설치를 직접적으로 촉구할 수 있게 되었다.

다만 공설 동물장묘시설을 설치 및 운영하는 것은 지방자치단체장의 재량사항이나 위와 같이 법적 근거가 마련된 만큼 공설 동물장묘시설에 대한 사회적 논의가 증대될 것으로 보인다.

또한 개정 전 동물보호법에서 공설 동물장묘시설은 반려의 목적으로 기르는 동물을 위한 장묘시설로 그 대상이 한정되어 있었으나, 개정 동물보호법 제69조에서 제6장 반려동물 영업에서 언급하는 '동물'은 반려동물로 제한하여 정하면서도 동물장묘업 및 제71조 제1항에 따른 공설동물장묘시설의 경우 반려동물로 제한하지 않고 동물보호법 제2조 제1호의 동물로 정함으로써 기존의 반려동물에 제한하여 운영할 수 있는 공설 동물장묘시설이라는 한계를 극복하였다.

3. 입법과제

공설 동물장묘시설의 사용료, 관리비에 대해 조례로 정해 지방자치단체의 재량에 맡기고 있으나 그 시설의 설치에 필요한 경비를 국가가 지원할 수 있는 만큼 위 사용료 및 관리비도 국가가 지원할 수 있는 것으로 규정하는 것이 공설 동물장묘시설의 재정건전화를 도모하는 방안이 될 것으로 보인다.

제72조의2 장묘정보시스템의 구축, 운영 등

① 농림축산식품부장관은 동물장묘 등에 관한 정보의 제공과 동물장묘시설 이용·관리의 업무 등을 전자적으로 처리할 수 있는 정보시스템(이하 "장묘정보시스템"이라 한다)을 구축·운영할 수 있다.
② 장묘정보시스템의 기능에는 다음 각 호의 사항이 포함되어야 한다.
  1. 동물장묘시설의 현황 및 가격 정보 제공
  2. 동물장묘절차 등에 관한 정보 제공
  3. 그 밖에 농림축산식품부장관이 필요하다고 인정하는 사항
③ 장묘정보시스템의 구축·운영 등에 필요한 사항은 농림축산식품부장관이 정한다.
[본조신설 2023. 6. 20.]

1. 입법취지

농림축산식품부장관은 동물장묘 등에 관한 정보의 제공과 동물장묘시설의 이용·관리 업무 등을 전자적으로 처리할 수 있는 장묘정보시스템을 구축·운영할 수 있게 되었다.

제73조 영업의 등록

① 동물과 관련된 다음 각 호의 영업을 하려는 자는 농림축산식품부령으로 정하는 바에 따라 특별자치시장·특별자치도지사·시장·군수·구청장에게 등록하여야 한다.

    1. 동물전시업

    2. 동물위탁관리업

    3. 동물미용업

    4. 동물운송업

② 제1항 각 호에 따른 영업의 세부 범위는 농림축산식품부령으로 정한다.

③ 제1항에 따른 영업의 등록을 신청하려는 자는 영업장의 시설 및 인력 등 농림축산식품부령으로 정하는 기준을 갖추어야 한다.

④ 제1항에 따라 영업을 등록한 자가 등록사항을 변경하는 경우에는 변경등록을 하여야 한다. 다만, 농림축산식품부령으로 정하는 경미한 사항을 변경하는 경우에는 특별자치시장·특별자치도지사·시장·군수·구청장에게 신고하여야 한다.

동물보호법 시행규칙

제43조(등록영업의 세부 범위) 법 제73조제2항에 따른 등록영업의 세부 범위는 다음 각 호의 구분에 따른다.

    1. 동물전시업: 반려동물을 보여주거나 접촉하게 할 목적으로 영업자 소유의 동물을 5마리 이상 전시하는 영업. 다만, 「동물원 및 수족관의 관리에 관한 법률」 제2조제1호에 따른 동물원은 제외한다.

    2. 동물위탁관리업: 반려동물 소유자의 위탁을 받아 반려동물을 영업장 내에서 일시적으로 사육, 훈련 또는 보호하는 영업

    3. 동물미용업: 반려동물의 털, 피부 또는 발톱 등을 손질하거나 위생적으로 관리하는 영업

    4. 동물운송업: 「자동차관리법」 제2조제1호의 자동차를 이용하여 반려동물을 운송하는 영업

제44조(등록영업의 시설 및 인력 기준) 법 제73조제3항에 따른 동록영업의 시설 및 인력 기준은 별표 11과 같다.

1. 입법취지 및 연혁

동물전시업, 동물위탁관리업, 동물미용업, 동물운송업에 따른 영업은 등록제로 규정하여 일정한 형식적 요건을 갖춘다면 등록증을 발급하여 영업을 할 수 있게 하여 허가제와 비교하여 엄격한 요건을 요하지 않고 있다.

2011. 8. 4. 개정법률(2012. 2. 5. 시행)에서부터 영업의 종류 및 시설기준을 규정하면서 영업의 등록에 대해서도 함께 규정하였다. 2019. 8. 27. 개정법률 (2019. 8. 27. 시행)에서는 제3항을 신설하여 위 영업의 등록에 대해 그 내용의 적합성을 검토할 의무를 부과하였다. 개정 동물보호법은 개정 전 동물보호법에 비하여 등록 대상 업종을 대폭 축소함으로써 동물보호법 상의 동물보호의 취지 및 동물의 생산 및 판매에 대한 규제를 더욱 강화하고 있다.

2. 조문 해설

기존에는 동물장묘업, 동물판매업, 동물수입업, 동물전시업, 동물위탁관리업, 동물미용업, 동물운송업에 따른 영업은 등록제로 규정하여 일정한 형식적 요건을 갖춘다면 등록증을 발급하여 영업을 할 수 있게 하여 허가제와 비교하여 엄격한 요건을 요하지 않는 것으로 보았으나, 2019. 8. 27. 개정법률(2019. 8. 27. 시행)에서 제3항을 신설하여 위 영업의 등록 변경에 대해 그 내용을 검토할 의무를 부과하여 형식적 요건을 넘어서 내용의 적합성도 갖출 것을 요구하고 있었다. 그러나 이번 전부 개정 동물보호법에서는 등록 대상 영업을 축소하고, 영업의 등록 변경시에 내용을 검토할 의무를 폐지하였다.

이는 종래에 내용 검토 의무를 부과하여서라도 보다 실질적인 의미의 등록 심사를 하여야 했던 일부 영업들을 허가제로 정하고, 등록제 영업에 대해서는 등록제의 취지에 맞게 일정한 형식적 요건을 갖춘다면 등록증을 발급하여 영업을 할 수 있게 하고자 하는 것으로 보인다.

반려동물 관련 등록영업별 시설 및 인력기준의 세부적인 사항에 대해서는 동물보호법 시행규칙 [별표11]에서 규정하고 있고 그 내용은 다음과 같다.

■ **동물보호 시행규칙** [별표 11]

등록영업의 시설 및 인력 기준(제44조 관련)

1. 공통 기준

　가. 영업장은 독립된 건물이거나 다른 용도로 사용되는 시설과 같은 건물에 있을 경우에는 해당 시설과 분리(벽이나 층 등으로 나누어진 경우를 말한다. 이하 같다)되어야 한다. 다만, 다음의 경우에는 분리하지 않을 수 있다.

　　1) 영업장과 동물병원의 시설이 함께 있는 경우

　　2) 영업장과 금붕어, 앵무새, 이구아나 및 거북이 등을 판매하는 시설이 함께 있는 경우

　나. 영업시설은 동물의 습성 및 특징에 따라 채광 및 환기가 잘 되어야 하고, 동물을 위생적으로 건강하게 관리할 수 있도록 온도와 습도 조절이 가능해야 한다.

　다. 청결 유지와 위생 관리에 필요한 급수시설 및 배수시설을 갖춰야 하고, 바닥은 청소와 소독을 쉽게 할 수 있고 동물들이 다칠 우려가 없는 재질이어야 한다.

　라. 설치류나 해충 등의 출입을 막을 수 있는 설비를 해야 하고, 소독약과 소독장비를 갖추고 정기적으로 청소 및 소독을 실시해야 한다.

　마. 영업장에는 「소방시설 설치 및 관리에 관한 법률」 제12조에 따라 소방시설을 화재안전기준에 적합하게 설치 또는 유지·관리해야 한다.

2. 개별 기준

　가. 동물전시업

　　1) 전시실과 휴식실을 각각 구분하여 설치해야 한다.

　　2) 전염 질병의 유입을 예방하기 위해 출입구에 손 소독제 등 소독장비를 갖춰야 한다.

　　3) 전시되는 동물이 영업장 밖으로 나가지 않도록 출입구에 이중문과 잠금장치를 설치해야 한다.

　　4) 개의 경우에는 운동공간을 설치하고, 고양이의 경우에는 배변시설, 선반 및 은신처를 설치하는 등 전시되는 동물의 생리적 특성을 고려한 시설을 갖춰야 한다.

　　5) 개 또는 고양이의 경우 20마리당 1명 이상의 관리 인력을 확보해야 한다.

　나. 동물위탁관리업

　　1) 동물의 위탁관리실과 고객응대실은 분리, 구획 또는 구분되어야 한다. 다만, 동물판매업, 동물전시업 또는 동물병원을 같이 하는 경우에는 고객응대실을 공동으로 이용할 수 있다.

2) 위탁관리하는 동물을 위한 개별 휴식실이 있어야 하며 사료와 물을 주기 위한 설비를 갖춰야 한다.

3) 위탁관리하는 동물이 영업장 밖으로 나가지 않도록 출입구에 이중문과 잠금장치를 설치해야 한다.

4) 동물병원을 같이 하는 경우 동물의 위탁관리실과 동물병원의 입원실은 분리 또는 구획되어야 한다.

5) 개 또는 고양이 20마리당 1명 이상의 관리인력을 확보해야 한다.

6) 영 별표 3에 따라 고정형 영상정보처리기기를 설치·관리할 것

다. 동물미용업

1) 고정된 장소에서 동물미용업을 하는 경우에는 다음의 시설기준을 갖춰야 한다.

가) 미용작업실, 동물대기실 및 고객응대실은 분리 또는 구획되어 있을 것. 다만, 동물판매업, 동물전시업, 동물위탁관리업 또는 동물병원을 같이 하는 경우에는 동물대기실과 고객응대실을 공동으로 이용할 수 있다.

나) 미용작업실에는 미용을 위한 미용작업대와 충분한 작업 공간을 확보하고, 미용작업대에는 동물이 떨어지는 것을 방지하기 위한 고정장치를 갖출 것

다) 미용작업실에는 소독기 및 자외선살균기 등 미용기구를 소독하는 장비를 갖출 것

라) 미용작업실에는 동물의 목욕에 필요한 충분한 크기의 욕조, 급·배수시설, 냉·온수설비 및 건조기를 갖출 것

마) 영 별표 3에 따라 고정형 영상정보처리기기를 설치·관리할 것

2) 자동차를 이용하여 동물미용업을 하는 경우에는 다음의 시설기준을 갖춰야 한다.

가) 동물미용업에 이용하는 자동차는 다음의 어느 하나에 해당하는 자동차로 할 것. 이 경우 동물미용업에 이용하는 자동차는 동물미용업의 영업장으로 본다.

(1) 「자동차관리법 시행규칙」 별표 1에 따른 승합자동차(특수형으로 한정한다) 또는 특수자동차(특수용도형으로 한정한다)

(2) 「자동차관리법」 제34조에 따라 동물미용업 용도로 튜닝한 자동차

나) 영업장은 오·폐수가 외부로 유출되지 않는 구조여야 하고, 영업장에는 다음의 설비를 갖출 것

(1) 물을 저장·공급할 수 있는 급수탱크와 배출밸브가 있는 오수탱크를 각각 100리터 이상의 크기로 설치하되, 각 탱크 표면에 용적을 표기할 것

(2) 조명 및 환기장치를 설치할 것. 다만, 창문 또는 지붕창(선루프) 등 자동차의 환기장치를 이용하여 환기가 가능한 경우에는 별도의 환기장치를 설치하지 않을 수 있다.

(3) 전기를 이용하는 경우에는 전기개폐기를 설치할 것

(4) 자동차 내부에 누전차단기와 「자동차 및 자동차부품의 성능과 기준에 관한 규칙」 제57조에 따라 소화설비를 갖출 것

(5) 자동차에 부품·장치 또는 보호장구를 장착 또는 사용하려는 경우에는 「자동차관리법」 제29조제2항에 따라 안전운행에 필요한 성능과 기준에 적합하도록 할 것

다) 미용작업실을 두되, 미용작업실에는 미용을 위한 미용작업대와 충분한 작업 공간을 확보할 것

라) 미용작업대에는 동물이 떨어지는 것을 방지하기 위한 고정장치를 갖추되, 미용작업대의 권장 크기는 다음과 같다.

(1) 소·중형견에 대한 미용작업대: 가로 75cm × 세로 45cm × 높이 50cm 이상

(2) 대형견에 대한 미용작업대: 가로 100cm × 세로 55cm 이상

마) 미용작업실에는 동물의 목욕에 필요한 충분한 크기의 욕조, 급·배수시설, 냉·온수설비 및 건조기를 갖출 것

바) 미용작업실에는 소독기 및 자외선살균기 등 미용기구를 소독하는 장비를 갖출 것

사) 영 별표 3에 따라 고정형 영상정보처리기기를 설치·관리할 것

라. 동물운송업

1) 동물을 운송하는 자동차는 다음의 어느 하나에 해당하는 자동차로 한다. 이 경우 동물운송업에 이용되는 자동차는 동물운송업의 영업장으로 본다.

가) 「자동차관리법 시행규칙」 별표 1에 따른 승용자동차 및 승합자동차(일반형으로 한정한다)

나) 「자동차관리법 시행규칙」 별표 1에 따른 화물자동차(경형 또는 소형 화물자동차로서, 밴형인 화물자동차로 한정한다)

2) 동물을 운송하는 자동차는 다음의 기준을 갖춰야 한다.

가) 직사광선 및 비바람을 피할 수 있는 설비를 갖출 것

나) 적정한 온도를 유지할 수 있는 냉·난방설비를 갖출 것

다) 이동 중 갑작스러운 출발이나 제동 등으로 동물이 상해를 입지 않도록 예방할 수 있는 설비를 갖출 것

라) 이동 중에 동물의 상태를 수시로 확인할 수 있는 구조일 것

마) 운전자 및 동승자와 동물의 안전을 위해 차량 내부에 사람이 이용하는 공간과 동물이 위치하는 공간이 구획되도록 망, 격벽 또는 가림막을 설치할 것

바) 동물의 움직임을 최소화하기 위해 개별 이동장(케이지) 또는 안전벨트를 설치하고, 이동장을 설치하는 경우에는 운송 중 이동장이 떨어지지 않도록 고정장치를 갖출 것

사) 동물운송용 자동차임을 누구든지 쉽게 알 수 있도록 차량 외부의 옆면 또는 뒷면에 동물운송업을 표시하는 문구를 표시할 것

아) 영 별표 3에 따라 고정형 영상정보처리기기를 설치·관리할 것

3) 동물을 운송하는 인력은 2년 이상의 운전경력을 갖춰야 한다.

제74조 허가 또는 등록의 결격 사유

다음 각 호의 어느 하나에 해당하는 사람은 제69조제1항에 따른 영업의 허가를 받거나 제73조제1항에 따른 영업의 등록을 할 수 없다.

1. 미성년자
2. 피성년후견인
3. 파산선고를 받은 자로서 복권되지 아니한 사람
4. 제82조제1항에 따른 교육을 이수하지 아니한 사람
5. 제83조제1항에 따라 허가 또는 등록이 취소된 후 1년이 지나지 아니한 상태에서 취소된 업종과 같은 업종의 허가를 받거나 등록을 하려는 사람(법인인 경우에는 그 대표자를 포함한다)
6. 이 법을 위반하여 벌금 이상의 실형을 선고받고 그 집행이 종료(집행이 종료된 것으로 보는 경우를 포함한다)되거나 집행이 면제된 날부터 3년(제10조를 위반한 경우에는 5년으로 한다)이 지나지 아니한 사람
7. 이 법을 위반하여 벌금 이상의 형의 집행유예를 선고받고 그 유예기간 중에 있는 사람

1. 조문 해설

영업의 허가 또는 등록이 불가한 경우로는 제74조 제1호 내지 제3호에서 허가 또는 등록을 하려는 자가 미성년자, 피성년후견인, 또는 파산선고를 받은 자로서 복권되지 아니한 자인 경우를 규정하고 있다.

미성년자의 경우 성년이 되지 않아 법률행위를 할 수 있는 능력이 제한적이고 미성숙한 것으로 보아 제외시킨 것이고, 피성년후견인의 경우 질병, 장애, 노령, 그 밖의 사유로 정신적 제약이 있어 위와 같은 영업을 하는 것이 적합하지 않은 것으로 보아 제외시켰다. 파산선고를 받은 자로서 복권되지 않은 자의 경우 파산선고를 받은 자의 재산에 대한 관리 처분권이 상실되므로 각종 법령에서 사업에 대한 허가, 등록이나 운영을 제한하는 것으로 규정하고 있는데 이에 맞추어 동물보호법상 반려동물 영업에 대한 허가 또는 등록의 경우에도 그

허가 및 등록을 제한한 것이다.

또한 같은 조 제4호 내지 제7호에서는 본 법에 따른 위반사항이 있는 자에 대한 결격 사유를 정하고 있는데, 제4호에서는 허가 또는 등록 전의 동물의 보호 및 공중위생상의 위해 방지 등에 관한 교육을 이수하지 않은 경우를 허가 또는 등록이 불가한 경우로, 제5호에서는 허가 또는 등록을 하려는 자가 제83조 제1항에 따라 허가 또는 등록이 취소된 후 1년이 지나지 아니한 상태에서 취소된 업종과 같은 업종의 허가를 받거나 등록을 하는 경우를 등록이 불가한 경우로 규정하고 있다.

제6호에서는 등록을 하려는 자가 동물보호법을 위반하여 벌금 이상의 실형을 선고받고 그 집행이 종료(집행이 종료된 것으로 보는 경우를 포함한다)되거나 집행이 면제된 날부터 3년이 지나지 아니한 경우도 등록이 불가한 것으로 규정하고 있다. 단, 이 경우 동물학대 등 동물보호법 제10조를 위반한 경우에는 그 집행이 종료되거나 면제된 날부터 5년이 지나지 않은 경우에 등록이 불가하다고 함으로써 동물보호법 위반 행위 중 학대 행위에 대해서는 더 엄중하게 허가 또는 등록을 제한하고 있다.

만일 본 조를 위반하여 허가를 받지 않고 영업을 하거나, 거짓이나 그 밖의 부정한 방법으로 허가를 받는 경우 2년 이하의 징역 또는 2천만원 이하의 벌금에 처해질 수 있으며(제97조 제2항 제9호, 제10호), 등록을 받지 않고 영업을 하거나 거짓이나 그 밖의 부정한 방법으로 등록을 받고 영업을 하는 경우 1년 이하의 징역 또는 1천만원 이하의 벌금에 처해질 수 있다(제97조 제3항 제5호, 제6호).[2]

---

2 기존의 무허가, 무등록 영업자에 대한 처벌이 약하다는 비판에 따라, 농림축산식품부는 「2020~2024년 동물복지 종합계획」에서 법정형을 1년 이하 또는 1,000만원 이하 벌금으로 상향하겠다는 계획을 밝힌 바 있고 이번 전면개정을 통하여 무허가, 무등록 영업자에 대한 법정형을 대폭 상향하였다.

제75조 영업의 승계

① 제69조제1항에 따른 영업의 허가를 받거나 제73조제1항에 따라 영업의 등록을 한 자 (이하 "영업자"라 한다)가 그 영업을 양도하거나 사망한 경우 또는 법인이 합병한 경우에는 그 양수인·상속인 또는 합병 후 존속하는 법인이나 합병으로 설립되는 법인(이하 "양수인등"이라 한다)은 그 영업자의 지위를 승계한다.

② 다음 각 호의 어느 하나에 해당하는 절차에 따라 영업시설의 전부를 인수한 자는 그 영업자의 지위를 승계한다.

    1. 「민사집행법」에 따른 경매

    2. 「채무자 회생 및 파산에 관한 법률」에 따른 환가(換價)

    3. 「국세징수법」·「관세법」 또는 「지방세법」에 따른 압류재산의 매각

    4. 그 밖에 제1호부터 제3호까지의 어느 하나에 준하는 절차

③ 제1항 또는 제2항에 따라 영업자의 지위를 승계한 자는 그 지위를 승계한 날부터 30일 이내에 농림축산식품부령으로 정하는 바에 따라 특별자치시장·특별자치도지사·시장·군수·구청장에게 신고하여야 한다.

④ 제1항 및 제2항에 따른 승계에 관하여는 제74조에 따른 결격사유 규정을 준용한다. 다만, 상속인이 제74조제1호 및 제2호에 해당하는 경우에는 상속을 받은 날부터 3개월 동안은 그러하지 아니하다.

1. 입법취지

반려의 목적으로 기르는 동물과 관련된 영업을 하는 영업자(단, 동물장묘업의 경우 제2조 제1호에 따른 동물과 관련된 영업)가 그 영업을 양도하거나 사망 등의 사유가 발생하여 사정변경이 생겼을 때 그 영업의 유지를 위해 영업의 승계에 관한 규정을 두고 있다.

2. 조문 해설

반려의 목적으로 기르는 동물과 관련된 영업의 승계 사유로 ① 영업양도,

② 사망, ③ 법인의 합병, ④ 민사집행법에 따른 경매, ⑤ 채무자 회생 및 파산에 관한 법률에 따른 환가, ⑥ 국세징수법, 관세법 또는 지방세법에 따른 압류재산의 매각, ⑦ 그 밖에 제75조 제2항 제1호 내지 제3호까지의 어느 하나에 준하는 절차 발생이 있다.

본 조가 적용되는 동물과 관련된 영업을 승계한 경우 승계한 자는 승계한 날부터 30일 이내에 시장·도지사·군수·구청장에게 신고를 하여야 한다.

다만 위와 같은 영업 승계 사유가 발생하였다고 하더라도 제74조에 따른 결격사유 규정을 준용하고 있어 허가 또는 등록의 결격사유가 없음을 모두 충족한 경우에 한해 영업 승계가 가능하다. 다만, 승계의 사유가 상속인 경우 상속인이 제74조 제1호 및 제2호에 해당하는 경우에는 상속을 받은 날부터 3개월 동안은 결격사유 규정을 준용하지 아니한다.

본 조를 위반하여 영업자의 지위를 승계하고 그 사실을 신고하지 않는 경우에는 100만원 이하의 과태료가 부과될 수 있다(제101조 제3항 제13호).

3. 입법과제

영업의 승계 사유로 영업양도를 규정하고 있는데 영업의 대상이 동물이며, 특히 동물생산업의 경우 동물의 생명을 다루는 일이 포함되어 있다는 점에 비추어볼 때, 최소한 동물생산업에 한하여 라도 무분별하게 영업의 양도가 이루어지는 것을 방지할 필요가 있다. 따라서 허가제인 동물생산업의 경우에 한해서라도 허가를 받은 날로부터 일정 기간 동안에는 영업양도를 제한할 필요성이 있을 것이다. 다만, 이 경우 동물생산업을 운영하는 생산업자가 영업양도의 방식으로 영업을 승계하지 못한다면 동물생산업자가 번식하여 보유하고 있는 반려동물에 대해서는 휴업 또는 폐업 등의 선택지만이 남게 되므로 실질적으로 적절한 방식의 사육과 처리가 이루어질 수 있을 것인가의 문제가 남는다.

제76조 휴업·폐업 등의 신고

① 영업자가 휴업, 폐업 또는 그 영업을 재개하려는 경우에는 농림축산식품부령으로 정하는 바에 따라 특별자치시장·특별자치도지사·시장·군수·구청장에게 신고하여야 한다.

② 영업자(동물장묘업자는 제외한다. 이하 이 조에서 같다)는 제1항에 따라 휴업 또는 폐업의 신고를 하려는 경우에는 농림축산식품부령으로 정하는 바에 따라 특별자치시장·특별자치도지사·시장·군수·구청장에게 휴업 또는 폐업 30일 전에 보유하고 있는 동물의 적절한 사육 및 처리를 위한 계획서(이하 "동물처리계획서"라 한다)를 제출하여야 한다.

③ 영업자는 동물처리계획서에 따라 동물을 처리한 후 그 결과를 특별자치시장·특별자치도지사·시장·군수·구청장에게 보고하여야 하며, 보고를 받은 특별자치시장·특별자치도지사·시장·군수·구청장은 동물처리계획서의 이행 여부를 확인하여야 한다.

④ 제2항 및 제3항에 따른 동물처리계획서의 제출 및 보고에 관한 사항은 농림축산식품부령으로 정한다.

제77조 직권말소

① 특별자치시장·특별자치도지사·시장·군수·구청장은 영업자가 제76조제1항에 따른 폐업신고를 하지 아니한 경우에는 농림축산식품부령으로 정하는 바에 따라 폐업 사실을 확인한 후 허가 또는 등록사항을 직권으로 말소할 수 있다.
② 특별자치시장·특별자치도지사·시장·군수·구청장은 영업자가 영업을 폐업하였는지를 확인하기 위하여 필요한 경우 관할 세무서장에게 영업자의 폐업 여부에 대한 정보제공을 요청할 수 있다. 이 경우 요청을 받은 관할 세무서장은 정당한 사유 없이 이를 거부하여서는 아니 된다.

1. 조문해설

개정 동물보호법은 휴업·폐업 등의 신고 관련 사항을 신설하고, 영업자가 휴·폐업할 경우 동물처리계획서를 제출하도록 하는 등의 의무를 신설함으로써 반려동물 영업의 휴폐업 시 영업자가 보유하고 있는 동물의 적절한 사육 및 처리가 가능하도록 하는 근거 조항을 마련하였다.

또한 영업자가 폐업신고를 하지 않고 있는 경우 폐업 사실을 확인한 후 허가 또는 등록사항을 직권으로 말소할 수 있도록 하는 권한을 신설하였으며, 폐업 사실 확인을 위한 과세정보제공 요청 조항을 신설하였다.

실제로 반려동물에 대한 생산, 판매, 수입업 등과 관련하여 사실상 영업을 휴업하거나 폐업하는 경우 남아있는 반려동물들이 적절히 관리받지 못하고 방치되는 사례가 충분히 발생할 수 있으므로 이를 방지하고자 하는 목적에서의 개선 입법이 이루어졌다.

제78조 영업자 등의 준수사항

① 영업자(법인인 경우에는 그 대표자를 포함한다)와 그 종사자는 다음 각 호의 사항을 준수하여야 한다.

    1. 동물을 안전하고 위생적으로 사육·관리 또는 보호할 것

    2. 동물의 건강과 안전을 위하여 동물병원과의 적절한 연계를 확보할 것

    3. 노화나 질병이 있는 동물을 유기하거나 폐기할 목적으로 거래하지 아니할 것

    4. 동물의 번식, 반입·반출 등의 기록 및 관리를 하고 이를 보관할 것

    5. 동물에 관한 사항을 표시·광고하는 경우 이 법에 따른 영업허가번호 또는 영업등 록번호와 거래금액을 함께 표시할 것

    6. 동물의 분뇨, 사체 등은 관계 법령에 따라 적정하게 처리할 것

    7. 농림축산식품부령으로 정하는 영업장의 시설 및 인력 기준을 준수할 것

    8. 제82조제2항에 따른 정기교육을 이수하고 그 종사자에게 교육을 실시할 것

    9. 농림축산식품부령으로 정하는 바에 따라 동물의 취급 등에 관한 영업실적을 보고 할 것

    10. 등록대상동물의 등록 및 변경신고의무(등록·변경신고방법 및 위반 시 처벌에 관 한 사항 등을 포함한다)를 고지할 것

    11. 다른 사람의 영업명의를 도용하거나 대여받지 아니하고, 다른 사람에게 자기의 영업명의 또는 상호를 사용하도록 하지 아니할 것

② 동물생산업자는 제1항에서 규정한 사항 외에 다음 각 호의 사항을 준수하여야 한다.

    1. 월령이 12개월 미만인 개·고양이는 교배 또는 출산시키지 아니할 것

    2. 약품 등을 사용하여 인위적으로 동물의 발정을 유도하는 행위를 하지 아니할 것

    3. 동물의 특성에 따라 정기적으로 예방접종 및 건강관리를 실시하고 기록할 것

③ 동물수입업자는 제1항에서 규정한 사항 외에 다음 각 호의 사항을 준수하여야 한다.

    1. 동물을 수입하는 경우 농림축산식품부장관에게 수입의 내역을 신고할 것

    2. 수입의 목적으로 신고한 사항과 다른 용도로 동물을 사용하지 아니할 것

④ 동물판매업자(동물생산업자 및 동물수입업자가 동물을 판매하는 경우를 포함한다)는 제1항에서 규정한 사항 외에 다음 각 호의 사항을 준수하여야 한다.

    1. 월령이 2개월 미만인 개·고양이를 판매(알선 또는 중개를 포함한다)하지 아니할 것

    2. 동물을 판매 또는 전달을 하는 경우 직접 전달하거나 동물운송업자를 통하여 전달 할 것

⑤ 동물장묘업자는 제1항에서 규정한 사항 외에 다음 각 호의 사항을 준수하여야 한다. 〈개정 2023. 6. 20.〉

1. 살아있는 동물을 처리(마취 등을 통하여 동물의 고통을 최소화하는 인도적인 방법으로 처리하는 것을 포함한다)하지 아니할 것
2. 등록대상동물의 사체를 처리한 경우 농림축산식품부령으로 정하는 바에 따라 특별자치시장·특별자치도지사·시장·군수·구청장에게 신고할 것
3. 자신의 영업장에 있는 동물장묘시설을 다른 자에게 대여하지 아니할 것

⑥ 제1항부터 제5항까지의 규정에 따른 영업자의 준수사항에 관한 구체적인 사항 및 그 밖에 동물의 보호와 공중위생상의 위해 방지를 위하여 영업자가 준수하여야 할 사항은 농림축산식품부령으로 정한다.

동물보호법 시행규칙

제49조(영업자의 준수사항)

법 제78조제6항에 따른 영업자(법인인 경우에는 그 대표자를 포함한다)의 준수사항은 별표 12와 같다.

1. 입법취지

반려의 목적으로 기르는 동물과 관련된 영업을 하는 영업자는 그 대상이 동물이므로 동물의 생명 존중을 위해 적정한 생육환경 조성과 그 유지에 필요한 준수사항에 대해 규정하고 있다.

2. 조문 해설

영업자와 그 종사자의 준수사항을 제78조에서 정하고 있다. 개정 전 동물보호법에서는 동물의 사육 관리에 관한 사항 등 일반적인 내용을 법에서 정하고, 2020. 2. 11. 개정을 통해 영업자의 등록대상동물의 등록 및 변경신고의무 및 고지의무를 도입하고, 동물판매업자가 등록대상동물을 판매하는 경우 구매자 명의로 동물등록 신청을 하도록 강제함으로써 동물의 유기와 학대를 줄이기

위한 의무를 도입한 바 있었다.

한편, 개정 동물보호법에서는 동물생산업자, 동물수입업자 및 동물판매업
자가 등록대상동물을 취급하는 경우 그 거래내용을 신고하도록 하는 조항을 신
설하였으며,

보다 구체적인 사항에 관하여는 법 시행규칙 제49조와 [별표12]에서 규정
하고 있고 그 내용은 다음과 같다.

■ **동물보호법 시행규칙** [별표 12] 영업자의 준수사항(제49조 관련)

1. 공통 준수사항

　가. 영업장 내부에는 다음의 구분에 따른 사항을 게시 또는 부착해야 한다. 다만, 전
　　자상거래 방식으로 영업을 하는 경우에는 영업자의 인터넷 홈페이지 등에 해당
　　내용을 게시해야 한다.

　　1) 동물장묘업, 동물판매업, 동물수입업, 동물생산업, 동물전시업, 동물위탁관리업
　　　및 동물미용업: 영업등록(허가)증 및 요금표

　　2) 동물운송업: 영업등록증, 자동차등록증, 운전자 성명 및 요금표

　나. 동물을 안전하고 위생적으로 사육·관리해야 한다.

　다. 동물은 종류별, 성별(어리거나 중성화된 동물은 제외한다) 및 크기별로 분리하여
　　관리해야 하며, 질환이 있거나 상해를 입은 동물, 공격성이 있는 동물, 늙은 동물,
　　어린 동물(어미와 함께 있는 경우는 제외한다) 및 새끼를 배거나 새끼에게 젖을
　　먹이는 동물은 분리하여 관리해야 한다.

　라. 영업장에 새로 들어온 동물에 대해서는 체온의 적정 여부, 외부 기생충과 피부병
　　의 존재 여부 및 배설물의 상태 등 건강상태를 확인해야 한다.

　마. 영업장이나 동물운송차량에 머무는 시간이 4시간 이상인 동물에 대해서는 항상
　　깨끗한 물과 사료를 공급하고, 물과 사료를 주는 용기를 청결하게 유지해야 한다.

　바. 시정명령이나 시설개수명령 등을 받은 경우에는 그 명령에 따른 사후조치를 이행
　　한 후 그 결과를 지체 없이 보고해야 한다.

　사. 영업장에서 발생하는 동물 소음을 최소화하기 위해서 노력해야 한다.

　아. 동물판매업자, 동물수입업자, 동물생산업자, 동물전시업자 및 동물위탁관리업자는
　　각각 판매, 수입, 생산, 전시 및 위탁관리하는 동물에 대해 별지 제36호서식 또는
　　별지 제37호서식의 개체관리카드를 작성하여 갖춰 두어야 하며, 우리 또는 개별사
　　육시설에 개체별 정보(품종, 암수, 출생일, 예방접종 및 진료사항 등)를 표시해야

한다. 다만, 기니피그와 햄스터의 경우 무리별로 개체관리카드를 작성할 수 있다.

자. 동물판매업자, 동물수입업자 및 동물생산업자는 입수하거나 판매한 동물에 대해 그 내역을 기록한 거래내역서와 개체관리카드를 2년간 보관해야 한다.

차. 동물장묘업자, 동물위탁관리업자 및 동물미용업자는 고정형 영상정보처리기기로 촬영하거나 녹화·기록한 정보를 촬영 또는 녹화·기록한 날부터 30일간 보관해야 하며, 동물운송업자는 3일간 보관해야 한다.

카. 동물생산업자 및 동물전시업자가 폐업하는 경우에는 폐업 시 처리계획서에 따라 동물을 기증하거나 분양하는 등 적절하게 처리하고, 그 결과를 시장·군수·구청 장에게 보고해야 한다.

타. 동물전시업자, 동물위탁관리업자, 동물미용업자 및 동물운송업자는 각각 전시, 위탁관리, 미용 및 운송하는 동물이 등록대상동물인 경우에는 해당 동물의 소유자등 에게 등록대상동물의 등록사항 및 등록방법을 알려주어야 한다.

2. 개별 준수사항

가. 동물생산업자

1) 사육하는 동물에게 주 1회 이상 정기적으로 운동할 기회를 제공해야 한다.

2) 사육실 내 질병의 발생 및 확산에 주의해야 하고, 백신 접종 등 질병에 대한 예방적 조치를 한 후 개체관리카드에 이를 기입하여 관리해야 한다.

3) 사육·관리하는 동물에 대해 털 관리, 손·발톱 깎기 및 이빨 관리 등을 연 1회 이상 실시하여 동물을 건강하고 위생적으로 관리해야 하며, 그 내역을 기록해 야 한다.

4) 월령이 12개월 미만인 개·고양이는 교배 및 출산시킬 수 없고, 출산 후 다음 출산 사이에 10개월 이상의 기간을 두어야 한다.

5) 개체관리카드에 출산 날짜, 출산동물 수, 암수 구분 등 출산에 관한 정보를 포함하여 작성·관리해야 한다.

6) 노화 등으로 번식능력이 없는 동물은 보호하거나 입양되도록 노력해야 하고, 동물을 유기하거나 폐기를 목적으로 거래해서는 안 된다.

7) 질병이 있거나 상해를 입은 동물은 즉시 격리하여 치료받도록 하고, 해당 동물 이 회복될 수 없거나 다른 동물에게 질병을 옮기거나 위해를 끼칠 우려가 높다고 수의사가 진단한 경우에는 수의사가 인도적인 방법으로 처리하도록 해야 한다. 이 경우, 안락사 처리내역, 사유 및 수의사의 성명 등을 개체관리카드에 기록해야 한다.

8) 별지 제38호서식의 영업자 실적 보고서를 다음 연도 1월 31일까지 특별자치시
장·특별자치도지사·시장·군수·구청장에게 제출해야 한다.

9) 동물을 직접 판매하는 경우 동물판매업자의 준수사항을 지켜야 한다.

나. 동물수입업자

1) 동물수입업자는 수입국과 수입일 등 검역과 관련된 서류 등을 수입일부터 2년
이상 보관해야 한다.

2) 별지 제38호서식의 영업자 실적 보고서를 다음 연도 1월 31일까지 특별자치시
장·특별자치도지사·시장·군수·구청장에게 제출해야 한다.

3) 동물수입업자가 동물을 직접 판매하는 경우에는 동물판매업자의 준수사항을
지켜야 한다.

다. 동물판매업자

1) 동물을 실물로 보여주지 않고 판매해서는 안 된다.

2) 다음의 월령(月齡) 이상인 동물을 판매, 알선 또는 중개해야 한다.

　　가) 개·고양이: 2개월

　　나) 그 외의 동물: 젖을 뗀 후 스스로 사료 등 먹이를 먹을 수 있는 월령

3) 미성년자에게는 동물을 판매, 알선 또는 중개해서는 안 된다.

4) 동물 판매, 알선 또는 중개 시 해당 동물에 관한 다음의 사항을 구입자에게 반
드시 알려주어야 한다.

　　가) 동물의 습성, 특징 및 사육방법

　　나) 등록대상동물을 판매하는 경우에는 등록 및 변경신고 방법·기간 및 위반
시 과태료 부과에 관한 사항 등 동물등록제도의 세부 내용

5) 「소비자기본법 시행령」 제8조제3항에 따른 소비자분쟁해결기준에 따라 다음의
내용이 포함된 계약서와 해당 내용을 증명하는 서류를 판매할 때 제공해야 하
며, 계약서를 제공할 의무가 있음을 영업장 내부(전자상거래 방식으로 판매하
는 경우에는 인터넷 홈페이지 또는 휴대전화에서 사용되는 응용프로그램을 포
함한다)의 잘 보이는 곳에 게시해야 한다.

　　가) 동물판매업 등록번호, 업소명, 주소 및 전화번호

　　나) 동물의 출생일자 및 판매업자가 입수한 날

　　다) 동물을 생산(수입)한 동물생산(수입)업자 업소명 및 주소

　　라) 동물의 종류, 품종, 색상 및 판매 시의 특징

　　마) 예방접종, 약물 투여 등 수의사의 치료기록 등

바) 판매 시의 건강상태와 그 증명서류

사) 판매일 및 판매금액

아) 판매한 동물에게 질병 또는 사망 등 건강상의 문제가 생긴 경우의 처리방법

자) 등록된 동물인 경우 그 등록내역

6) 5)에 따른 계약서의 예시는 다음과 같고, 동물판매업자는 다음 계약서의 기재 사항을 추가하거나 순서를 변경하는 등 수정해서 사용할 수 있다.

[반려동물 매매 계약서(예시) 생략]

7) 별표 10 제2호다목2)에 따른 기준을 갖추지 못한 곳에서 경매방식을 통한 동물의 거래를 알선·중개해서는 안 된다.

8) 온라인을 통해 홍보하는 경우에는 등록번호, 업소명, 주소 및 전화번호를 잘 보이는 곳에 표시해야 한다.

9) 동물판매업자 중 경매방식을 통한 거래를 알선·중개하는 동물판매업자는 다음 사항을 준수해야 한다.

가) 경매수수료를 경매참여자에게 미리 알려야 한다.

나) 경매일정을 시장·군수·구청장에게 경매일 10일 전까지 통보해야 하고, 통보한 일정을 변경하려는 경우에는 시장·군수·구청장에게 경매일 3일 전까지 통보해야 한다.

다) 수의사로 하여금 경매되는 동물에 대해 검진하도록 해야 한다.

라) 준비실에서는 경매되는 동물이 식별이 가능하도록 구분해야 한다.

마) 경매되는 동물의 출하자로부터 별지 제36호서식의 동물생산·판매·수입업 개체관리카드를 제출받아 기재내용을 확인해야 하며, 제출받은 개체관리카드에 기본정보, 판매일, 건강상태·진료사항, 구입기록 및 판매기록이 기재된 경우에만 경매를 개시해야 한다.

바) 경매방식을 통한 거래는 경매일에 경매 현장에서 이루어져야 한다.

사) 경매에 참여하는 자에게 경매되는 동물의 출하자와 동물의 건강상태에 관한 정보를 제공해야 한다.

아) 경매 상황을 녹화하여 30일간 보관해야 한다.

10) 별지 제38호서식의 영업자 실적 보고서를 다음 연도 1월 31일까지 시장·군수·구청장에게 제출해야 한다.

라. 동물장묘업자

1) 동물의 소유자와 사전에 합의한 방식대로 동물의 사체를 처리해야 한다.

2) 동물의 사체를 처리한 경우에는 동물의 소유자등에게 다음의 서식에 따라 작성된 장례확인서를 발급해 주어야 한다. 다만, 동물장묘업자는 필요하면 서식에 기재사항을 추가하거나 기재사항의 순서를 변경하는 등의 방법으로 서식을 수정해서 사용할 수 있다.

[장례(화장, 건조장, 수분해장) 확인서(예시) 생략]

3) 등록대상동물의 사체를 처리한 경우에는 처리 후 30일 이내에 다음과 같은 사항을 해당 동물장묘시설을 관할하는 특별자치시장·특별자치도지사·시장·군수·구청장에게 통보해야 한다.

　　가) 동물장묘업 허가번호, 업소명 및 전화번호

　　나) 처리일자

　　다) 동물등록번호

　　라) 처리방법(화장, 건조장, 수분해장)

　　마) 가)부터 라)까지에 따른 등록대상동물 사체 처리내역서의 예시는 다음과 같고, 동물장묘업자는 필요하면 기재사항을 추가하거나 기재사항의 순서를 변경하는 등 수정해서 사용할 수 있다.

[등록대상 동물 사체 처리내역서(예시) 생략]

4) 동물화장시설, 동물건조장시설 또는 동물수분해장시설을 운영하는 경우 「대기환경보전법」 등 관련 법령에 따른 기준에 적합하도록 운영해야 한다.

5) 「환경분야 시험·검사 등에 관한 법률」 제16조에 따른 측정대행업자에게 동물화장시설에서 나오는 배기가스 등 오염물질을 6개월마다 1회 이상 측정을 받고, 그 결과를 지체 없이 특별자치시장·특별자치도지사·시장·군수·구청장에게 제출해야 한다.

6) 동물화장시설, 동물건조장시설 또는 동물수분해장시설이 별표 10에 따른 기준에 적합하게 유지·관리되는지 여부를 확인하기 위해 농림축산식품부장관이 정하여 고시하는 정기검사를 동물화장시설 및 동물수분해장시설은 3년마다 1회 이상, 동물건조장시설은 6개월마다 1회 이상 실시하고, 그 결과를 지체 없이 특별자치시장·특별자치도지사·시장·군수·구청장에게 제출해야 한다.

7) 동물의 사체를 처리한 경우에는 등록대상동물의 소유자에게 등록사항의 변경신고 절차를 알려주어야 한다.

8) 동물장묘업자는 신문, 방송, 인터넷 등을 통해 영업을 홍보하려는 경우에는 영업등록증을 함께 게시해야 한다.

9) 별지 제38호서식의 영업자 실적 보고서를 다음 연도 1월 31일까지 특별자치시장·특별자치도지사·시장·군수·구청장에게 제출해야 한다.

마. 동물전시업자

1) 전시하는 개 또는 고양이는 월령이 6개월 이상이어야 하며, 등록대상 동물인 경우에는 동물등록을 해야 한다.

2) 전시된 동물에 대해서는 정기적인 예방접종과 구충을 실시하고, 매년 1회 검진을 해야 하며, 건강에 이상이 있는 것으로 의심되는 경우에는 격리한 후 수의사의 진료 및 적절한 치료를 해야 한다.

3) 전시하는 개 또는 고양이는 안전을 위해 체중 및 성향에 따라 구분·관리해야 한다.

4) 영업시간 중에도 동물이 자유롭게 휴식을 취할 수 있도록 해야 한다.

5) 전시하는 동물은 하루 10시간 이내로 전시해야 하며, 10시간이 넘게 전시하는 경우에는 별도로 휴식시간을 제공해야 한다.

6) 동물의 휴식 시에는 몸을 숨기거나 운동이 가능한 휴식공간을 제공해야 한다.

7) 깨끗한 물과 사료를 충분히 제공해야 하며, 사료나 간식 등을 과도하게 섭취하지 않도록 적절히 관리해야 한다.

8) 전시하는 동물의 배설물은 영업장과 동물의 위생 관리, 청결 유지를 위해서 즉시 처리해야 한다.

9) 전시하는 동물을 생산이나 판매의 목적으로 이용해서는 안 된다.

바. 동물위탁관리업자

1) 위탁관리하는 동물에게 정기적으로 운동할 기회를 제공해야 한다.

2) 깨끗한 물과 사료를 충분히 제공해야 하며, 사료나 간식 등을 과도하게 섭취하지 않도록 적절히 관리해야 한다.

3) 동물에게 건강상 위해요인이 발생하지 않도록 영업 관련 시설 및 설비를 위생적이고 안전하게 관리해야 한다.

4) 위탁관리하는 동물에게 건강 문제가 발생하거나 이상 행동을 하는 경우 즉시 소유주에게 알려야 하며 병원 진료 등 적절한 조치를 해야 한다.

5) 위탁관리하는 동물은 안전을 위해 체중 및 성향에 따라 구분·관리해야 한다.

6) 영업자는 위탁관리하는 동물에 대한 다음의 내용이 담긴 계약서를 제공해야 한다.

가) 등록번호, 업소명 및 주소, 전화번호

나) 위탁관리하는 동물의 종류, 품종, 나이, 색상 및 그 외 특이사항

다) 제공하는 서비스의 종류, 기간 및 비용

라) 위탁관리하는 동물에게 건강 문제가 발생했을 때 처리방법

마) 위탁관리하는 동물을 위탁관리 기간이 종료된 이후에도 일정 기간 찾아가지 않는 경우의 처리 방법 및 절차

7) 동물을 위탁관리하는 동안에는 관리자가 상주하거나 관리자가 해당 동물의 상태를 수시로 확인할 수 있어야 한다.

사. 동물미용업자

1) 동물에게 건강 문제가 발생하지 않도록 시설 및 설비를 위생적이고 안전하게 관리해야 한다.

2) 소독한 미용기구와 소독하지 않은 미용기구를 구분하여 보관해야 한다.

3) 미용기구의 소독방법은 「공중위생관리법 시행규칙」 별표 3에 따른 이용기구 및 미용기구의 소독기준 및 방법에 따른다.

4) 미용을 위하여 마취용 약품을 사용하는 경우 「수의사법」 등 관련 법령의 기준에 따른다.

아. 동물운송업자

1) 법 제11조에 따른 동물운송에 관한 기준을 준수해야 한다.

2) 동물의 질병 예방 등을 위해 동물을 운송하기 전과 후에 동물을 운송하는 차량에 대한 소독을 실시해야 한다.

3) 동물의 종류, 품종, 성별, 마릿수, 운송일 및 소독일자를 기록하여 갖춰 두어야 한다.

4) 2시간 이상 이동 시 동물에게 적절한 휴식시간을 제공해야 한다.

5) 2마리 이상을 운송하는 경우에는 개체별로 분리해야 한다.

6) 동물의 운송 운임은 동물의 종류, 크기 및 이동 거리 등을 고려하여 산정해야 하고, 소유주 등 사람의 동승 여부에 따라 운임이 달라져서는 안 된다.

3. 입법과제

동물생산업자의 경우 사육하는 동물에 주 1회 이상으로 정기적으로 운동할 기회를 제공하여야 하고, 사육·관리하는 동물에 대해서 털 관리, 손·발톱 깎기 및 이빨 관리 등을 연 1회 이상 실시하여 하는 준수사항을 규정하고 있으

나, 운동할 기회가 최소한 주 1회 이상과 털 관리 등이 연 1회 이상의 기준은 과하게 낮아 최소한의 기준을 주 2회 이상과 연 3회 이상 등으로 상향 조정할 필요가 있다.

또한 동물전시업자의 경우 전시하는 동물을 하루 10시간 이내로 전시하여야 한다고 규정하고 있으나, 10시간은 과하게 길어 최소 6시간 이내로 하향할 필요가 있을 것이다.

결국 영업자의 준수사항은 최소한의 기준일 뿐이고, 그 기준이 동물복지에 부합하도록 추가 개정이 필요하다고 본다.

또한 영업자가 본 조의 내용을 준수하지 않더라도 영업의 등록 또는 허가가 취소 또는 정지(법 제38조 제1항)되는 외에는 과태료 등의 제재나 형사처벌이 이루어지지 않아 효율적인 규제가 이루어질 수 없다는 점에서 본 조 위반에 대한 처벌 조항이 마련될 필요가 있다.

제79조 등록대상동물의 판매에 따른 등록신청

① 동물생산업자, 동물수입업자 및 동물판매업자는 등록대상동물을 판매하는 경우에 구매자(영업자를 제외한다)에게 동물등록의 방법을 설명하고 구매자의 명의로 특별자치시장·특별자치도지사·시장·군수·구청장에게 동물등록을 신청한 후 판매하여야 한다.
② 제1항에 따른 등록대상동물의 등록신청에 대해서는 제15조를 준용한다.

제80조 거래내역의 신고

① 동물생산업자, 동물수입업자 및 동물판매업자가 등록대상동물을 취급하는 경우에는 그 거래내역을 농림축산식품부령으로 정하는 바에 따라 특별자치시장·특별자치도지사·시장·군수·구청장에게 신고하여야 한다.
② 농림축산식품부장관은 제1항에 따른 등록대상동물의 거래내역을 제95조제2항에 따른 국가동물보호정보시스템으로 신고하게 할 수 있다.

1. 입법취지

동물생산업자, 동물수입업자 및 동물판매업자는 등록대상동물을 판매하는 경우 구매자에게 동물등록의 방법을 설명하고 구매자의 명의로 동물등록을 신청한 후 판매하도록 의무화함으로써 기존의 등록대상동물의 등록 및 변경신고와 고지의무를 넘어서 판매시 구매자 명의의 동물등록 신청 및 판매 의무를 신설하였다. 이때 등록신청의 방법은 제15조를 준용한다.

또한 동물생산업자, 동물수입업자 및 동물판매업자는 등록대상동물을 취급하는 경우 그 거래내역을 신고하여야 하며, 거래내역 신고를 국가동물보호정보시스템으로 할 수 있게 함으로써 일원화된 데이터 처리가 가능하게 하였다. 거래내역 신고 제도의 상세한 내용은 시행규칙 제50조(거래내역의 신고)에서 정하고 있는데 동물생산업자, 동물수입업자 및 동물판매업자는 매월 1일부터 말일까지 취급한 등록대상동물의 거래내역을 다음 달 10일까지 특별자치시장·특별자치도지사·시장·군수·구청장에게 신고해야 한다. 이때 신고 내용은 영업자의 명칭 등 기본사항 이외에 거래일자 거래품종, 마릿수, (생산업의 경우) 어미 개체 관리번호, 구입처 또는 수입처의 허가번호/신고번호 등 정보, 영업장 대상 판매시 영업장 명칭 및 허가 번호, 소유자 대상 판매시 동물등록번호와 이름을 기재하여야 한다.

신설된 동물등록 신청 및 판매 의무 그리고 등록대상동물 취급시 거래내역 신고 제도를 통해 동물의 유기와 학대 방지는 물론 판매 대상 동물의 추적이

가능해짐으로써 동물생산업, 동물수입업, 동물판매업의 실질적인 관리 감독과
생산 및 수입되어 판매되는 동물들의 이력 추적이 가능해질 것으로 기대된다.

제81조 표준계약서의 제정 및 보급

① 농림축산식품부장관은 동물보호 및 동물영업의 건전한 거래질서 확립을 위하여 공정거래위원회와 협의하여 표준계약서를 제정 또는 개정하고 영업자에게 이를 사용하도록 권고할 수 있다.

② 농림축산식품부장관은 제1항에 따른 표준계약서에 관한 업무를 대통령령으로 정하는 기관에 위탁할 수 있다.

③ 제1항에 따른 표준계약서의 구체적인 사항은 농림축산식품부령으로 정한다.

1. 입법취지

개정 동물보호법은 동물보호 및 동물영업의 건전한 거래질서 확립을 위하여 동물영업과 관련된 표준계약서를 제정하고 영업자에게 이를 사용하도록 권고할 수 있도록 하였다.

이는 농림축산식품부가 발표한 동물복지 종합계획(2020~2024년)에서 정한 주요 내용이었던 반려동물 거래 표준계약서 마련을 법제화한 것이다. 개정 법 이전에는 동물보호법 시행규칙을 통해 반려동물판매업의 영업자 준수사항 및 소비자분쟁해결기준을 반영한 계약서를 배부하도록 하고 있었으나,

증가하는 반려동물 거래와 영업에서 발생하는 구조적 문제를 해결하는 데에는 한계가 있었다. 신설 조항으로 인하여 각 영업별 표준계약서의 제정 또는 개정과 사용 권고로 인하여 반려동물 영업에서의 표준화된 거래가 가능해질 것이 기대된다.

제82조 교육

① 제69조제1항에 따른 허가를 받거나 제73조제1항에 따른 등록을 하려는 자는 허가를 받거나 등록을 하기 전에 동물의 보호 및 공중위생상의 위해 방지 등에 관한 교육을 받아야 한다.

② 영업자는 정기적으로 제1항에 따른 교육을 받아야 한다.

③ 제83조제1항에 따른 영업정지처분을 받은 영업자는 제2항의 정기 교육 외에 동물의 보호 및 영업자 준수사항 등에 관한 추가교육을 받아야 한다.

④ 제1항부터 제3항까지의 규정에 따라 교육을 받아야 하는 영업자로서 교육을 받지 아니한 자는 그 영업을 하여서는 아니 된다.

⑤ 제1항 또는 제2항에 따라 교육을 받아야 하는 영업자가 영업에 직접 종사하지 아니하거나 두 곳 이상의 장소에서 영업을 하는 경우에는 종사자 중에서 책임자를 지정하여 영업자 대신 교육을 받게 할 수 있다.

⑥ 제1항부터 제3항까지의 규정에 따른 교육의 종류, 내용, 시기, 이수방법 등에 관하여는 농림축산식품부령으로 정한다.

동물보호법 시행규칙

제51조(영업자 교육) ① 법 제82조제1항부터 제3항까지 및 제5항의 규정에 따른 교육의 종류, 교육 시기 및 교육시간은 다음 각 호의 구분에 따른다.

　　1. 영업 신청 전 교육: 영업허가 신청일 또는 등록 신청일 이전 1년 이내 3시간

　　2. 영업자 정기교육: 영업 허가 또는 등록을 받은 날부터 기산하여 1년이 되는 날이 속하는 해의 1월 1일부터 12월 31일까지의 기간 중 매년 3시간

　　3. 영업정지처분에 따른 추가교육: 영업정지처분을 받은 날부터 6개월 이내 3시간

② 법 제82조에 따른 교육에는 다음 각 호의 내용이 포함되어야 한다. 다만, 교육대상 영업자 중 두 가지 이상의 영업을 하는 자에 대해서는 다음 각 호의 교육내용 중 중복된 사항을 제외할 수 있다.

　　1. 동물보호 관련 법령 및 정책에 관한 사항

　　2. 동물의 보호·복지에 관한 사항

　　3. 동물의 사육·관리 및 질병예방에 관한 사항

　　4. 영업자 준수사항에 관한 사항

③ 제82조에 따른 교육은 다음 각 호의 어느 하나에 해당하는 법인 또는 단체로서 농림

축산식품부장관이 고시하는 법인·단체에서 실시한다.

1. 동물보호 민간단체
2. 「농업·농촌 및 식품산업 기본법」 제11조의2에 따른 농림수산식품교육문화정보원

1. 입법취지

본 조는 반려의 목적으로 기르는 동물과 관련된 영업을 하는 영업자에게 정기적으로 동물의 보호 및 공중위생상의 위해 방지 등에 관한 교육을 하여 전문성을 확보하고, 동물보호 의식을 고취시키고 변화되는 관련 규정과 기준 등에 대해 알리는 것을 목적으로 한다.

제2항은 2017. 3. 21. 개정을 통해 연 1회 이상 교육을 받도록 하는 내용으로 개정되었다가, 전부 개정시에 '정기적으로' 교육을 받도록 하는 것으로 변경하고 시행규칙에서 교육의 종류와 교육 시기를 구분하여 정함으로써 연 1회라는 교육의 종류에 따라 각 시기에 교육을 받도록 체계를 정비하였다.

동물과 관련된 산업이 크게 성장하고 있는 점을 감안하여 동물전시업, 위탁관리업 등을 비롯한 다양한 분야의 영업형태를 법률에 반영하고 영업자가 동물보호의 중요성을 인식하고 적정한 시설을 갖출 수 있도록 정기적으로 영업자의 시설 및 인력기준 준수여부를 점검하는 내용과 함께 영업자가 교육을 받을 의무를 규정하는 등 영업 관련 제도를 정비하기 위해 규정된 조항이다.

2. 조문 해설

영업자는 각 영업에 따른 허가를 받거나 등록을 하기 전에물의 보호 및 공중위생상의 위해 방지 등에 관하여 영업 신처어 전 교육을 받아야 하고 그 시간은 3시간이다.

또한 이미 허가를 받거나 등록을 한 영업자는 영업자 정기교육을 이수하여야 하고 그 시간 또한 3시간이다. 다만 영업정지 처분을 받은 자는 그 처분을 받은 날부터 6개월 이내에 3시간의 추가 교육을 받아야 한다.

교육기관은 동물보호 민간단체 또는 농림축산식품부 소속 교육전문기관인 농림수산식품교육문화정보원에 해당하는 법인 또는 단체로서 농림축산식품부장관이 고시하는 법인 또는 단체이며, 교육 내용으로는 동물보호 관련 법령 및 정책에 관한 사항, 동물의 보호·복지에 관한 사항, 동물의 사육·관리 및 질병예방에 관한 사항, 영업자 준수사항에 관한 사항 등이 있다.

영업자가 본 조의 교육의무를 위반하여 교육을 받지 않고 영업을 하는 경우에는 100만원 이하의 과태료가 부과될 수 있다(제47조 제2항 제10호).

3. 입법과제

교육 시간으로 3시간을 규정하고 있으나, 3시간의 교육만으로는 추상적 교육에 그칠 뿐이어서 그 교육시간을 영업 형태에 따라 허가 영업의 경우 최소 8시간 또는 연 2회 등으로 연장하여 실질적인 교육 및 제도 개선을 꾀하는 것이 바람직하고, 법 제5항에서 영업자가 직접 영업에 종사하지 아니하거나 두 곳 이상의 장소에서 영업을 하는 경우 영업자 대신 교육을 받게 하고 있으나 최소한 허가 영업(동물판매업, 동물생산업, 동물수입업, 동물장묘업)에 한하여라도 영업자가 직접 교육을 받게 하여야 하고, 만일 영업자가 직접 허가 영업에 종사하지 않거나 두 곳 이상의 장소에서 허가 영업을 영위하는 경우에는 영업자 및 책임자가 모두 교육을 받게 하여야 할 것이다.

제83조 - 제85조 허가 또는 등록의 취소, 과징금 부과, 영업장 폐쇄 등

제83조(허가 또는 등록의 취소 등) ① 특별자치시장·특별자치도지사·시장·군수·구청장은 영업자가 다음 각 호의 어느 하나에 해당하는 경우에는 농림축산식품부령으로 정하는 바에 따라 그 허가 또는 등록을 취소하거나 6개월 이내의 기간을 정하여 그 영업의 전부 또는 일부의 정지를 명할 수 있다. 다만, 제1호, 제7호 또는 제8호에 해당하는 경우에는 허가 또는 등록을 취소하여야 한다.

1. 거짓이나 그 밖의 부정한 방법으로 허가를 받거나 등록을 한 것이 판명된 경우
2. 제10조제1항부터 제4항까지의 규정을 위반한 경우
3. 허가를 받은 날 또는 등록을 한 날부터 1년이 지나도록 영업을 개시하지 아니한 경우
4. 제69조제1항 또는 제73조제1항에 따른 허가 또는 등록 사항과 다른 방식으로 영업을 한 경우
5. 제69조제4항 또는 제73조제4항에 따른 변경허가를 받거나 변경등록을 하지 아니한 경우
6. 제69조제3항 또는 제73조제3항에 따른 시설 및 인력 기준에 미달하게 된 경우
7. 제72조에 따라 설치가 금지된 곳에 동물장묘시설을 설치한 경우
8. 제74조 각 호의 어느 하나에 해당하게 된 경우
9. 제78조에 따른 준수사항을 지키지 아니한 경우

② 특별자치시장·특별자치도지사·시장·군수·구청장은 제1항에 따라 영업의 허가 또는 등록을 취소하거나 영업의 전부 또는 일부를 정지하는 경우에는 해당 영업자에게 보유하고 있는 동물을 양도하게 하는 등 적절한 사육·관리 또는 보호를 위하여 필요한 조치를 명하여야 한다.

③ 제1항에 따른 처분의 효과는 그 처분기간이 만료된 날부터 1년간 양수인등에게 승계되며, 처분의 절차가 진행 중일 때에는 양수인등에 대하여 처분의 절차를 행할 수 있다. 다만, 양수인등이 양수·상속 또는 합병 시에 그 처분 또는 위반사실을 알지 못하였음을 증명하는 경우에는 그러하지 아니하다.

제84조(과징금의 부과) ① 특별자치시장·특별자치도지사·시장·군수·구청장은 영업자가 제83조제1항제4호부터 제6호까지 또는 제9호의 어느 하나에 해당하여 영업정지처분

을 하여야 하는 경우로서 그 영업정지처분이 해당 영업의 동물 또는 이용자에게 곤란을 주거나 공익에 현저한 지장을 줄 우려가 있다고 인정되는 경우에는 영업정지처분에 갈음하여 1억원 이하의 과징금을 부과할 수 있다.

② 특별자치시장·특별자치도지사·시장·군수·구청장은 제1항에 따른 과징금을 부과받은 자가 납부기한까지 과징금을 내지 아니하면 「지방행정제재·부과금의 징수 등에 관한 법률」에 따라 징수한다.

③ 특별자치시장·특별자치도지사·시장·군수·구청장은 제1항에 따른 과징금을 부과하기 위하여 필요한 경우에는 다음 각 호의 사항을 적은 문서로 관할 세무서장에게 과세 정보의 제공을 요청할 수 있다.

1. 납세자의 인적 사항
2. 과세 정보의 사용 목적
3. 과징금 부과기준이 되는 매출금액

④ 제1항에 따른 과징금을 부과하는 위반행위의 종류, 영업의 규모, 위반횟수 등에 따른 과징금의 금액, 그 밖에 필요한 사항은 대통령령으로 정한다.

제85조(영업장의 폐쇄) ① 특별자치시장·특별자치도지사·시장·군수·구청장은 제69조 또는 제73조에 따른 영업이 다음 각 호의 어느 하나에 해당하는 때에는 관계 공무원으로 하여금 농림축산식품부령으로 정하는 바에 따라 해당 영업장을 폐쇄하게 할 수 있다.

1. 제69조제1항에 따른 허가를 받지 아니하거나 제73조제1항에 따른 등록을 하지 아니한 때
2. 제83조에 따라 허가 또는 등록이 취소되거나 영업정지명령을 받았음에도 불구하고 계속하여 영업을 한 때

② 특별자치시장·특별자치도지사·시장·군수·구청장은 제1항에 따라 영업장을 폐쇄하기 위하여 관계 공무원에게 다음 각 호의 조치를 하게 할 수 있다.

1. 해당 영업장의 간판이나 그 밖의 영업표지물의 제거 또는 삭제
2. 해당 영업장이 적법한 영업장이 아니라는 것을 알리는 게시문 등의 부착
3. 영업을 위하여 꼭 필요한 시설물 또는 기구 등을 사용할 수 없게 하는 봉인(封印)

③ 특별자치시장·특별자치도지사·시장·군수·구청장은 제1항 및 제2항에 따른 폐쇄조치를 하려는 때에는 폐쇄조치의 일시·장소 및 관계 공무원의 성명 등을 미리 해당 영업을 하는 영업자 또는 그 대리인에게 서면으로 알려주어야 한다.

④ 특별자치시장·특별자치도지사·시장·군수·구청장은 제1항에 따라 해당 영업장을

폐쇄하는 경우 해당 영업자에게 보유하고 있는 동물을 양도하게 하는 등 적절한 사육·
관리 또는 보호를 위하여 필요한 조치를 명하여야 한다.
⑤ 제1항에 따른 영업장 폐쇄의 세부적인 기준과 절차는 그 위반행위의 유형과 위반 정
도 등을 고려하여 농림축산식품부령으로 정한다.

1. 입법취지

반려의 목적으로 기르는 동물과 관련된 영업을 하는 영업자가 부정한 방법
으로 등록 또는 허가를 받거나 동물에 대한 학대행위를 하는 등 그 영업을 지
속하는 것이 부적합한 사유가 발생하였을 경우에 그 허가 또는 등록을 취소하
거나 영업을 중지하는 처분을 하여 준수사항을 지키도록 강제하고, 피해확산을
방지함을 목적으로 한다.

개정 동물보호법 제84조는 영업의 허가 또는 등록 취소나 영업 정지 처분
이외에, 영업정지 처분이 해당 영업의 동물 또는 이용자에게 곤란을 주거나 공
익에 현저한 지장을 줄 우려가 있다고 인정되는 경우에는 영업정지 처분에 갈
음하여 1억원 이하의 과징금을 부과할 수 있도록 함으로써 경미한 위반이나 제
재로 인한 공익의 현저한 지장이 우려되는 경우 영업 정지가 아닌 고액의 과징
금으로 준수사항을 지키도록 강제하는 방안을 마련하였으며, 나아가 개정 동물
보호법 제85조에서 반려동물 관련 영업자가 허가 및 등록의 취소, 영업정지처
분 등에도 불구하고 계속 영업을 하는 경우 영업장을 폐쇄할 수 있는 근거를
마련하였다.

2. 조문 해설

영업자가 거짓이나 그 밖의 부정한 방법으로 허가를 받거나 등록을 한 경
우, 영업자가 법 제72조에 따라 설치가 금지된 곳에 동물장묘시설을 설치한 경
우, 또는 영업자가 제74조의 각 호의 어느 하나에 해당하게 되어 결격사유가 발
생한 경우 시장·군수·구청장은 등록 또는 허가를 취소하여야 하며, 영업자가

법 제10조 제1항 내지 제4항에 해당하는 동물학대 행위를 한 경우, 허가를 받은 날 또는 등록을 한 날로부터 1년이 지나도록 영업을 개시하지 아니한 경우, 제69조제1항 또는 제73조제1항에 따른 허가 또는 등록 사항과 다른 방식으로 영업을 한 경우, 제69조제4항 또는 제73조제4항에 따른 변경허가를 받거나 변경등록을 하지 아니한 경우, 제69조제3항 또는 제73조제3항에 따른 시설 및 인력 기준에 미달하게 된 경우, 제78조에 따른 영업자의 준수사항을 지키지 아니한 경우에는 허가 또는 등록을 취소하거나 6개월 이내의 기간을 정하여 그 영업의 전부 또는 일부의 정지를 명할 수 있다.

이때 영업의 허가 또는 등록을 취소하거나 영업의 전부 또는 일부를 정지하는 경우에는 해당 영업자에게 보유하고 있는 동물을 양도하게 하는 등 적절한 사육·관리 또는 보호를 위하여 필요한 조치를 명하여야 하며, 영업의 허가 또는 등록의 취소 처분이나 전부 또는 일부 정지 처분의 효과는 그 처분기간이 만료된 날부터 1년간 양수인에게 승계되며, 처분의 절차가 진행 중일 때에는 양수인등에 대하여 처분의 절차를 행할 수 있다. 다만, 양수인등이 양수·상속 또는 합병 시에 그 처분 또는 위반사실을 알지 못하였음을 증명하는 경우에는 그러하지 아니하다.

제84조는 영업자가 제83조제1항제4호부터 제6호까지 또는 제9호의 어느 하나에 해당하여 영업정지처분을 하여야 하는 경우로서 그 영업정지처분이 해당 영업의 동물 또는 이용자에게 곤란을 주거나 공익에 현저한 지장을 줄 우려가 있다고 인정되는 경우에는 영업정지처분에 갈음하여 1억원 이하의 과징금을 부과할 수 있도록 하고 있다. 이때 과징금은 위반행위의 종류, 영업의 규모, 위반횟수 등에 따른 과징금의 금액, 그 밖에 필요한 사항은 대통령령3으로 정한다.

---

3 동물보호법 시행령 별표2 과징금의 부과기준(시행령 제24조 관련)
  1. 영업정지기간은 농림축산식품부령으로 정하는 영업자 등의 행정처분 기준에 따라 부과되는 기간을 말하며, 영업정지기간의 1개월은 30일을 기준으로 한다.
  2. 과징금 부과금액은 다음의 계산식에 따라 산출한다.

    과징금 부과금액 = 위반사업자 1일 평균매출금액 × 영업정지 일수 × 0.1

  3. 제2호의 계산식 중 '위반사업자 1일 평균매출금액'은 위반행위를 한 영업자에 대한 행정처분일이 속한 연도의 전년도 1년간의 총 매출금액을 해당 연도의 일수로 나눈 금액으로 한다. 다만, 신규

제85조는 제69조제1항에 따른 허가를 받지 아니하거나 제73조제1항에 따른 등록을 하지 아니하고 영업을 하거나, 제83조에 따라 허가 또는 등록이 취소되거나 영업정지명령을 받았음에도 불구하고 계속하여 영업을 한 때에는 관계 공무원으로 하여금 농림축산식품부령으로 정하는 바에 따라 해당 영업장을 폐쇄하게 할 수 있다.

또한 영업장을 폐쇄하기 위하여 관계 공무원에게 해당 영업장의 간판이나 그 밖의 영업표지물의 제거 또는 삭제, 해당 영업장이 적법한 영업장이 아니라는 것을 알리는 게시문 등의 부착, 영업을 위하여 꼭 필요한 시설물 또는 기구 등을 사용할 수 없게 하는 봉인(封印) 등의 조치를 할 수 있는 행정 조치권한을 부여하고 있다.

다만, 이러한 폐쇄조치를 하려는 때에는 조치 이전에 폐쇄조치의 일시·장소 및 관계 공무원의 성명 등을 해당 영업을 하는 영업자 또는 그 대리인에게 서면으로 알려주어야 하고, 해당 영업자에게 보유하고 있는 동물을 양도하게 하는 등 적절한 사육·관리 또는 보호를 위하여 필요한 조치를 명하여야 한다.

개설 또는 휴업 등으로 전년도 1년간의 총 매출금액을 산출할 수 없거나 1년간의 총 매출금액을 기준으로 하는 것이 타당하지 않다고 인정되는 경우에는 분기별 매출금액, 월별 매출금액 또는 일수별 매출금액을 해당 단위에 포함된 일수로 나누어 1일 평균매출금액을 산정한다.

4. 제2호에 따라 산출한 과징금 부과금액이 1억원을 넘는 경우에는 법 제84조제1항에 따라 과징금 부과금액을 1억원으로 한다.

5. 부과권자는 다음 각 목의 어느 하나에 해당하는 경우에는 제2호에 따라 산출한 과징금 부과금액의 2분의 1 범위에서 그 금액을 줄일 수 있다. 다만, 과징금을 체납하고 있는 위반행위자의 경우에는 그렇지 않다.

   가. 위반행위가 사소한 부주의나 오류로 인한 것으로 인정되는 경우
   나. 위반행위자가 법 위반상태를 시정하거나 해소하기 위한 노력이 인정되는 경우
   다. 그 밖에 위반행위의 정도, 동기와 그 결과 등을 고려하여 과징금을 줄일 필요가 있다고 인정되는 경우

6. 부과권자는 다음 각 목의 어느 하나에 해당하는 경우에는 과징금 금액의 2분의 1 범위에서 그 금액을 늘릴 수 있다. 다만, 과징금 총액은 법 제84조제1항에 따라 1억원을 초과할 수 없다.

   가. 위반의 내용·정도가 중대하여 이용자 등에게 미치는 피해가 크다고 인정되는 경우
   나. 법 위반상태의 기간이 6개월 이상인 경우
   다. 그 밖에 위반행위의 정도, 동기와 그 결과 등을 고려하여 과징금을 늘릴 필요가 있다고 인정되는 경우

3. 입법과제

영업자가 동물에 대한 학대행위를 한 경우는 그 행위가 중대하므로 엄중한 제재가 필요하다 할 것이다. 따라서 이 경우, 특히 학대행위로 인하여 동물을 죽이거나 죽음에 이르게 한 경우(법 제10조 제1항 제1호 내지 제4호)에 한하여서라도 영업의 전부 또는 일부의 정지가 아닌 그 허가 또는 등록의 취소만이 가능하도록 정하는 것이 마땅하다고 본다.

제86조 출입·검사 등

① 농림축산식품부장관, 시·도지사 또는 시장·군수·구청장은 동물의 보호 및 공중위생
상의 위해 방지 등을 위하여 필요하면 동물의 소유자등에 대하여 다음 각 호의 조치를
할 수 있다. 〈개정 2013. 3. 23.〉
  1. 동물 현황 및 관리실태 등 필요한 자료제출의 요구
  2. 동물이 있는 장소에 대한 출입·검사
  3. 동물에 대한 위해 방지 조치의 이행 등 농림축산식품부령으로 정하는 시정명령
② 농림축산식품부장관, 시·도지사 또는 시장·군수·구청장은 동물보호 등과 관련하여
필요하면 영업자나 다음 각 호의 어느 하나에 해당하는 자에게 필요한 보고를 하도록
명하거나 자료를 제출하게 할 수 있으며, 관계 공무원으로 하여금 해당 시설 등에 출입
하여 운영실태를 조사하게 하거나 관계 서류를 검사하게 할 수 있다.
  1. 제35조제1항 및 제36조제1항에 따른 동물보호센터의 장
  2. 제37조에 따른 보호시설운영자
  3. 제51조제1항 및 제2항에 따라 윤리위원회를 설치한 동물실험시행기관의 장
  4. 제59조제3항에 따른 동물복지축산농장의 인증을 받은 자
  5. 제60조에 따라 지정된 인증기관의 장
  6. 제63조제1항에 따라 동물복지축산물의 표시를 한 자
  7. 제69조제1항에 따른 영업의 허가를 받은 자 또는 제73조제1항에 따라 영업의 등
     록을 한 자
③ 특별자치시장·특별자치도지사·시장·군수·구청장은 소속 공무원으로 하여금 제2항
제2호에 따른 보호시설운영자에 대하여 제37조제4항에 따른 시설기준·운영기준 등의
사항 및 동물보호를 위한 시설정비 등의 사후관리와 관련한 사항을 1년에 1회 이상 정
기적으로 점검하도록 하고, 필요한 경우 수시로 점검하게 할 수 있다.
④ 시·도지사와 시장·군수·구청장은 소속 공무원으로 하여금 제2항제7호에 따른 영업
자에 대하여 다음 각 호의 구분에 따라 1년에 1회 이상 정기적으로 점검하도록 하고, 필
요한 경우 수시로 점검하게 할 수 있다.
  1. 시·도지사: 제70조제4항에 따른 시설 및 인력 기준의 준수 여부
  2. 특별자치시장·특별자치도지사·시장·군수·구청장: 제69조제3항 및 제73조제3항
     에 따른 시설 및 인력 기준의 준수 여부와 제78조에 따른 준수사항의 이행 여부
⑤ 시·도지사는 제3항 및 제4항에 따른 점검 결과(관할 시·군·구의 점검 결과를 포함

한다)를 다음 연도 1월 31일까지 농림축산식품부장관에게 보고하여야 한다.

⑥ 농림축산식품부장관, 시·도지사 또는 시장·군수·구청장이 제1항제2호 및 제2항 각 호에 따른 출입·검사 또는 제3항 및 제4항에 따른 점검(이하 "출입·검사등"이라 한다)을 할 때에는 출입·검사등의 시작 7일 전까지 대상자에게 다음 각 호의 사항이 포함된 출입·검사등 계획을 통지하여야 한다. 다만, 출입·검사등 계획을 미리 통지할 경우 그 목적을 달성할 수 없다고 인정하는 경우에는 출입·검사등을 착수할 때에 통지할 수 있다.

1. 출입·검사등의 목적
2. 출입·검사등의 기간 및 장소
3. 관계 공무원의 성명과 직위
4. 출입·검사등의 범위 및 내용
5. 제출할 자료

⑦ 농림축산식품부장관, 시·도지사 또는 시장·군수·구청장은 제2항부터 제4항까지의 규정에 따른 출입·검사등의 결과에 따라 필요한 시정을 명하는 등의 조치를 할 수 있다.

제101조(과태료) ③ 다음 각 호의 어느 하나에 해당하는 자에게는 100만원 이하의 과태료를 부과한다.

22. 제86조제1항제1호에 따른 자료제출 요구에 응하지 아니하거나 거짓 자료를 제출한 동물의 소유자등
23. 제86조제1항제2호에 따른 출입·검사를 거부·방해 또는 기피한 동물의 소유자등
24. 제86조제2항에 따른 보고·자료제출을 하지 아니하거나 거짓으로 보고·자료제출을 한 자 또는 같은 항에 따른 출입·조사·검사를 거부·방해·기피한 자
25. 제86조제1항제3호 또는 같은 조 제7항에 따른 시정명령 등의 조치에 따르지 아니한 자

시행규칙 제54조(시정명령) 법 제86조제1항제3호에서 "농림축산식품부령으로 정하는 시정명령"이란 다음 각 호의 어느 하나에 해당하는 명령을 말한다.

1. 동물에 대한 학대행위의 중지
2. 동물에 대한 위해 방지 조치의 이행
3. 공중위생 및 사람의 신체·생명·재산에 대한 위해 방지 조치의 이행
4. 질병에 걸리거나 부상당한 동물에 대한 신속한 치료

제101조(과태료) ③ 다음 각 호의 어느 하나에 해당하는 자에게는 100만원 이하의 과태료를 부과한다.

22. 제86조제1항제1호에 따른 자료제출 요구에 응하지 아니하거나 거짓 자료를 제출한 동물의 소유자등
23. 제86조제1항제2호에 따른 출입·검사를 거부·방해 또는 기피한 동물의 소유자등
24. 제86조제2항에 따른 보고·자료제출을 하지 아니하거나 거짓으로 보고·자료제출을 한 자 또는 같은 항에 따른 출입·조사·검사를 거부·방해·기피한 자
25. 제86조제1항제3호 또는 같은 조 제7항에 따른 시정명령 등의 조치에 따르지 아니한 자

1. 입법취지

해당 조문은 2007. 1. 26. 법률 제8282호로 전부개정된 「동물보호법」의 내용으로 신설된 것이다. 해당조문은 동물에게 위해가 가해지는 상황 등에 있어서 동물을 보호하고, 소유자 등의 관리 소홀로 공중위생상의 문제가 발생하는 것을 이유로 국가와 지자체가 직접 동물의 소유자 등을 대상으로 동물의 사육·관리 실태 등을 확인하기 위하여 출입하거나 검사할 수 있는 근거를 마련한 것이다.

2. 조문 해설

농림축산식품부장관, 시·도시사 또는 시장·군수·구청장은 동물의 보호 및 공중위생상의 위해 방지 등을 위하여 동물의 소유자 등에게 동물의 현황 및 관리 실태에 대한 자료를 요구할 수 있고, 동물이 있는 장소에 출입하여 검사할 수 있으며, 필요한 경우 동물에 대한 학대행위 중지, 위해방지 조치 이행, 동물에 대한 신속한 치료를 내용으로 하는 시정명령을 내릴 수 있다.

개정 전 동물보호법이 출입·검사 등의 대상을 '영업자·동물보호센터의 장·동물실험시행기관의 장·동물복지축산농장으로 인증받은 자'로 정하고 있었는데, 개정 동물보호법에 '민간동물보호 시설', '동물복지축산농장에 관한 인증기

관' 등의 규정이 신설됨에 따라 출입·검사등의 대상이 확대 되었다. 본 조 제2항 각 호에 해당하는 자에 대하여 동물보호 등과 관련하여 필요할 경우 농림축산식품부장관, 시·도지사 또는 시장·군수·구청장은 자료제출을 요청하거나, 관계 공무원으로 하여금 시설에 출입하여 운영실태 조사 및 서류 검사를 하게 할 수 있다.

또한 개정 동물보호법은 제37조에 따른 보호시설(민간동물보호시설)의 운영자에 대하여 제37조 제4항에 따른 시설기준·운영기준 등의 사항 및 동물보호를 위한 시설정비 등의 사후관리와 관련한 사항을 1년에 1회 이상 정기적으로 점검하도록 하고, 필요한 경우에는 수시로 점검하게 할 수 있는 근거 규정을 두었다.

영업자에 대하여서도 시·도지사는 제70조 제4항에 따른 시설 및 인력 기준의 준수 여부를, 특별자치시장·특별자치도지사·시장·군수·구청장은 제69조 제3항 및 제73조제3항에 따른 시설 및 인력 기준의 준수 여부와 제78조에 따른 준수사항의 이행 여부를 각 1년에 1회 이상 정기적으로 점검하도록 하고 필요한 경우 수시로 점검할 수 있도록 규정하였다.

위와 같은 민간동물보호시설과 영업자에 대한 점검 결과는 다음 연도 1월 31까지 농림축산식품부장관에게 보고하여야 하며, 농림축산식품부장관, 시·도지사 또는 시장·군수·구청장은 제2항부터 제4항까지의 규정에 따른 출입·검사등의 결과에 따라 필요한 시정을 명하는 등의 조치를 할 수 있다.

출입검사의 경우 검사 시작 7일 전에 대상자에게 목적·기간·장소·관계공무원의 성명·직위, 출입검사의 범위 및 내용을 미리 통지하여야 하는데, 미리 통지할 경우 그 목적을 달성할 수 없다고 인정하는 때에는 착수시에 통지할 수 있다. 이는 영업자·동물보호센터의 장·동물실험시행기관의 장·동물복지축산농장으로 인증받은 자가 출입검사를 대비해 기존의 상태를 변경시켜 출입검사 목적의 달성을 방해하는 것을 방지하기 위함이다.

3. 입법과제

개정 동물보호법이 정한 새로운 보호소나 기관 등에 대한 출입·검사가 이루어질 수 있도록 그 대상이 확대되었으나, 자료제출 요구에 응하지 아니하거나 거짓 자료를 제출하는 경우, 출입·검사를 거부·방해 또는 기피하는 경우, 시정명령 등의 조치에 따르지 아니하는 경우 등에 대하여 100만원 이하의 과태료를 부과하도록 정하였다.

이는 개정 전 법에서 300만원 이하로 정해져 있던 과태료보다 낮아진 금액이어서, 개정 전에도 실효성에 의문이 있었던 과태료 상한을 더욱 낮게 규정할 실익이 과연 무엇인지 알기 어렵다.

본 조는 행정기관이 동물의 보호 및 공중위생상의 위해 방지 등 동물을 보호하거나 이용하는 자들을 감시, 감독하기 위한 규정이다. 그러나 자료제출 요구에 대해 당사자들이 자발적으로 응하지 않을 경우와 출입·조사를 거부·방해·기피하는 등의 경우 과태료를 부과하는 외에 이를 '강제'할 수 있도록 하는 규정을 두고 있지 않아 과연 출입·검사가 실질적으로 이루어 질 수 있을지 의문이다.

특히 출입·조사의 일시와 목적, 내용 등을 원칙적으로는 사전 통지하도록 되어 있는데, 이 경우 정기적으로 이루어지는 형식적인 관리·감독 이상의 효과를 달성하기 어려울 것이다.

대만의 동물보호법은 "동물보호 검사원"으로 하여금 '동물 경기장 도살장 번식 장 매매장 위탁 사육소, 훈련소, 동물과학응용(실험) 장소를 출입 할 수 있고, 동물보호법 규정에 위반되는 사항이 있는지 조사와 위법행위 중지 조치를 취할 수 있도록'규정하면서, 필요시 '필요할 경우에는 경찰의 협조를 받을 수 있'도록 규정하고 있다.[4]

유사하게 우리나라는 최근 특별사법경찰에 의해 다른 동물이 보는 앞에서 도살하는 등의 동물학대사건 6건 및 무허가·무등록 동물생산업, 장묘업 등 동

---

4 대만 동물보호법 제23조(직할시 현(시) 담당기관은 동물보호 검사원 (감독관) 설립을 하여야 하며 의무 동물 보호원 (보조원)을 뽑아 동물보호 검사원의 작업에 협력 보조 되도록 한다. 동물보호 검사원은 동물 경기장 도살장 번식 장 매매장 위탁 사육소, 훈련소, 동물과학응용(실험) 장소를 출입 할 수 있으며 본법 규정에 위반되는 사항이 있는지 조사와, 위법행위 중지 조치를 취할 수 있다. 상기의 조사 나 위법행위 중지 조치에 대해 회피나 거절 방해를 하여서는 안 된다. 동물보호 검사원은 업무 실행 시 신분증 제시를 해야 하며 필요시는 경찰의 협조를 받을 수 있다).

물 관련 불법 영업시설 47개소 적발이 이루어진 예5가 있다.

이처럼 행정공무원에게 사법경찰권을 부여하여 수사 활동을 하도록 제도화한 특별사법경찰 제도에 의해 실질적인 동물학대 현장 적발, 단독 등이 이루어지고 있는 사실을 참고하여, 공무원의 출입·검사 등 권한이 특별사법경찰제도와 연계해 더 실효적으로 활용될 수 있도록 본 조 규정을 정비할 필요가 있다.

5　경기도청 경기도 특별사법경찰관 홈페이지, 2019. 12. 23.자 게시물, "다른 개 앞에서 버젓이 도살…
　도, 동물보호 관련 불법행위 67건 적발".

제87조 고정형 영상정보처리기기의 설치 등

① 다음 각 호의 어느 하나에 해당하는 자는 동물학대 방지 등을 위하여 「개인정보 보호법」 제2조제7호에 따른 영상정보처리기기를 설치하여야 한다.

   1. 제35조제1항 또는 제36조제1항에 따른 동물보호센터의 장

   2. 제37조에 따른 보호시설운영자

   3. 제63조제1항제1호다목에 따른 도축장 운영자

   4. 제69조제1항에 따른 영업의 허가를 받은 자 또는 제73조제1항에 따라 영업의 등록을 한 자

② 제1항에 따른 영상정보처리기기의 설치 대상, 장소 및 기준 등에 필요한 사항은 대통령령으로 정한다.

③ 제1항에 따라 영상정보처리기기를 설치·관리하는 자는 동물보호센터·보호시설·영업장의 종사자, 이용자 등 정보주체의 인권이 침해되지 아니하도록 다음 각 호의 사항을 준수하여야 한다.

   1. 설치 목적과 다른 목적으로 영상정보처리기기를 임의로 조작하거나 다른 곳을 비추지 아니할 것

   2. 녹음기능을 사용하지 아니할 것

④ 제1항에 따라 영상정보처리기기를 설치·관리하는 자는 다음 각 호의 어느 하나에 해당하는 경우 외에는 영상정보처리기기로 촬영한 영상기록을 다른 사람에게 제공하여서는 아니 된다.

   1. 소유자등이 자기 동물의 안전을 확인하기 위하여 요청하는 경우

   2. 「개인정보 보호법」 제2호제6호가목에 따른 공공기관이 제86조 등 법령에서 정하는 동물보호 업무 수행을 위하여 요청하는 경우

   3. 범죄의 수사와 공소의 제기 및 유지, 법원의 재판업무 수행을 위하여 필요한 경우

⑤ 이 법에서 정하는 사항 외에 영상정보처리기기의 설치, 운영 및 관리 등에 관한 사항은 「개인정보 보호법」에 따른다.

1. 입법취지

동물학대는 범죄행위로서 형벌을 부과하기 위해 수사와 재판의 과정을 거

쳐야 한다. 그런데 이 과정에서 명확한 증거자료가 확보되지 않아 '정황상' 동
물학대 행위를 하였음에 정황상 명확함에도 불구하고 처벌하기 어려운 경우가
매우 많다. 특히 동물이 자신의 피해에 대해 스스로 증언할 수 없기 때문에 동
물학대 사건에서 학대행위를 촬영한 영상자료는 증거로서 매우 결정적인 역할
을 한다.

이에 개정 동물보호법은 동물을 적정하게 사육·관리하고, 동물의 복지를
고려하여야 할 지위에 있는 자들로 하여금 영상정보처리기기, 이른바 CCTV를
의무적으로 설치하도록 하였다.

2. 조문 해설

동물보호센터, 지정동물보호센터, 민간동물보호시설, 동물복지축산물을 생
산하기 위해 농장동물을 도축하는 도축장 운영자, 동물 생산·수입·판매·장묘
업 허가를 받은 자 또는 동물 전시·위탁관리·미용·운송업 등록을 한 자는 동
물학대 방지 등을 위하여 개인정보보호법 제2조 제7호6에 따른 영상정보처리기
기를 설치하여야 한다.

영상정보처리기기의 설치 대상, 장소 및 기준 등에 필요한 사항은 대통령
령으로 정하도록 하고 있는데, 이에 관하여 시행령 제26조는 [별표3]에서 동물

---

6 개인정보보호법
   제2조(정의) 이 법에서 사용하는 용어의 뜻은 다음과 같다.
      7. "영상정보처리기기"란 일정한 공간에 지속적으로 설치되어 사람 또는 사물의 영상 등을 촬영하
         거나 이를 유·무선망을 통하여 전송하는 장치로서 대통령령으로 정하는 장치를 말한다.
   개인정보보호법 시행령
   제3조(영상정보처리기기의 범위) 법 제2조제7호에서 "대통령령으로 정하는 장치"란 다음 각 호의 장치
   를 말한다.
      1. 폐쇄회로 텔레비전: 다음 각 목의 어느 하나에 해당하는 장치
         가. 일정한 공간에 지속적으로 설치된 카메라를 통하여 영상 등을 촬영하거나 촬영한 영상정보를
            유무선 폐쇄회로 등의 전송로를 통하여 특정 장소에 전송하는 장치
         나. 가목에 따라 촬영되거나 전송된 영상정보를 녹화·기록할 수 있도록 하는 장치
      2. 네트워크 카메라: 일정한 공간에 지속적으로 설치된 기기로 촬영한 영상정보를 그 기기를 설치
         ·관리하는 자가 유무선 인터넷을 통하여 어느 곳에서나 수집·저장 등의 처리를 할 수 있도록 하
         는 장치

보호센터·보호시설의 경우 보호실 및 격리실에, 영업장의 경우 각 업종에 따라 동물이 주로 머물게 되는 장소를 특정하여 해당 장소에 고정형 영상정보처리기기를 설치하도록 정하고 있다. 또한 카메라의 설치위치, 화질, 수리 및 안내판 설치 등 관리기준을 정하고 있다.

영상정보처리기기를 설치·관리하는 자는 ① 기기설치 목적과 다른 목적으로 영상정보처리기기를 임의로 조작하거나 다른 곳을 비추지 않도록 하고, ② 녹음기능을 사용하지 않도록 하여 동물보호센터·보호시설·영업장의 종사자, 이용자 등 정보주체의 인권이 침해되지 아니하도록 하여야 한다.

영상정보처리기기를 설치·관리하는 자는 ① 소유자등이 자기 동물의 안전을 확인하기 위하여 요청하는 경우 ②「개인정보 보호법」제2호제6호가목에 따른 공공기관이 제86조 등 법령에서 정하는 동물보호 업무 수행을 위하여 요청하는 경우 ③ 범죄의 수사와 공소의 제기 및 유지, 법원의 재판업무 수행을 위하여 필요한 경우 외에는 영상정보처리기기로 촬영한 영상기록을 다른 사람에게 제공하여서는 아니 된다.

위와 같은 사항 외에 영상정보처리기기의 설치, 운영 및 관리 등에 관한 사항은「개인정보 보호법」에 따르도록 하고 있다.

3. 입법과제

영상정보처리기기를 의무적으로 설치할 경우 이는 범죄의 증명 및 그에 따른 처벌을 보다 용이하게 할 수 있다는 장점이 있다. 나아가 정보주체의 인권이 침해되지 않는 선에서 영상정보처리기기의 존재는 동물의 복지를 조금이나마 더 신경 쓰게 하는 긍정적인 역할을 하게 될 것으로 기대한다.

다만 아직 동물복지축산물 생산을 위한 도축장에 관한 농림축산식품부령 규정이 마련되지 않아 인증농장 도축장의 영상정보처리기기 설치 대상, 장소 및 기준이 명확하지 않은 상태이다. 하위법령을 조속히 정비하여 규정 적용에 공백이 없도록 하여야 할 것이다.

제88조 동물보호관

① 농림축산식품부장관(대통령령으로 정하는 소속 기관의 장을 포함한다), 시·도지사 및 시장·군수·구청장은 동물의 학대 방지 등 동물보호에 관한 사무를 처리하기 위하여 소속 공무원 중에서 동물보호관을 지정하여야 한다.

② 제1항에 따른 동물보호관(이하 "동물보호관"이라 한다)의 자격, 임명, 직무 범위 등에 관한 사항은 대통령령으로 정한다.

③ 동물보호관이 제2항에 따른 직무를 수행할 때에는 농림축산식품부령으로 정하는 증표를 지니고 이를 관계인에게 보여주어야 한다.

④ 누구든지 동물의 특성에 따른 출산, 질병 치료 등 부득이한 사유가 있는 경우를 제외하고는 제2항에 따른 동물보호관의 직무 수행을 거부·방해 또는 기피하여서는 아니 된다.

제101조(과태료) ③ 다음 각 호의 어느 하나에 해당하는 자에게는 100만원 이하의 과태료를 부과한다.

　　26. 제88조제4항을 위반하여 동물보호관의 직무 수행을 거부·방해 또는 기피한 자

동물보호법 시행령

제27조(동물보호관의 자격 등) ① 법 제88조제1항에서 "대통령령으로 정하는 소속 기관의 장"이란 농림축산검역본부장(이하 "검역본부장"이라 한다)을 말한다.

② 농림축산식품부장관, 검역본부장, 시·도지사 및 시장·군수·구청장은 법 제88조제1항에 따라 소속 공무원 중 다음 각 호의 어느 하나에 해당하는 사람을 동물보호관으로 지정해야 한다.

　　1. 「수의사법」 제2조제1호에 따른 수의사 면허가 있는 사람
　　2. 「국가기술자격법」 제9조에 따른 축산기술사, 축산기사, 축산산업기사 또는 축산기능사 자격이 있는 사람
　　3. 「고등교육법」 제2조에 따른 학교에서 수의학·축산학·동물관리학·애완동물학·반려동물학 등 동물의 관리 및 이용 관련 분야, 동물보호 분야 또는 동물복지 분야를 전공하고 졸업한 사람
　　4. 그 밖에 동물보호·동물복지·실험동물 분야와 관련된 사무에 종사하고 있거나 종사한 경험이 있는 사람

③ 제2항에 따른 동물보호관의 직무는 다음 각 호와 같다.

1. 법 제9조에 따른 동물의 적정한 사육·관리에 대한 교육 및 지도

2. 법 제10조에 따라 금지되는 동물학대 행위의 예방, 중단 또는 재발방지를 위하여 필요한 조치

3. 법 제11조에 따른 동물의 적정한 운송과 법 제12조에 따른 반려동물 전달 방법에 대한 지도·감독

4. 법 제13조에 따른 동물의 도살방법에 대한 지도

5. 법 제15조에 따른 등록대상동물의 등록 및 법 제16조에 따른 등록대상동물의 관리에 대한 감독

6. 법 제22조에 따른 맹견의 출입금지에 대한 감독

7. 다음 각 목의 센터 또는 시설의 보호동물 관리에 관한 감독

　가. 법 제35조제1항에 따라 설치된 동물보호센터

　나. 법 제36조제1항에 따라 지정된 동물보호센터

　다. 보호시설

8. 법 제58조에 따른 윤리위원회의 구성·운영 등에 관한 지도·감독 및 개선명령의 이행 여부에 대한 확인 및 지도

9. 법 제69조제1항에 따른 영업의 허가를 받거나 법 제73조제1항에 따라 영업의 등록을 한 자(이하 "영업자"라 한다)의 시설·인력 등 허가 또는 등록사항, 준수사항, 교육 이수 여부에 관한 감독

10. 법 제71조제1항에 따른 공설동물장묘시설의 설치·운영에 관한 감독

11. 법 제86조에 따른 조치, 보고 및 자료제출 명령의 이행 여부에 관한 확인·지도

12. 법 제90조제1항에 따라 위촉된 명예동물보호관에 대한 지도

13. 법률 제18853호 동물보호법 전부개정법률 부칙 제12조에 따라 2024년 4월 26일까지 적용되는 종전의 「동물보호법」(법률 제18853호로 전부개정 되기 전의 것을 말한다) 제13조의2에 따른 맹견의 관리에 관한 감독

14. 그 밖에 동물의 보호 및 복지 증진에 관한 업무

1. 입법취지

동물보호관 제도는 2007. 1. 26. 법률 제8282호로 전부개정된 「동물보호법」의 내용으로 신설된 것이다. 당시에는 '동물보호감시원'으로서 동물의 보호와

학대의 방지를 위하여 동물학대행위자로부터 피학대동물의 격리 또는 치료가 필요한 때에는 동물보호전문기관 또는 치료기관의 인도에 필요한 조치를 할 수 있도록 하는 등 구체적인 역할을 부여해 동물 학대행위에 대한 감시와 계도활동을 하도록 규정하고 있었는데, 개정 동물보호법은 그 명칭을 '동물보호관'으로 변경하였다.

2. 조문 해설

농림축산식품부장관(대통령령에 따라 농림축산검역본부장 포함), 시·도지사 및 시장·군수·구청장은 동물의 학대 방지 등 동물보호에 관한 사무를 처리하기 위하여 소속 공무원 중에서 동물보호관을 지정하여야 한다.

동물보호관은 "「수의사법」 제2조제1호에 따른 수의사 면허가 있는 사람, 「국가기술자격법」 제9조에 따른 축산기술사, 축산기사, 축산산업기사 또는 축산기능사 자격이 있는 사람, 「고등교육법」 제2조에 따른 학교에서 수의학·축산학·동물관리학·애완동물학·반려동물학 등 동물의 관리 및 이용 관련 분야, 동물보호 분야 또는 동물복지 분야를 전공하고 졸업한 사람, 그 밖에 동물보호·동물복지·실험동물 분야와 관련된 사무에 종사한 경험이 있는 사람" 중 어느 하나에 해당하는 소속 공무원 중에서 지정하여야 한다.

동물보호관은 '법 제7조에 따른 동물의 적정한 사육·관리에 대한 교육 및 지도, 법 제9조에 따른 동물의 적정한 사육·관리에 대한 교육 및 지도, 법 제10조에 따라 금지되는 동물학대행위의 예방, 중단 또는 재발방지를 위하여 필요한 조치' 등 같은 법 시행령 제14조가 정하는 '동물의 보호 및 복지 증진에 관한 업무'를 그 직무로 한다.

동물보호관이 제2항에 따른 직무를 수행할 때에는 농림축산식품부령으로 정하는 증표를 지니고 이를 관계인에게 보여주어야 하고, 누구든지 동물의 특성에 따른 출산, 질병 치료 등 부득이한 사유가 없으면 제2항에 따른 동물보호관의 직무 수행을 거부·방해 또는 기피하여서는 아니 된다.

만약 이를 위반하여 동물보호관의 직무 수행을 거부·방해 또는 기피한 자에게는 100만 원 이하의 과태료를 부과한다.

3. 입법과제

동물보호관은 국가와 지방자치단체에게 부여된 동물의 적정한 보호·관리 책무를 구체적으로 실행할 소속 공무원을 지정하도록 함으로써 동물보호와 관련한 감시와 계도활동을 강화하기 위한 것이다.

시행령 제27조 제3항에서 보는 바와 같이, 동물보호관의 직무는 동물학대 행위의 예방, 중단 또는 재발방지를 위하여 필요한 조치 등 법 위반 행위를 막고, 적정한 사육관리와 영업행위 등을 지도하는 것이기 때문에 이를 수행할 수 있는 적절한 권한이 필요하다.

즉, 관계인으로 하여금 동물보호관의 직무 수행을 거부·방해 또는 기피하지 못하도록 하는 소극적인 제재만으로는 동물보호관이 당장 이루어지고 있는 불법적인 동물학대 행위, 도살행위 등의 중지를 강제하기 어렵다. 이러한 비판은 '동물보호감시원'에 대하여도 있어 왔는데, 개정 동물보호법은 명칭만 '동물보호관'으로 변경하였을 뿐이고 좀 더 적극적인 권한을 부여하지 못한 점은 아쉽다. 법 제86조에서 살펴본 바와 같이, 동물보호관에게 특별사법경찰의 지위를 부여하거나, 필요한 경우 특별사법경찰의 협조를 구할 수 있도록 개선할 필요가 있다.

참고로, 뉴질랜드 동물복지법의 경우 동물의 고통이 방지되거나 경감될 수 있는 상황인 경우, 해당 법령을 위반하거나, 본 법령에 의하여 규제되는 사항이 준수되지 않는 경우 및 그 증거가 있는 경우 등에 있어서, '선서에 근거하여 경찰이나 감독관에 의하여 서면으로 작성된 지원에 따라, 지방법원 판사나, 사법부나 지역행정관, 혹은, (경찰이 아닌) 기록담당관이 지원에 구체적으로 언급된 토지, 부지, 기타 장소나, 자동차, 비행기 배에서 다음과 같은 일이 있었다고 판단할 적당한 근거가 있을 때 수색영장을 발부하여 해당 경찰관과 감독관이 해당 토지, 부지, 지역 혹은 차, 비행기, 배 등을 수색할 수 있는 권한을 부여'하고 있다.[7]

---

7 Animal Welfare Act 1999
   131. Search warrants

영장청구권을 '검사'가 독점하고 있는 우리나라 법률 체계에서 직접 참고·인용하기는 어려울 수 있지만, 특별사법경찰제도를 이용하여 적어도 영장 신청을 용이하게 하여 '동물 관련 사건'의 강제수사가 신속하고 용이하게 이루어질 수 있도록 할 필요가 있다.

---

(1) Any District Court Judge or Justice or Community Magistrate or any Registrar (not being a constable) who, on an application in writing made on oath by a constable or an inspector, is satisfied that there are reasonable grounds for believing that in or on any land, premises, or place specified in the application or any vehicle, aircraft, or ship specified in the application—

(a) an offence against this Act or any regulations made
    under this Act has been, or is being, committed; or

(b) the suffering of an animal could be prevented or mitigated; or

(c) there is any thing that is evidence of an offence committed against this Act or any regulations made under this Act; or

(d) there is any thing which there are reasonable grounds to believe may be evidence of the commission of any offence against this Act or any regulations made under this Act,—may issue a search warrant to authorise the constable or the inspector to search the land, premises, or place or the vehicle, aircraft, or ship.

(이하 생략)

제89조 학대행위자에 대한 상담, 교육 등의 권고

동물보호관은 학대행위자에 대하여 상담·교육 또는 심리치료 등 필요한 지원을 받을 것을 권고할 수 있다.

1. 입법취지

동물보호관은 동물학대 행위의 예방, 중단 또는 재발방지를 위하여 필요한 조치를 그 직무로 한다(시행령 제27조 제3항 제2호). 동물학대 행위는 약자에 대한 폭력으로서 사회적 위험성이 드러나는 범죄이기 때문에 그에 대한 처벌뿐만 아니라 예방과 재발방지를 위한 교육 등의 프로그램이 매우 중요한 범죄유형 중에 하나이다.

이에 동물보호관으로 하여금 학대행위자에 대하여 범죄행위의 예방 및 재범방지 등을 위하여 필요한 상담·교육 또는 심리치료 등 필요한 지원을 받을 것을 권고할 수 있도록 하였다.

2. 조문 해설

동물보호관은 학대행위자에 대하여 상담·교육 또는 심리치료 등 필요한 지원을 받을 것을 권고할 수 있다.

여기서 '학대행위자'라 함은, 법원의 유죄판결을 전제로 하고 있지는 않기 때문에 동물보호관이 그의 직무를 행함에 있어서 발견한 학대행위의 당사자라고 해석하면 족할 것이다.

동물보호관은 학대행위자에 대한 상담·교육 또는 심리치료 등의 필요성 및 실효성 등에 대한 자신의 판단에 따라 권고 여부를 결정할 수 있다.

3. 입법과제

구체적 사정에 따라 학대행위자에 대하여 상담·교육 또는 심리치료를 진행할 필요가 있는지 여부는 다르게 판단될 수 있다. 그런데 위와 같은 상담·교육 또는 심리치료가 필요하다고 판단될 때 학대행위자가 받을 수 있는 지원이 무엇인지, 어떤 기관에서 어떤 상담과 교육을 받을 수 있는지에 대해 체계적인 시스템이 갖춰져 있지는 않다.

위와 같은 시스템이 갖추어져 있지 않은 이상 동물보호관이 학대행위자에게 권고를 하는 것은 사실상 무의미할 수 있다. 위 권고 규정에 따른 권고와 상담, 교육, 치료의 과정이 제대로 운영되기 위해서는 동물학대 범죄의 특성을 반영한 프로그램을 개발하고 그에 따른 상담, 교육, 치료에 관한 국가적 지원의 근거를 마련해야 할 것이다.

제90조 명예동물보호관

① 농림축산식품부장관, 시·도지사 및 시장·군수·구청장은 동물의 학대 방지 등 동물보호를 위한 지도·계몽 등을 위하여 명예동물보호관을 위촉할 수 있다.

② 제10조를 위반하여 제97조에 따라 형을 선고받고 그 형이 확정된 사람은 제1항에 따른 명예동물보호관(이하 "명예동물보호관"이라 한다)이 될 수 없다.

③ 명예동물보호관의 자격, 위촉, 해촉, 직무, 활동 범위와 수당의 지급 등에 관한 사항은 대통령령으로 정한다.

④ 명예동물보호관은 제3항에 따른 직무를 수행할 때에는 부정한 행위를 하거나 권한을 남용하여서는 아니 된다.

⑤ 명예동물보호관이 그 직무를 수행하는 경우에는 신분을 표시하는 증표를 지니고 이를 관계인에게 보여주어야 한다.

동물보호법 시행령

제28조(명예동물보호관의 자격 및 위촉 등) ① 농림축산식품부장관, 시·도지사 및 시장·군수·구청장이 법 제90조제1항에 따라 위촉하는 명예동물보호관(이하 "명예동물보호관"이라 한다)은 다음 각 호의 어느 하나에 해당하는 사람으로서 농림축산식품부장관이 정하는 관련 교육과정을 마친 사람으로 한다.

  1. 제6조에 따른 법인 또는 단체의 장이 추천한 사람

  2. 제27조제2항 각 호의 어느 하나에 해당하는 사람

  3. 동물보호에 관한 학식과 경험이 풍부한 사람으로서 명예동물보호관의 직무를 성실히 수행할 수 있는 사람

② 농림축산식품부장관, 시·도지사 또는 시장·군수·구청장은 제1항에 따라 위촉한 명예동물보호관이 다음 각 호의 어느 하나에 해당하는 경우에는 해촉할 수 있다.

  1. 사망·질병 또는 부상 등의 사유로 직무 수행이 곤란하게 된 경우

  2. 제3항에 따른 직무를 성실히 수행하지 않거나 직무와 관련하여 부정한 행위를 한 경우

③ 명예동물보호관의 직무는 다음 각 호와 같다.

  1. 동물보호 및 동물복지에 관한 교육·상담·홍보 및 지도

  2. 동물학대 행위에 대한 정보 제공

  3. 학대받는 동물의 구조·보호 지원

4. 제27조제3항에 따른 동물보호관의 직무 수행을 위한 지원

④ 명예동물보호관의 활동 범위는 다음 각 호의 구분에 따른다.

1. 농림축산식품부장관이 위촉한 경우: 전국

2. 시·도지사가 위촉한 경우: 해당 시·도지사의 관할구역

3. 시장·군수·구청장이 위촉한 경우: 해당 시장·군수·구청장의 관할구역

⑤ 농림축산식품부장관, 시·도지사 또는 시장·군수·구청장은 명예동물보호관에게 예산의 범위에서 수당을 지급할 수 있다.

⑥ 제1항부터 제5항까지에서 규정한 사항 외에 명예동물보호관의 운영에 필요한 사항은 농림축산식품부장관이 정하여 고시한다.

1. 입법취지

해당 조문은 2007. 1. 26. 법률 제8282호로 전부개정 된 「동물보호법」의 내용으로 신설된 것으로서, 동물 학대행위에 대한 감시와 계도활동을 강화하기 위한 규정이다. 일반 사인 중에서 위촉한다는 점에서 동물보호관과 다르다.

동물보호 관련 업무를 담당하는 공무원 인력 부족을 보충함과 동시에 민간 전문가 등의 감시활동을 활성화하여 동물보호 강화를 도모한다는 점에서 의미가 있다.

개정 전 동물보호감시원이 개정 후 동물보호관으로 명칭을 변경함에 따라 동물보호명예감시원도 명예동물보호관으로 명칭을 변경하였다.

2. 조문 해설

농림축산식품부장관, 시·도지사 및 시장·군수·구청장은 동물의 학대 방지 등 동물보호를 위한 지도·계몽 등을 위하여 '(시행령) 제5조8에 따른 법인 또

---

8 동물보호법 시행령
  제6조(동물보호 민간단체의 범위) 법 제4조제3항에서 "대통령령으로 정하는 민간단체"란 다음 각 호의 어느 하나에 해당하는 법인 또는 단체를 말한다.
  1. 「민법」 제32조에 따라 설립된 법인으로서 동물보호를 목적으로 하는 법인

는 단체의 장이 추천한 사람, 제14조제2항 각 호9의 어느 하나에 해당하는 사람, 동물보호에 관한 학식과 경험이 풍부하고, 명예동물보호관의 직무를 성실히 수행할 수 있는 사람' 중 어느 하나에 해당하는 사람으로서 농림축산식품부장관이 정하는 관련 교육과정을 마친 사람을 명예동물보호관으로 위촉하여야 한다.

명예동물보호관은 '동물보호 및 동물복지에 관한 교육·상담·홍보 및 지도, 동물학대행위에 대한 신고 및 정보 제공, 시행령 제27조제3항에 따른 동물보호관의 직무 수행을 위한 지원, 학대받는 동물의 구조·보호 지원'등의 역할을 수행한다. 위촉받은 명예동물보호관이 사망·질병 또는 부상 등의 사유로 직무 수행이 곤란하게 된 경우, 또는 위 직무를 성실히 수행하지 아니하거나 직무와 관련하여 부정한 행위를 한 경우에는 그 위촉을 해제할 수 있다.

동물보호관은 누구로부터 위촉 받았는지에 따라 그 활동 범위가 달라지는데, 농림축산식품부장관이 위촉한 경우에는 전국에서 활동할 수 있고, 시·도지사 또는 시장·군수·구청장이 위촉한 경우에는 위촉한 기관장의 관할구역에서 활동할 수 있다.

농림축산식품부장관, 시·도지사 또는 시장·군수·구청장은 명예감시원에게 예산의 범위에서 수당을 지급할 수 있다.

농림축산식품부장관은 명예동물보호관의 운영에 관한 세부사항을 정하기 위해「동물보호명예감시원 운영규정」10을 두고 있다(농림축산식품부고시 제2021-61

---

2. 「비영리민간단체 지원법」 제4조에 따라 등록된 비영리민간단체로서 동물보호를 목적으로 하는 단체

9 동물보호법 시행령
   제27조(동물보호관의 자격 등) ① 법 제88조제1항에서 "대통령령으로 정하는 소속 기관의 장"이란 농림축산검역본부장(이하 "검역본부장"이라 한다)을 말한다.
   ② 농림축산식품부장관, 검역본부장, 시·도지사 및 시장·군수·구청장은 법 제88조제1항에 따라 소속 공무원 중 다음 각 호의 어느 하나에 해당하는 사람을 동물보호관으로 지정해야 한다.
   1. 「수의사법」 제2조제1호에 따른 수의사 면허가 있는 사람
   2. 「국가기술자격법」 제9조에 따른 축산기술사, 축산기사, 축산산업기사 또는 축산기능사 자격이 있는 사람
   3. 「고등교육법」 제2조에 따른 학교에서 수의학·축산학·동물관리학·애완동물학반려동물학 등 동물의 관리 및 이용 관련 분야, 동물보호 분야 또는 동물복지 분야를 전공하고 졸업한 사람
   4. 그 밖에 동물보호·동물복지·실험동물 분야와 관련된 사무에 종사한 경험이 있는 사람

10 개정 법의 명칭과 동일하게 「명예동물보호관 운영규정」으로 개정되어야 할 것이나, 아직까지는 농림축산식품부고시 제2021-61호인 「동물보호명예감시원 운영규정」이 그대로 적용되고 있다.

호). 위 고시는 명예동물보호관의 위촉을 위한 교육과정, 위촉 절차, 활동 기간, 해촉, 활동 수당에 관한 구체적인 내용을 정하고 있다.

3. 입법과제

최근 반려견 물림사고가 발생하면서, 견주의 안전관리 의무에 관한 벌칙이 강화 되었다. 위와 같은 법률 개정이 이루어지면서 농림축산식품부는 지방자치단체·동물보호단체·명예동물보호관 등과 합동으로 홍보반을 꾸려 반려견 안전·에티켓 캠페인을 벌이기도 했다.

이처럼 명예동물보호관은 동물보호·복지에 관한 교육·상담·홍보 및 지도에 참여하면서 시민들의 인식개선에 긍정적인 역할을 하고 있지만 민간인으로서 독자적인 어떤 권한을 가지거나 직접 관리·감독을 행하기는 어렵다.

따라서 명예동물보호관은 동물학대행위에 대한 신고 및 정보를 제공하고, 동물보호관의 직무수행을 지원하며, 학대받는 동물의 구조·보호를 지원하는 역할을 하게 되는데, 현장에서 동물보호관 등의 협조를 구함에 명예동물보호관이 아닌 일반 시민과 크게 다른 점을 찾기는 어렵다. 명예동물보호관이 (특별)사법경찰관 또는 동물보호관 등에게 동물학대 신고, 구조 요청 등을 한다고 해서 일반적인 신고나 민원과 달리 그들에게 출동의무 등이 발생하는 근거규정은 없기 때문이다.

그러나 명예동물보호관은 농림축산식품부장관, 시·도지사 등이 동물의 학대 방지 등 동물보호를 위한 활동의 전문성을 인정하여 위촉한 자이니 만큼, 그 활동에 있어 (특별)사법경찰관 또는 동물보호감시원과의 긴밀한 협조로 해당 규정의 취지를 극대화 할 필요성이 있다.

제91조 수수료

다음 각 호의 어느 하나에 해당하는 자는 농림축산식품부령으로 정하는 바에 따라 수수료를 내야 한다. 다만, 제1호에 해당하는 자에 대하여는 시·도의 조례로 정하는 바에 따라 수수료를 감면할 수 있다.

1. 제15조제1항에 따라 등록대상동물을 등록하려는 자
2. 제31조에 따른 자격시험에 응시하려는 자 또는 자격증의 재발급 등을 받으려는 자
3. 제59조제3항, 제5항 또는 제6항에 따라 동물복지축산농장 인증을 받거나 갱신 및 재심사를 받으려는 자
4. 제69조, 제70조 및 제73조에 따라 영업의 허가 또는 변경허가를 받거나, 영업의 등록 또는 변경등록을 하거나, 변경신고를 하려는 자

동물보호법 시행규칙

제56조(등록 등의 수수료) 법 제91조에 따른 수수료는 별표 14[11]와 같다. 이 경우 수수료는 정부수입인지, 해당 지방자치단체의 수입증지, 현금, 계좌이체, 신용카드, 직불카드 또는 정보통신망을 이용한 전자화폐·전자결제 등의 방법으로 내야 한다.

---

11 동물보호법 시행규칙 [별표 14]
   등록 등 수수료(제56조 관련)
   1. 등록대상동물의 등록
      가. 신규
         1) 내장형 무선식별장치를 삽입하는 경우: 1만원(무선식별장치는 소유자가 직접 구매하거나 지참해야 한다)
         2) 외장형 무선식별장치 또는 등록인식표를 부착하는 경우: 3천원(무선식별장치 또는 등록인식표는 소유자가 직접 구매하거나 지참해야 한다)
      나. 변경신고
         소유자가 변경된 경우. 소유자의 주소, 전화번호가 변경된 경우, 등록대상동물을 잃어버리거나 죽은 경우 또는 등록대상동물 분실신고 후 다시 찾은 경우 시장·군수·구청장에게 서면을 통해 신고하는 경우: 무료
   2. 영업의 허가·등록·신고 등
      가. 영업허가 또는 영업등록(변경허가 또는 변경등록을 포함한다): 1만원
      나. 영업자 지위승계 신고: 1만원
      다. 허가사항 또는 등록사항의 변경신고: 5천원
      라. 등록증 또는 허가증의 재교부: 5천원

1. 입법취지

해당 조문은 2007. 1. 26. 법률 제8282호로 전부개정 된 「동물보호법」의 내용으로 동물등록제가 규정되면서 신설된 것이다. 등록대상동물을 등록하려는 자, 동물복지축산농장 인증을 받으려는 자, 영업의 등록을 하려거나 허가를 받으려는 자 또는 변경신고를 하려는 자로 하여금 국가와 지방자치단체의 동물보호·관리 비용을 일부 부담하도록 일정한 수수료의 부과를 위한 법적 근거를 마련한 것이다. 개정 법에서는 반려동물행동지도사 자격시험 규정이 신설되면서 위 자격시험에 응시하려는 자 역시 수수료 부과대상에 포함되게 되었다.

등록대상동물의 등록, 동물복지축산농장 인증, 영업의 등록에 공적 인력 및 비용이 소요되므로, 형평의 원칙에 따라 일정한 금액을 당사자에게 부담하도록 하였다. 다만, 반려동물의 파악 및 관리를 용이하게 하기 위해 동물등록의 경우 지방자치단체에 따라 일정한 경우 그 비용을 지원할 수 있도록 단서 규정을 두어 시·도의 조례로 정하는 바에 따라 수수료를 감면할 수 있게 하였다.

2. 조문 해설

제15조제1항에 따라 등록대상동물을 등록하려는 자, 제31조에 따른 자격시험에 응시하려는 자 또는 자격증의 재발급 등을 받으려는 자, 제59조제3항, 제5항 또는 제6항에 따라 동물복지축산농장 인증을 받거나 갱신 및 재심사를 받으려는 자, 제69조, 제70조 및 제73조에 따라 영업의 허가 또는 변경허가를 받거나, 영업의 등록 또는 변경등록을 하거나, 변경신고를 하려는 자농림축산식품부령으로 정하는 바에 따라 수수료를 내야 한다.

해당 수수료는 시행규칙 제56조 [별표14]에서 구체적으로 정하고 있다.

제92조 청문

농림축산식품부장관, 시·도지사 또는 시장·군수·구청장은 다음 각 호의 어느 하나에 해당하는 처분을 하려면 청문을 하여야 한다.

1. 제20조제1항에 따른 맹견사육허가의 철회
2. 제32조제2항에 따른 반려동물행동지도사의 자격취소
3. 제36조제4항에 따른 동물보호센터의 지정취소
4. 제38조제2항에 따른 보호시설의 시설폐쇄
5. 제61조제1항에 따른 인증기관의 지정취소
6. 제65조제1항에 따른 동물복지축산농장의 인증취소
7. 제83조제1항에 따른 영업허가 또는 영업등록의 취소

1. 입법취지

2011. 8. 4. 법률 제10995호로 전부개정 된 「동물보호법」의 내용으로 동물복지축산농장 인증 등이 도입되면서 신설되었다. 이미 받은 지정, 인증, 등록, 허가 등의 취소에 있어 당사자의 의견을 청취하고 사실을 조사함으로써 행정의 적법·타당성을 확보하기 위함이다.

본 조가 '청문'을 해야 하는 경우로 정하고 있는 각 호의 '허가의 철회, 자격취소, 지정취소, 시설폐쇄, 인증취소, 허가 또는 등록의 취소'는 모두 '행정청이 행하는 구체적 사실에 관한 법집행으로서의 공권력의 행사'로서 행정소송법이 정하는 '처분'에 해당한다.[12]

그런데 행정절차법은 제22조에서 '인허가 등의 취소'에 해당하는 처분을 할 경우에는 '법령등에서 청문을 하도록 규정하고 있는 경우'뿐만 아니라 '의견

---

12 행정소송법
제2조(정의) ①이 법에서 사용하는 용어의 정의는 다음과 같다.
　1. "처분등"이라 함은 행정청이 행하는 구체적 사실에 관한 법집행으로서의 공권력의 행사 또는 그 거부와 그 밖에 이에 준하는 행정작용(이하 "處分"이라 한다) 및 행정심판에 대한 재결을 말한다.

제출 기한 내에 당사자 등의 신청이 있는 경우'에는 청문을 하도록 정하고 있다.13

즉, 본 조 규정이 없더라도 당사자의 신청에 따라 청문을 할 수 있는바, 본 조는 각 호의 경우 당사자의 신청이 없더라도 반드시 청문을 실시하도록 하려는 취지로 보인다.

2. 조문 해설

농림축산식품부장관, 시·도지사 또는 시장·군수·구청장은 '제20조제1항에 따른 맹견사육허가의 철회, 제32조제2항에 따른 반려동물행동지도사의 자격취소, 제36조제4항에 따른 동물보호센터의 지정취소, 제38조제2항에 따른 보호시설의 시설폐쇄, 제61조제1항에 따른 인증기관의 지정취소, 제65조제1항에 따른 동물복지축산농장의 인증취소, 제83조제1항에 따른 영업허가 또는 영업등록의 취소' 중 어느 하나에 해당하는 처분을 하려면 청문을 하여야 한다.

개정 동물보호법이 맹견사육허가제도, 반려동물행동지도사 자격제도 등 새로운 자격이나 시설, 기관에 대한 규정을 신설함에 따라 청문의 대상이 되는 처분도 추가되었다.

청문을 하지 않은 채 이루어진 각호의 처분은 그 절차의 위법이 문제될 수 있다.

---

13 행정절차법
제22조(의견청취) ① 행정청이 처분을 할 때 다음 각 호의 어느 하나에 해당하는 경우에는 청문을 한다.
　1. 다른 법령등에서 청문을 하도록 규정하고 있는 경우
　2. 행정청이 필요하다고 인정하는 경우
　3. 다음 각 목의 처분 시 제21조제1항제6호에 따른 의견제출기한 내에 당사자등의 신청이 있는 경우
　　가. 인허가 등의 취소
　　나. 신분·자격의 박탈
　　다. 법인이나 조합 등의 설립허가의 취소

제93조 권한의 위임·위탁

① 농림축산식품부장관은 대통령령으로 정하는 바에 따라 이 법에 따른 권한의 일부를 소속기관의 장 또는 시·도지사에게 위임할 수 있다.

② 농림축산식품부장관은 대통령령으로 정하는 바에 따라 이 법에 따른 업무 및 동물복지 진흥에 관한 업무의 일부를 농림축산 또는 동물보호 관련 업무를 수행하는 기관·법인·단체의 장에게 위탁할 수 있다.

③ 농림축산식품부장관은 제1항에 따라 위임한 업무 및 제2항에 따라 위탁한 업무에 관하여 필요하다고 인정하면 업무처리지침을 정하여 통보하거나 그 업무처리를 지도·감독할 수 있다.

④ 제2항에 따라 위탁받은 이 법에 따른 업무를 수행하는 기관·법인·단체의 임원 및 직원은 「형법」 제129조부터 제132조까지의 규정을 적용할 때에는 공무원으로 본다.

⑤ 농림축산식품부장관은 제2항에 따라 업무를 위탁한 기관에 필요한 비용의 전부 또는 일부를 예산의 범위에서 출연 또는 보조할 수 있다.

동물보호법 시행령

제29조(권한의 위임) ① 농림축산식품부장관은 법 제93조제1항에 따라 다음 각 호의 권한을 검역본부장에게 위임한다.

1. 법 제11조제2항에 따른 동물 운송 차량의 구조·설비기준 설정 및 같은 조 제3항에 따른 동물 운송에 필요한 사항의 권장
2. 법 제13조제2항에 따른 동물의 도살방법에 관한 세부기준의 마련
3. 법 제47조제7항에 따른 동물실험의 원칙과 기준 및 방법에 관한 고시의 제정·개정
4. 법 제51조제5항에 따른 윤리위원회의 운영에 관한 표준지침 고시의 제정·개정
5. 법 제58조제1항에 따른 윤리위원회의 구성·운영 등에 관한 지도·감독 및 같은 조 제2항에 따른 개선명령
6. 법 제86조에 따른 출입·검사 등에 관한 다음 각 목의 권한
   가. 법 제86조제1항 각 호의 조치
   나. 법 제86조제2항에 따른 보고 및 자료제출 명령, 출입 조사 및 서류 검사
   다. 법 제86조제6항에 따른 출입·검사등 계획의 통지
   라. 법 제86조제7항에 따른 시정명령 등의 조치
7. 법 제90조에 따른 명예동물보호관의 위촉, 해촉 및 수당 지급

8. 법 제94조제1항에 따른 결과공표 및 같은 조 제2항에 따른 실태조사(현장조사를 포함한다), 자료·정보의 제공 요청

9. 법 제95조에 따른 동물보호정보의 수집 및 활용과 관련한 다음 각 목의 권한

    가. 법 제95조제1항에 따른 동물보호정보의 수집 및 관리

    나. 동물정보시스템의 구축·운영

    다. 법 제95조제3항에 따른 동물보호정보의 수집을 위한 자료 요청

    라. 법 제95조제6항에 따른 정보의 공개

10. 법 제101조제1항제1호부터 제7호까지, 같은 조 제2항제10호, 같은 조 제3항제1호부터 제3호까지, 제8호·제9호, 제22호부터 제26호까지 및 같은 조 제4항제7호에 따른 과태료의 부과·징수

11. 제19조제2항제2호에 따른 교육 및 같은 항 제3호에 따른 전임수의사 자격에 관한 고시의 제정·개정

12. 제30조제1항에 따른 실태조사의 계획 수립·실시 및 같은 조 제3항에 따른 실태조사에 관한 고시의 제정·개정

② 농림축산식품부장관은 법 제93조제1항에 따라 다음 각 호의 권한을 시·도지사에게 위임한다.

1. 법 제78조제3항제1호에 따른 수입 내역의 신고 접수·관리

2. 법 제101조제2항제18호 및 같은 조 제3항제17호에 따른 과태료의 부과·징수

1. 입법취지

2007. 1. 26. 법률 제8282호로 개정될 당시 농림축산식품부장관의 권한 일부를 소속 기관의 장 또는 시·도지사에게 위임할 수 있도록 규정하여, 동물보호·관리 업무의 전문성과 효율성을 도모하고자 하였다.

개정 동물보호법은 소속기관의 장 시·도지사 외에도 기관·법인·단체의 장이 법에 따른 업무 및 동물복지 진흥에 관한 업무의 일부를 수행할 수 있도록 하는 '위탁' 규정을 추가함으로써 과중한 업무를 분배하고, 민간의 경험과 전문성이 업무에 적절히 반영되도록 하였다.

2. 조문 해설

농림축산식품부장관은 대통령령으로 정하는 바에 따라 이 법에 따른 권한의 일부를 소속 기관의 장 또는 시·도지사에게 위임할 수 있다. 시행령은 농림축산식품부장관의 일부 업무를 검역본부장에게 위임하고 있는데, 주로 동물의 도살이나 복지축산인증 등 동물의 검역, 방역, 위생연구업무를 통해 검역본부장에 특화된 업무들이다. 또한 동물 수입 내역의 신고 접수·관리 및 관태료 부과에 권한을 시·노지사에게 위임하고 있다.

또한 농림축산식품부장관은 대통령령으로 정하는 바에 따라 이 법에 따른 업무 및 동물복지 진흥에 관한 업무의 일부를 농림축산 또는 동물보호 관련 업무를 수행하는 기관·법인·단체의 장에게 위탁할 수 있는데, 위임 및 위탁한 업무에 관하여 필요하다고 인정하면 업무처리지침을 정하여 통보하거나 그 업무처리를 지도·감독할 수 있다.

위와 같이 위탁받은 업무를 수행하는 기관·법인·단체의 임원 및 직원은 「형법」 제129조부터 제132조까지의 규정을 적용할 때에는 공무원으로 본다.

농림축산식품부장관은 제2항에 따라 업무를 위탁한 기관에 필요한 비용의 전부 또는 일부를 예산의 범위에서 출연 또는 보조할 수 있다.

제94조 실태조사 및 정보의 공개

① 농림축산식품부장관은 다음 각 호의 정보와 자료를 수집·조사·분석하고 그 결과를 해마다 정기적으로 공표하여야 한다. 다만, 제2호에 해당하는 사항에 관하여는 해당 동물을 관리하는 중앙행정기관의 장 및 관련 기관의 장과 협의하여 결과공표 여부를 정할 수 있다.

   1. 제6조제1항의 동물복지종합계획 수립을 위한 동물의 보호·복지 실태에 관한 사항
   2. 제2조제6호에 따른 봉사동물 중 국가소유 봉사동물의 마릿수 및 해당 봉사동물의 관리 등에 관한 사항
   3. 제15조에 따른 등록대상동물의 등록에 관한 사항
   4. 제34조부터 제36조까지 및 제39조부터 제46조까지의 규정에 따른 동물보호센터와 유실·유기동물 등의 치료·보호 등에 관한 사항
   5. 제37조에 따른 보호시설의 운영실태에 관한 사항
   6. 제51조부터 제56조까지, 제58조의 규정에 따른 윤리위원회의 운영 및 동물실험 실태, 지도·감독 등에 관한 사항
   7. 제59조에 따른 동물복지축산농장 인증현황 등에 관한 사항
   8. 제69조 및 제73조에 따른 영업의 허가 및 등록과 운영실태에 관한 사항
   9. 제86조제4항에 따른 영업자에 대한 정기점검에 관한 사항
   10. 그 밖에 동물의 보호·복지 실태와 관련된 사항

② 농림축산식품부장관은 제1항 각 호에 따른 업무를 효율적으로 추진하기 위하여 실태조사를 실시할 수 있으며, 실태조사를 위하여 필요한 경우 관계 중앙행정기관의 장, 지방자치단체의 장, 공공기관(「공공기관의 운영에 관한 법률」 제4조에 따른 공공기관을 말한다. 이하 같다)의 장, 관련 기관 및 단체, 동물의 소유자등에게 필요한 자료 및 정보의 제공을 요청할 수 있다. 이 경우 자료 및 정보의 제공을 요청받은 자는 정당한 사유가 없는 한 자료 및 정보를 제공하여야 한다.

③ 제2항에 따른 실태조사(현장조사를 포함한다)의 범위, 방법, 그 밖에 필요한 사항은 대통령령으로 정한다.

④ 시·도지사, 시장·군수·구청장, 동물실험시행기관의 장 또는 인증기관은 제1항 각 호의 실적을 다음 연도 1월 31일까지 농림축산식품부장관(대통령령으로 정하는 그 소속 기관의 장을 포함한다)에게 보고하여야 한다.

동물보호법 시행령

제30조(실태조사의 범위 등) ① 농림축산식품부장관은 법 제94조제2항에 따라 실태조사(현장조사를 포함하며, 이하 "실태조사"라 한다)를 할 때에는 실태조사 계획을 수립하고 그에 따라 실시하여야 한다.

② 농림축산식품부장관은 실태조사를 효율적으로 하기 위하여 동물정보시스템, 전자우편 등을 통한 전자적 방법, 서면조사, 현장조사 방법 등을 사용할 수 있으며, 전문연구기관·단체 또는 관계 전문가에게 의뢰하여 실태조사를 할 수 있다.

③ 제1항과 제2항에서 규정한 사항 외에 실태조사에 필요한 사항은 농림축산식품부장관이 정하여 고시한다.

1. 입법취지

본 조는 2007. 1. 26. 법률 제8282호로 전부개정 된 「동물보호법」에서 처음 규정하였다. 위 개정 당시에는 자료 수집·분석 및 공표의 범위를 '동물의 등록에 관한 사항, 유기동물 및 보호시설과 위탁보호시설에 관한 사항, 동물실험윤리위원회의 운영 및 동물실험의 실태에 관한 사항, 동물판매업 등의 등록과 운영 실태에 관한 사항'등 4가지 항목에 대해서만 정하고 있다가, 2011. 8. 4. 법률 제10995호 전부개정과 2017. 3. 21. 법률 제14651호 일부개정으로 실태조사 및 공표의 범위를 현행과 같이 넓혔고, 개정 동물보호법은 봉사동물 중 국가 소유 봉사동물의 마릿수 및 해당 봉사동물의 관리 등에 관한 사항, 민간보호시설의 운영실태에 관한 사항도 실태조사 및 정보공개 대상에 포함시켰다.

이 규정에 의해 동물보호 및 동물복지 실태에 관한 사항 등은 공공기관이 보유·관리하는 정보로서 공개 청구가 있는 경우에 공개하는 것으로 족하지 않고, 일정한 시기, 방법에 따라 '공표'되어야 한다.

2. 조문 해설

농림축산식품부장관은 제94조 제1항 각호가 정하는 사항에 관한 정보와 자료를 수집·조사·분석하고 그 결과를 해마다 정기적으로 공표하여야 한다.

이를 위해 농림축산식품부장관은 실태조사를 실시할 수 있고, 실태조사를 위하여 필요한 경우 관계 중앙행정기관의 장, 지방자치단체의 장, 공공기관(「공공기관의 운영에 관한 법률」 제4조에 따른 공공기관을 말한다. 이하 같다)의 장, 관련 기관 및 단체, 동물의 소유자등에게 필요한 자료 및 정보의 제공을 요청할 수 있으며, 이 경우 자료 및 정보의 제공을 요청받은 자는 정당한 사유가 없는 한 자료 및 정보를 제공하여야 한다.

시·도지사, 시장·군수·구청장, 동물실험시행기관의 장 또는 인증기관은 제1항 각 호의 실적을 다음 연도 1월 31일까지 농림축산식품부장관(대통령령으로 정하는 그 소속기관의 장을 포함한다)에게 보고하여야 한다.

제95조 동물보호정보의 수집 및 활용

제95조(동물보호정보의 수집 및 활용) ① 농림축산식품부장관은 동물의 생명보호, 안전보장 및 복지 증진과 건전하고 책임 있는 사육문화를 조성하기 위하여 다음 각 호의 정보(이하 "동물보호정보"라 한다)를 수집하여 체계적으로 관리하여야 한다.

1. 제17조에 따라 맹견수입신고를 한 자 및 신고한 자가 소유한 맹견에 대한 정보
2. 제18조 및 제20조에 따라 맹견사육허가·허가철회를 받은 사람 및 허가받은 사람이 소유한 맹견에 대한 정보
3. 제18조제3항 및 제24조에 따라 기질평가를 받은 동물과 그 소유자에 대한 정보
4. 제69조 및 제70조에 따른 영업의 허가 및 제73조에 따른 영업의 등록에 관한 사항(영업의 허가 및 등록 번호, 업체명, 전화번호, 소재지 등을 포함한다)
5. 제94조제1항 각 호의 정보
6. 그 밖에 동물보호에 관한 정보로서 농림축산식품부장관이 수집·관리할 필요가 있다고 인정하는 정보

② 농림축산식품부장관은 동물보호정보를 체계적으로 관리하고 통합적으로 분석하기 위하여 국가동물보호정보시스템을 구축·운영하여야 한다.

③ 농림축산식품부장관은 동물보호정보의 수집을 위하여 관계 중앙행정기관의 장, 시·도지사 또는 시장·군수·구청장, 경찰관서의 장 등에게 필요한 자료를 요청할 수 있다. 이 경우 관계 중앙행정기관의 장, 시·도지사 또는 시장·군수·구청장, 경찰관서의 장 등은 정당한 사유가 없으면 요청에 응하여야 한다.

④ 시·도지사 및 시장·군수·구청장은 동물의 보호 또는 동물학대 발생 방지를 위하여 필요한 경우 국가동물보호정보시스템에 등록된 관련 정보를 농림축산식품부장관에게 요청할 수 있다. 이 경우 정보활용의 목적과 필요한 정보의 범위를 구체적으로 기재하여 요청하여야 한다.

⑤ 제4항에 따른 정보를 취득한 사람은 같은 항 후단의 요청 목적 외로 해당 정보를 사용하거나 다른 사람에게 정보를 제공 또는 누설하여서는 아니 된다.

⑥ 농림축산식품부장관은 대통령령으로 정하는 바에 따라 제1항제4호의 정보 중 영업의 허가 및 등록 번호, 업체명, 전화번호, 소재지 등을 공개하여야 한다.

⑦ 제1항부터 제6항까지에서 규정한 사항 외에 동물보호정보 등의 수집·관리·공개 및 정보의 요청 방법, 국가동물보호정보시스템의 구축·활용 등에 필요한 사항은 대통령령으로 정한다.

1. 입법취지

우리나라는 동물을 '이용'하는 경우에 있어서 축산물의 이력관리(축산물위생법 제31조의1 내지 5), 축산물의 검사·조사, 폐기·회수 및 공표 등에 관련된 정보를 효율적으로 관리하기 위한 정보시스템 구축·운영(같은 법 제37조의2)에 관한 규정을 두고 있지만, 동물의 보호·복지를 위한 정보를 체계적이고 효율적으로 관리할 수 있는 규정을 두지 않고 있었다.

이에 개정 동물보호법은 농림축산식품부장관으로 하여금 동물의 생명보호, 안전 보장 및 복지증진과 건전하고 책임 있는 사육문화를 조성하기 위한 정보를 수집·관리하고, 해당 정보를 체계적으로 관리하도록 하기 위해 동물보호정보의 수집 및 활용에 관한 규정을 신설하였다.

2. 조문 해설

농림축산식품부 장관은 제1항 각호에 해당하는 정보를 수집하여 체계적으로 관리해야 한다. 이를 위해 국가동물보호정보시스템을 구축하여 운영하도록 하였다.

농림축산식품부장관은 동물보호정보의 수집을 위하여 관계 중앙행정기관의 장, 시·도지사 또는 시장·군수·구청장, 경찰관서의 장 등에게 대통령령이 정하는 방법으로14 필요한 자료를 요청할 수 있다. 이 경우 관계 중앙행정기관

---

14 동물보호법 시행령
  제32조(공개대상정보 등) ① 농림축산식품부장관은 법 제95조제3항에 따라 관계 중앙행정기관의 장. 시·도지사 또는 시장·군수·구청장. 경찰관서의 장 등(이하 이 조에서 "관계중앙행정기관의장등"이라 한다)에게 필요한 자료를 요청할 때에는 자료의 사용목적 및 사용방법을 알려야 한다.
  ② 법 제95조제3항에 따라 자료를 요청받은 관계중앙행정기관의장등은 동물정보시스템을 통하여 해당 자료를 제출해야 한다.
  ③ 농림축산식품부장관은 법 제95조제6항에 따라 다음 각 호의 정보를 동물정보시스템을 통하여 공개해야 한다.
    1. 영업의 허가 및 등록 번호
    2. 업체명
    3. 전화번호   4. 소재지

의 장, 시·도지사 또는 시장·군수·구청장, 경찰관서의 장 등은 정당한 사유가 없으면 요청에 응하여야 한다.

반대로 시·도지사 및 시장·군수·구청장은 동물의 보호 또는 동물학대 발생 방지를 위하여 필요한 경우 국가동물보호정보시스템에 등록된 관련 정보를 농림축산식품부장관에게 요청할 수 있는데, 이때 정보활용의 목적과 필요한 정보의 범위를 구체적으로 기재하여 요청하여야 한다.

위와 같은 요청을 받은 농림축산식품부장관은 대통령령으로 정하는 바에 따라 제1항제4호의 정보 중 영업의 허가 및 등록 번호, 업체명, 전화번호, 소재지 등을 공개하여야 하고, 이렇게 제공받은 정보는 그 목적 외로 사용하거나, 다른 사람에게 제공 또는 누설하여서는 안 된다.

또한 농림축산식품부장관은 제1항 제4호의 정보 중 영업의 허가 등록번호, 업체명, 전화번호, 소재지를 동물정보시스템을 통하여 공개해야 한다.

제96조 위반사실의 공표

제96조(위반사실의 공표) ① 시·도지사 또는 시장·군수·구청장은 제36조제4항 또는 제38조에 따라 행정처분이 확정된 동물보호센터 또는 보호시설에 대하여 위반행위, 해당 기관·단체 또는 시설의 명칭, 대표자 성명 등 대통령령으로 정하는 사항을 공표할 수 있다.
② 특별자치시장·특별자치도지사·시장·군수·구청장은 제83조부터 제85조까지의 규정에 따라 행정처분이 확정된 영업자에 대하여 위반행위, 해당 영업장의 명칭, 대표자 성명 등 대통령령으로 정하는 사항을 공표할 수 있다.
③ 제1항 및 제2항에 따른 공표 여부를 결정할 때에는 위반행위의 동기, 정도, 횟수 및 결과 등을 고려하여야 한다.
④ 시·도지사 또는 시장·군수·구청장은 제1항 및 제2항에 따른 공표를 실시하기 전에 공표대상자에게 그 사실을 통지하여 소명자료를 제출하거나 출석하여 의견진술을 할 수 있는 기회를 부여하여야 한다.
⑤ 제1항 및 제2항에 따른 공표의 절차·방법, 그 밖에 필요한 사항은 대통령령으로 정한다.

1. 입법취지

행정처분이 확정된 동물보호센터, 민간동물보호시설, 반려동물 관련 영업자를 대상으로 시설의 명칭, 소재지, 대표자 성명, 위반 내용, 행정처분의 내용 등을 공표할 수 있도록 하여 동물보호법상 의무 미이행 방지효과를 강화하고 국민 알권리를 제고하기 위하여 개정 동물보호법에 신설되었다.

2. 조문 해설

시·도지사 또는 시장·군수·구청장은 제36조제4항 또는 제38조에 따라 행정처분이 확정된 동물보호센터 또는 보호시설에 대하여 위반행위, 해당 기관·단체 또는 시설의 명칭, 대표자 성명 등 대통령령으로 정하는 사항을 공표할 수 있다. '대통령령으로 정하는 사항'이란,「동물보호법」위반사실의 공표라는 내용의 제목, 동물보호센터 또는 보호시설의 명칭, 소재지 및 대표자 성명, 위반행위(위반행위의 구체적 내용과 근거 법령을 포함한다), 행정처분의 내용, 처분일 및 기간을 말한다(시행령 제33조 제1항).

또한, 특별자치시장·특별자치도지사·시장·군수·구청장은 제83조부터 제85조까지의 규정에 따라 행정처분이 확정된 영업자에 대하여 위반행위, 해당 영업장의 명칭, 대표자 성명 등 대통령령으로 정하는 사항을 공표할 수 있다.

여기서 '대통령령으로 정하는 사항'이란,「동물보호법」위반사실의 공표라는 내용의 제목, 영업의 종류, 영업장의 명칭, 소재지 및 대표자 성명, 위반행위(위반행위의 구체적 내용과 근거 법령을 포함한다)를 말한다(시행령 제33조 제2항).

위와 같은 공표 여부를 결정할 때에는 위반행위의 동기, 정도, 횟수 및 결과 등을 고려하여야 하고, 시·도지사 또는 시장·군수·구청장은 공표를 실시하기 전에 공표대상자에게 그 사실을 통지하여 소명자료를 제출하거나 출석하여 의견진술을 할 수 있는 기회를 부여하여야 한다.

공표하는 경우에는 해당 특별시·광역시·특별자치시·도·특별자치도 또는 시·군·구의 인터넷 홈페이지에 게시하는 방법으로 한다(시행령 제33조 제3항).

나아가 시·도지사 또는 시장·군수·구청장은 법 제96조제1항 및 제2항에 따라 공표를 한 경우에는 시·도지사는 농림축산식품부장관에게 그 사실을 통보해야 하고, 시장·군수·구청장은 시·도지사를 통하여 농림축산식품부장관에게 그 사실을 통보해야 한다(시행령 제33조 제4항).

제7장 벌 칙

제97조 – 제98조 벌칙

제99조 양벌규정

제100조 수강명령 등의 병과

제101조 과태료

동물보호법 제8장은 동물을 적정하게 보호·관리하기 위하여 동물 학대행위 등 이 법 위반 행위에 대한 벌칙, 양벌규정, 과태료를 규정하고 있다.

동물을 합리적인 이유 없이 죽이거나, 잔인하게 죽이거나 동물에게 불필요한 고통을 주는 등의 동물 학대행위를 금지하고자 하는 목적은 동물보호법의 주된 제정취지 중 하나이다. 동물보호법은 1991. 5. 31. 제정 이래 여러 차례 개정을 통해 동물 학대행위 등 방지조항의 실효성을 높이기 위하여 관련 규정을 보완하는 한편, 기존 제도의 운영상 나타난 일부 미비점을 개선·보완해왔다.

주요 개정 내용을 요약하면 다음과 같다.

- 2017. 3. 21. 일부개정: 동물학대행위자에 대해 '1년 이하의 징역 또는 1천만원 이하의 벌금'에 처하던 것을 '2년 이하의 징역 또는 2천만원 이하의 벌금'에 처하도록 하여 벌칙을 상향하고, 이를 상습적으로 위반한 자를 가중처벌하는 조항을 마련하였다. 또한, 도박을 목적으로 동물을 이용하거나 도박·시합·복권·오락·유흥·광고 등의 상이나 경품으로 동물을 제공한 자, 영리를 목적으로 동물을 대여한 자 등을 300만원 이하의 벌금에 처하는 조항을 신설하였으며, 법인의 대표자, 개인의 대리인 등이 벌칙규정에 해당하는 처벌을 받는 경우 해당 법인이나 개인도 벌금형으로 처벌받도록 하는 양벌규정을 신설하였다.
- 2018. 3. 20. 일부개정: 맹견의 소유자가 관리의무를 위반하여 사람을 사망 혹은 상해를 입게 하는 경우 각각 3년 이하의 징역 또는 3천만원 이하의 벌금, 2년 이하의 징역 또는 2천만원 이하의 벌금으로 처벌할 수 있도록 하는 조항을 신설하고, 맹견에 대한 관리의무나 안전조치, 교육이수 등을 하지 않은 소유자등에 대한 과태료 부과 조항을 신설하였다.
- 2020. 2. 11. 일부개정: 동물을 죽음에 이르게 하는 학대행위를 한 자에 대한 처벌을 기존 '2년 이하의 징역 또는 2천만원 이하의 벌금'에 처하던 것을 '3년 이하의 징역 또는 3천만원 이하의 벌금'에 처하도록 벌칙을 상향하고, 동물을 유기한 소유자 등에 대하여 300만원 이하의 '과태료'를 부과하던 것을, 300만원 이하의 '벌금'에 처하도록 처벌을 강화하였다. 또한, 맹견의 소유자가 다른 사람의 생명·신체나 재산상의 피해를 보상하기 위하여 대통령령으로 정하는 바에 따라 보험에 가입하지 않는 경우 300만원 이하의 과태

료를 부과할 수 있도록 하였다.

- 2022. 4. 26. 전부개정: 전부개정을 통해 벌칙 규정은 상당 부분 추가, 보완 되었다. 특히 신설된 제도와 관련하여 맹견사육허가를 받지 아니한 자, 반려 동물행동지도사 명칭을 오용하거나 대여하거나 대여받은 자 등에 대하여 '1 년 이하의 징역 또는 1천만원 이하의벌금'에 처하도록 하였고 기존의 벌칙 규정에서 상습범 가중 처벌 조항에서 제외되었던 구 동물보호법(법률 제 16977호) 제46조의 제4항 각 호의 범죄 행위에 대하여서도 상습범 가중 처 벌 조항을 두었다. 또한 동물학대행위자에게 유죄판결(선고유예는 제외한다) 을 선고하면서 200시간의 범위에서 재범예방에 필요한 수강명령 또는 치료 프로그램의 이수명령을 병과할 수 있도록 하면서(동법 제100조) 이를 부과받 은 사람이 이수명령 이행에 관한 지시를 따르지 아니하여 경고를 받은 후 재 차 정당한 사유 없이 이수명령 이행에 관한 지시를 따르지 아니한 경우에는 기존의 유죄 선고형에 따라 각 벌금 또는 징역 또는 벌금형에 처하도록 하는 벌칙 조항을 신설하였다(동법 제98조).

제97조 - 제98조 벌칙

제97조(벌칙) ① 다음 각 호의 어느 하나에 해당하는 자는 3년 이하의 징역 또는 3천만원 이하의 벌금에 처한다.

  1. 제10조제1항 각 호의 어느 하나를 위반한 자

  2. 제10조제3항제2호 또는 같은 조 제4항제3호를 위반한 자

  3. 제16조제1항 또는 같은 조 제2항제1호를 위반하여 사람을 사망에 이르게 한 자

  4. 제21조제1항 각 호를 위반하여 사람을 사망에 이르게 한 자

② 다음 각 호의 어느 하나에 해당하는 자는 2년 이하의 징역 또는 2천만원 이하의 벌금에 처한다.

  1. 제10조제2항 또는 같은 조 제3항제1호·제3호·제4호의 어느 하나를 위반한 자

  2. 제10조제4항제1호를 위반하여 맹견을 유기한 소유자등

  3. 제10조제4항제2호를 위반한 소유자등

  4. 제16조제1항 또는 같은 조 제2항제1호를 위반하여 사람의 신체를 상해에 이르게 한 자

  5. 제21조제1항 각 호의 어느 하나를 위반하여 사람의 신체를 상해에 이르게 한 자

  6. 제67조제1항제1호를 위반하여 거짓이나 그 밖의 부정한 방법으로 인증농장 인증을 받은 자

  7. 제67조제1항제2호를 위반하여 인증을 받지 아니한 축산농장을 인증농장으로 표시한 자

  8. 제67조제1항제3호를 위반하여 거짓이나 그 밖의 부정한 방법으로 인증심사·재심사 및 인증갱신을 하거나 받을 수 있도록 도와주는 행위를 한 자

  9. 제69조제1항 또는 같은 조 제4항을 위반하여 허가 또는 변경허가를 받지 아니하고 영업을 한 자

  10. 거짓이나 그 밖의 부정한 방법으로 제69조제1항에 따른 허가 또는 같은 조 제4항에 따른 변경허가를 받은 자

  11. 제70조제1항을 위반하여 맹견취급허가 또는 변경허가를 받지 아니하고 맹견을 취급하는 영업을 한 자

  12. 거짓이나 그 밖의 부정한 방법으로 제70조제1항에 따른 맹견취급허가 또는 변경허가를 받은 자

  13. 제72조를 위반하여 설치가 금지된 곳에 동물장묘시설을 설치한 자

14. 제85조제1항에 따른 영업장 폐쇄조치를 위반하여 영업을 계속한 자

③ 다음 각 호의 어느 하나에 해당하는 자는 1년 이하의 징역 또는 1천만원 이하의 벌금에 처한다. 〈개정 2023. 3. 14.〉

1. 제18조제1항을 위반하여 맹견사육허가를 받지 아니한 자
2. 제33조제1항을 위반하여 반려동물행동지도사의 명칭을 사용한 자
3. 제33조제2항을 위반하여 다른 사람에게 반려동물행동지도사의 명의를 사용하게 하거나 그 자격증을 대여한 자 또는 반려동물행동지도사의 명의를 사용하거나 그 자격증을 대여받은 자
4. 제33조제3항을 위반한 자
5. 제73조제1항 또는 같은 조 제4항을 위반하여 등록 또는 변경등록을 하지 아니하고 영업을 한 자
6. 거짓이나 그 밖의 부정한 방법으로 제73조제1항에 따른 등록 또는 같은 조 제4항에 따른 변경등록을 한 자
7. 제78조제1항제11호를 위반하여 다른 사람의 영업명의를 도용하거나 대여받은 자 또는 다른 사람에게 자기의 영업명의나 상호를 사용하게 한 영업자
7의2. 제78조제5항제3호를 위반하여 자신의 영업장에 있는 동물장묘시설을 다른 자에게 대여한 영업자
8. 제83조를 위반하여 영업정지 기간에 영업을 한 자
9. 제87조제3항을 위반하여 설치 목적과 다른 목적으로 고정형 영상정보처리기기를 임의로 조작하거나 다른 곳을 비춘 자 또는 녹음기능을 사용한 자
10. 제87조제4항을 위반하여 영상기록을 목적 외의 용도로 다른 사람에게 제공한 자

④ 다음 각 호의 어느 하나에 해당하는 자는 500만원 이하의 벌금에 처한다.

1. 제29조제1항을 위반하여 업무상 알게 된 비밀을 누설한 기질평가위원회의 위원 또는 위원이었던 자
2. 제37조제1항에 따른 신고를 하지 아니하고 보호시설을 운영한 자
3. 제38조제2항에 따른 폐쇄명령에 따르지 아니한 자
4. 제54조제3항을 위반하여 비밀을 누설하거나 도용한 윤리위원회의 위원 또는 위원이었던 자(제52조제3항에서 준용하는 경우를 포함한다)
5. 제78조제2항제1호를 위반하여 월령이 12개월 미만인 개·고양이를 교배 또는 출산시킨 영업자
6. 제78조제2항제2호를 위반하여 동물의 발정을 유도한 영업자

7. 제78조제5항제1호를 위반하여 살아있는 동물을 처리한 영업자

8. 제95조제5항을 위반하여 요청 목적 외로 정보를 사용하거나 다른 사람에게 정보를 제공 또는 누설한 자

⑤ 다음 각 호의 어느 하나에 해당하는 자는 300만원 이하의 벌금에 처한다.

1. 제10조제4항제1호를 위반하여 동물을 유기한 소유자등(맹견을 유기한 경우는 제외한다)

2. 제10조제5항제1호를 위반하여 사진 또는 영상물을 판매·전시·전달·상영하거나 인터넷에 게재한 자

3. 제10조제5항제2호를 위반하여 도박을 목적으로 동물을 이용한 자 또는 동물을 이용하는 도박을 행할 목적으로 광고·선전한 자

4. 제10조제5항제3호를 위반하여 도박·시합·복권·오락·유흥·광고 등의 상이나 경품으로 동물을 제공한 자

5. 제10조제5항제4호를 위반하여 영리를 목적으로 동물을 대여한 자

6. 제18조제4항 후단에 따른 인도적인 방법에 의한 처리 명령에 따르지 아니한 맹견의 소유자

7. 제20조제2항에 따른 인도적인 방법에 의한 처리 명령에 따르지 아니한 맹견의 소유자

8. 제24조제1항에 따른 기질평가 명령에 따르지 아니한 맹견 아닌 개의 소유자

9. 제46조제2항을 위반하여 수의사에 의하지 아니하고 동물의 인도적인 처리를 한 자

10. 제49조를 위반하여 동물실험을 한 자

11. 제78조제4항제1호를 위반하여 월령이 2개월 미만인 개·고양이를 판매(알선 또는 중개를 포함한다)한 영업자

12. 제85조제2항에 따른 게시문 등 또는 봉인을 제거하거나 손상시킨 자

⑥ 상습적으로 제1항부터 제5항까지의 죄를 지은 자는 그 죄에 정한 형의 2분의 1까지 가중한다.

제98조(벌칙) 제100조제1항에 따라 이수명령을 부과받은 사람이 보호관찰소의 장 또는 교정시설의 장의 이수명령 이행에 관한 지시에 따르지 아니하여 「보호관찰 등에 관한 법률」 또는 「형의 집행 및 수용자의 처우에 관한 법률」에 따른 경고를 받은 후 재차 정당한 사유 없이 이수명령 이행에 관한 지시를 따르지 아니한 경우에는 다음 각 호에 따른다.

1. 벌금형과 병과된 경우에는 500만원 이하의 벌금에 처한다.
2. 징역형 이상의 실형과 병과된 경우에는 1년 이하의 징역 또는 1천만원 이하의 벌금에 처한다.

본 조는 동물보호법상 금지되는 행위를 한 자에 대한 벌칙을 규정하고 있다.

제1항은 아래 각 호에 해당하는 자에게 '3년 이하의 징역 또는 3천만원 이하의 벌금'에 처하도록 하고 있다. 제10조 제1항 각 호의 어느 하나를 위반한 자(제1호), 제10조 제3항 제2호 또는 같은 조 제4항 제3호를 위반한 자(제2호), 제16조 제1항 또는 같은 조 제2항 제1호를 위반하여 사람을 사망에 이르게 한 자(제3호), 제21조 제1항 각 호를 위반하여 사람을 사망에 이르게 한 자(제4호). 참고로 제1항 각 호의 행위는 동물 학대행위 중 동물을 죽음에 이르게 하는 행위 및 사람을 사망에 이르게 한 자에 대한 처벌만을 별도로 정하고 있는 바, 사람의 사망과 비견하게 제1호 및 제2호의 위반 행위는 동물의 생명이라는 가장 중요한 법익을 침해하는 것으로 특히 비난가능성이 크다고 할 수 있다. 따라서 다른 학대행위보다 더 중하게 처벌할 필요가 있으므로, 위와 같은 개정은 타당하다고 본다.[1]

제2항은 제10조제2항 또는 같은 조 제3항제1호·제3호·제4호의 어느 하나를 위반한 자(제1호), 제10조 제4항 제1호를 위반하여 맹견을 유기한 소유자등(제2호), 제10조 제4항 제2호를 위반한 소유자등(제3호), 제16조 제1항 또는 같은 조 제2항 제1호를 위반하여 사람의 신체를 상해에 이르게 한 자(제4호), 제21조 제1항 각 호의 어느 하나를 위반하여 사람의 신체를 상해에 이르게 한 자(제5호), 제67조 제1항 제1호를 위반하여 거짓이나 그 밖의 부정한 방법으로 인증농

---

1 참고로, 미국 알라바마주의 경우 고의적 동물 학대 행위가 최대 징역 10년 및 5,000달러의 벌금으로까지 처벌될 수 있고(Alabama Code 13A-11-14), 코네티컷주, 델라웨어주는 최대 징역 5년 및 5,000달러의 벌금(Connecticut Statute Section 53-247, Delaware Code title 11, chapter 5 1325), 루이지애나주는 1-10년의 징역형(Louisiana Statute 14.102)으로 처벌하는 등 미국 내 많은 주에서 평균 5년 정도의 징역형으로 동물 학대를 처벌하고 있다. 뉴질랜드 「동물복지법」 또한 동물 학대 범죄를 5년 이하의 징역 또는/및 10만 달러 이하의 벌금형으로 처벌하고 있다(제28조).

장 인증을 받은 자(제6호), 제67조제1항제2호를 위반하여 인증을 받지 아니한 축산농장을 인증농장으로 표시한 자(제7호), 제67조 제1항 제3호를 위반하여 거짓이나 그 밖의 부정한 방법으로 인증심사·재심사 및 인증갱신을 하거나 받을 수 있도록 도와주는 행위를 한 자(제8호), 제69조제1항 또는 같은 조 제4항을 위반하여 허가 또는 변경허가를 받지 아니하고 영업을 한 자(제9호), 거짓이나 그 밖의 부정한 방법으로 제69조제1항에 따른 허가 또는 같은 조 제4항에 따른 변경허가를 받은 자(제10호), 제70조제1항을 위반하여 맹견취급허가 또는 변경허가를 받지 아니하고 맹견을 취급하는 영업을 한 자(제11호), 거짓이나 그 밖의 부정한 방법으로 제70조제1항에 따른 맹견취급허가 또는 변경허가를 받은 자(제12호), 제72조를 위반하여 설치가 금지된 곳에 동물장묘시설을 설치한 자(제13호), 제85조제1항에 따른 영업장 폐쇄조치를 위반하여 영업을 계속한 자(제14호)에게 '2년 이하의 징역 또는 2천만원 이하의 벌금'에 처한다고 정하고 있다.

제3항은 제18조제1항을 위반하여 맹견사육허가를 받지 아니한 자(제1호), 제33조 제1항을 위반하여 반려동물행동지도사의 명칭을 사용하거나 제33조 제2항을 위반하여 다른 사람에게 반려동물행동지도사의 명의를 사용하게 하거나 그 자격증을 대여한 자 또는 반려동물행동지도사의 명의를 사용하거나 그 자격증을 대여받은 자(제2호, 제3호), 제33조제3항을 위반한 자(제4호), 제73조 제1항 또는 같은 조 제4항을 위반하여 등록 또는 변경등록을 하지 아니하고 영업을 한 자(제5호), 거짓이나 그 밖의 부정한 방법으로 제73조 제1항에 따른 등록 또는 같은 조 제4항에 따른 변경등록을 한 자(제6호), 제78조 제1항 제11호를 위반하여 다른 사람의 영업명의를 도용하거나 대여받은 자 또는 다른 사람에게 자기의 영업명의나 상호를 사용하게 한 영업자(제7호), 제78조 제5항 제3호를 위반하여 자신의 영업장에 있는 동물장묘시설을 다른 자에게 대여한 영업자(제7호의2), 제83조를 위반하여 영업정지 기간에 영업을 한 자(제8호). 제87조 제3항을 위반하여 설치 목적과 다른 목적으로 고정형 영상정보처리기기를 임의로 조작하거나 다른 곳을 비춘 자 또는 녹음기능을 사용한 자(제9호), 제87조제4항을 위반하여 영상기록을 목적 외의 용도로 다른 사람에게 제공한 자(제10호)에게 '1년 이하의 징역 또는 1천만원 이하의 벌금'에 처한다고 정하고 있다.

제4항은 제29조 제1항을 위반하여 업무상 알게 된 비밀을 누설한 기질평

가위원회의 위원 또는 위원이었던 자(제1호), 제37조제1항에 따른 신고를 하지 아니하고 보호시설을 운영한 자(제2호), 제38조 제2항에 따른 폐쇄명령에 따르지 아니한 자(제3호), 제54조 제3항을 위반하여 비밀을 누설하거나 도용한 윤리위원회의 위원 또는 위원이었던 자(제52조제3항에서 준용하는 경우를 포함한다)(제4호), 제78조제2항제1호를 위반하여 월령이 12개월 미만인 개·고양이를 교배 또는 출산시킨 영업자(제5호), 제78조 제2항 제2호를 위반하여 동물의 발정을 유도한 영업자(제6호), 제78조 제5항 제1호를 위반하여 살아있는 동물을 처리한 영업자(제7호), 제95조 제5항을 위반하여 요청 목적 외로 정보를 사용하거나 다른 사람에게 정보를 제공 또는 누설한 자(제8호)에게 '500만원 이하의 벌금'에 처한다고 정하고 있다.

제5항은 제10조 제4항 제1호를 위반하여 동물을 유기한 소유자등(맹견을 유기한 경우는 제외한다)(제1호), 제10조 제5항 제1호를 위반하여 사진 또는 영상물을 판매·전시·전달·상영하거나 인터넷에 게재한 자(제2호), 제10조 제5항 제2호를 위반하여 도박을 목적으로 동물을 이용한 자 또는 동물을 이용하는 도박을 행할 목적으로 광고·선전한 자(제3호), 제10조 제5항 제3호를 위반하여 도박·시합·복권·오락·유흥·광고 등의 상이나 경품으로 동물을 제공한 자(제4호), 제10조 제5항 제4호를 위반하여 영리를 목적으로 동물을 대여한 자(제5호), 제18조 제4항 후단에 따른 인도적인 방법에 의한 처리 명령에 따르지 아니한 맹견의 소유자(제6호), 제20조 제2항에 따른 인도적인 방법에 의한 처리 명령에 따르지 아니한 맹견의 소유자(제7호), 제24조 제1항에 따른 기질평가 명령에 따르지 아니한 맹견 아닌 개의 소유자(제8호), 제46조 제2항을 위반하여 수의사에 의하지 아니하고 동물의 인도적인 처리를 한 자(제9호), 제49조를 위반하여 동물실험을 한 자(제10호), 제78조 제4항 제1호를 위반하여 월령이 2개월 미만인 개·고양이를 판매(알선 또는 중개를 포함한다)한 영업자(제11호), 제85조제2항에 따른 게시문 등 또는 봉인을 제거하거나 손상시킨 자(제12호)에게 '300만원 이하의 벌금'에 처한다고 정하고 있다.

참고로 동물유기는 소유자등이 자신에게 전적으로 생명·신체의 안전을 의존하고 있던 보호동물에 대한 책임과 의무를 저버리고, 그 동물에게 돌이킬 수 없는 위험을 가져올 수 있는 중대한 범죄행위이다. 그럼에도 기존 법조항은 동물 유기행위를 행정벌인 과태료 부과대상으로만 규율하고 있어, 동물 유기가 동물 학대에 버금가는 범죄행위라는 인식의 부족을 낳았고, 증가하는 동물 유기행위를 전혀 규제하지 못하였다. 그러나 2021년 개정 조항이 동물을 유기하는 소유자등을 형사벌인 벌금형에 처할 수 있도록 함으로써 앞으로는 동물 유기행위가 형사상 '범죄'에 해당한다는 심각성 인식과 함께 유기행위가 줄어드는 결과를 가져오게 되기를 바란다.[2]

마지막으로 제6항은 상습적으로 제1항부터 제5항까지의 죄를 지은 자에 대하여 그 죄에 정한 형의 2분의 1까지 가중하고 있다.

---

2 뉴질랜드 「동물복지법」은 동물의 소유자등이 동물을 유기하는 경우 최대 12개월의 징역(금고)형 또는/및 최대 50,000달러의 벌금형에 처할 수 있는 것으로 규정하고 있다(제25조, 제14조(2)).

제99조 양벌규정

법인의 대표자나 법인 또는 개인의 대리인, 사용인, 그 밖의 종업원이 그 법인 또는 개인의 업무에 관하여 제97조에 따른 위반행위를 하면 그 행위자를 벌하는 외에 그 법인 또는 개인에게도 해당 조문의 벌금형을 과한다. 다만, 법인 또는 개인이 그 위반행위를 방지하기 위하여 해당 업무에 관하여 상당한 주의와 감독을 게을리하지 아니한 경우에는 그러하지 아니하다.

본 조는 법인의 대표자나 법인 또는 개인의 대리인, 사용인 그 밖의 종업원이 그 법인 또는 개인의 업무에 관하여 제46조에 따른 위반행위를 하면 그 행위자를 벌하는 외에 그 법인 또는 개인도 벌금형으로 처벌받도록 하기 위한 취지로 2017. 3. 21. 신설되었다.

다만, 법인 또는 개인이 그 위반행위를 방지하기 위하여 해당 업무에 관하여 상당한 주의와 감독을 게을리하지 않은 경우에는 행위자와 함께 처벌되지 않는다. 상당한 주의와 감독을 다하였는지 여부는 법원이 개별 사안에서 구체적으로 결정하게 될 것이다.

제100조 수강명령 등의 병과

① 법원은 제97조제1항제1호부터 제4호까지 및 같은 조 제2항제1호부터 제5호까지의 죄를 지은 자(이하 이 조에서 "동물학대행위자등"이라 한다)에게 유죄판결(선고유예는 제외한다)을 선고하면서 200시간의 범위에서 재범예방에 필요한 수강명령(「보호관찰 등에 관한 법률」에 따른 수강명령을 말한다. 이하 같다) 또는 치료프로그램의 이수명령(이하 "이수명령"이라 한다)을 병과할 수 있다.

② 동물학대행위자등에게 부과하는 수강명령은 형의 집행을 유예할 경우에는 그 집행유예기간 내에서 병과하고, 이수명령은 벌금형 또는 징역형의 실형을 선고할 경우에 병과한다.

③ 법원이 동물학대행위자등에 대하여 형의 집행을 유예하는 경우에는 제1항에 따른 수강명령 외에 그 집행유예기간 내에서 보호관찰 또는 사회봉사 중 하나 이상의 처분을 병과할 수 있다.

④ 제1항에 따른 수강명령 또는 이수명령은 형의 집행을 유예할 경우에는 그 집행유예기간 내에, 벌금형을 선고할 경우에는 형 확정일부터 6개월 이내에, 징역형의 실형을 선고할 경우에는 형기 내에 각각 집행한다.

⑤ 제1항에 따른 수강명령 또는 이수명령이 벌금형 또는 형의 집행유예와 병과된 경우에는 보호관찰소의 장이 집행하고, 징역형의 실형과 병과된 경우에는 교정시설의 장이 집행한다. 다만, 징역형의 실형과 병과된 이수명령을 모두 이행하기 전에 석방 또는 가석방되거나 미결구금일수 산입 등의 사유로 형을 집행할 수 없게 된 경우에는 보호관찰소의 장이 남은 이수명령을 집행한다.

⑥ 제1항에 따른 수강명령 또는 이수명령의 내용은 다음 각 호의 구분에 따른다.
  1. 제97조제1항제1호·제2호 및 같은 조 제2항제1호부터 제3호까지의 죄를 지은 자
     가. 동물학대 행동의 진단·상담
     나. 소유자등으로서의 기본 소양을 갖추게 하기 위한 교육
     다. 그 밖에 동물학대행위자의 재범 예방을 위하여 필요한 사항
  2. 제97조제1항제3호·제4호 및 같은 조 제2항제4호·제5호의 죄를 지은 자
     가. 등록대상동물, 맹견 등의 안전한 사육 및 관리에 관한 사항
     나. 그 밖에 개물림 관련 재범 예방을 위하여 필요한 사항

⑦ 형벌과 병과하는 수강명령 및 이수명령에 관하여 이 법에서 규정한 사항 외에는 「보호관찰 등에 관한 법률」을 준용한다.

개정 동물보호법은 동법 제97조 제1항 제1호부터 제4호 및 같은 조 제2항 제1호부터 제5호까지의 죄를 지은 동물학대행위자등에게 선고유예를 제외한 유죄판결을 선고하는 경우 200시간의 범위 내에서 재범예방에 필요한 수강명령 또는 치료프로그램의 이수명령을 병과할 수 있도록 하는 병과규정을 신설하였다.

수강명령 등의 병과 규정의 신설은 동물보호법의 재범 방지를 위하여 체계적인 사회의 지도를 통하여 효율적인 범죄예방과 아울러 사회를 보호하기 위한 목적을 갖고 있다. 수강명령이란 유죄가 인정되는 자에게 일정시간 동안 동종의 범행을 반복하게 될 우려가 큰 경우 성행 개선을 위한 치료와 교육을 받도록 명하는 제도3이며, 이수명령이란 유죄가 인정되는 자에게 일정시간 보호관찰소 또는 보호관찰소가 정하는 전문기관에서 치료 프로그램 등을 받도록 명하는 제도이다.

수강명령 또는 이수명령의 내용은 동물학대행위자등의 위반 행위의 종류에 따라 구분되며, 동물학대 행동에 대한 진단과 상담, 기본 소양 교육, 재범예방을 위하여 필요한 사항 또는 등록대상동물, 맹견 등의 안전한 사육 및 관리에 관한 사항 또는 그 밖에 개물림 관련 재범 예방을 위하여 필요한 사항이며, 이때 사회봉사와 수강명령의 집행 담당자, 준수사항 등에 대해서는 보호관찰 등에 관한 법률(약칭 '보호관찰법') 제4장의 조항을 준용한다.

---

3 https://www.cppb.go.kr/cppb/709/subview.do

제101조 과태료

① 다음 각 호의 어느 하나에 해당하는 자에게는 500만원 이하의 과태료를 부과한다.
  1. 제51조제1항을 위반하여 윤리위원회를 설치·운영하지 아니한 동물실험시행기관의 장
  2. 제51조제3항을 위반하여 윤리위원회의 심의를 거치지 아니하고 동물실험을 한 동물실험시행기관의 장
  3. 제51조제4항을 위반하여 윤리위원회의 변경심의를 거치지 아니하고 동물실험을 한 동물실험시행기관의 장(제52조제3항에서 준용하는 경우를 포함한다)
  4. 제55조제1항을 위반하여 심의 후 감독을 요청하지 아니한 경우 해당 동물실험시행기관의 장(제52조제3항에서 준용하는 경우를 포함한다)
  5. 제55조제3항을 위반하여 정당한 사유 없이 실험 중지 요구를 따르지 아니하고 동물실험을 한 동물실험시행기관의 장(제52조제3항에서 준용하는 경우를 포함한다)
  6. 제55조제4항을 위반하여 윤리위원회의 심의 또는 변경심의를 받지 아니하고 동물실험을 재개한 동물실험시행기관의 장(제52조제3항에서 준용하는 경우를 포함한다)
  7. 제58조제2항을 위반하여 개선명령을 이행하지 아니한 동물실험시행기관의 장
  8. 제67조제1항제4호가목을 위반하여 동물복지축산물 표시를 한 자
  9. 제78조제1항제7호를 위반하여 영업별 시설 및 인력 기준을 준수하지 아니한 영업자
② 다음 각 호의 어느 하나에 해당하는 자에게는 300만원 이하의 과태료를 부과한다.
  1. 제17조제1항을 위반하여 맹견수입신고를 하지 아니한 자
  2. 제21조제1항 각 호를 위반한 맹견의 소유자등
  3. 제21조제3항을 위반하여 맹견의 안전한 사육 및 관리에 관한 교육을 받지 아니한 자
  4. 제22조를 위반하여 맹견을 출입하게 한 소유자등
  5. 제23조제1항을 위반하여 보험에 가입하지 아니한 소유자
  6. 제24조제5항에 따른 교육이수명령 또는 개의 훈련 명령에 따르지 아니한 소유자
  7. 제37조제4항을 위반하여 시설 및 운영 기준 등을 준수하지 아니하거나 시설정비 등의 사후관리를 하지 아니한 자
  8. 제37조제5항에 따른 신고를 하지 아니하고 보호시설의 운영을 중단하거나 보호시설을 폐쇄한 자
  9. 제38조제1항에 따른 중지명령이나 시정명령을 3회 이상 반복하여 이행하지 아니한 자
  10. 제48조제1항을 위반하여 전임수의사를 두지 아니한 동물실험시행기관의 장

11. 제67조제1항제4호나목 또는 다목을 위반하여 동물복지축산물 표시를 한 자

12. 제70조제3항을 위반하여 맹견 취급의 사실을 신고하지 아니한 영업자

13. 제76조제1항을 위반하여 휴업·폐업 또는 재개업의 신고를 하지 아니한 영업자

14. 제76조제2항을 위반하여 동물처리계획서를 제출하지 아니하거나 같은 조 제3항에 따른 처리결과를 보고하지 아니한 영업자

15. 제78조제1항제3호를 위반하여 노화나 질병이 있는 동물을 유기하거나 폐기할 목적으로 거래한 영업자

16. 제78조제1항제4호를 위반하여 동물의 번식, 반입·반출 등의 기록, 관리 및 보관을 하지 아니한 영업자

17. 제78조제1항제5호를 위반하여 영업허가번호 또는 영업등록번호를 명시하지 아니하고 거래금액을 표시한 영업자

18. 제78조제3항제1호를 위반하여 수입신고를 하지 아니하거나 거짓이나 그 밖의 부정한 방법으로 수입신고를 한 영업자

③ 다음 각 호의 어느 하나에 해당하는 자에게는 100만원 이하의 과태료를 부과한다.

1. 제11조제1항제4호 또는 제5호를 위반하여 동물을 운송한 자

2. 제11조제1항을 위반하여 제69조제1항의 동물을 운송한 자

3. 제12조를 위반하여 반려동물을 전달한 자

4. 제15조제1항을 위반하여 등록대상동물을 등록하지 아니한 소유자

5. 제27조제4항을 위반하여 정당한 사유 없이 출석, 자료제출요구 또는 기질평가와 관련한 조사를 거부한 자

6. 제36조제6항에 따라 준용되는 제35조제5항을 위반하여 교육을 받지 아니한 동물보호센터의 장 및 그 종사자

7. 제37조제2항에 따른 변경신고를 하지 아니하거나 같은 조 제5항에 따른 운영재개 신고를 하지 아니한 자

8. 제50조를 위반하여 미성년자에게 동물 해부실습을 하게 한 자

9. 제57조제1항을 위반하여 교육을 이수하지 아니한 윤리위원회의 위원

10. 정당한 사유 없이 제66조제3항에 따른 조사를 거부·방해하거나 기피한 자

11. 제68조제2항을 위반하여 인증을 받은 자의 지위를 승계하고 그 사실을 신고하지 아니한 자

12. 제69조제4항 단서 또는 제73조제4항 단서를 위반하여 경미한 사항의 변경을 신고하지 아니한 영업자

13. 제75조제3항을 위반하여 영업자의 지위를 승계하고 그 사실을 신고하지 아니한 자
14. 제78조제1항제8호를 위반하여 종사자에게 교육을 실시하지 아니한 영업자
15. 제78조제1항제9호를 위반하여 영업실적을 보고하지 아니한 영업자
16. 제78조제1항제10호를 위반하여 등록대상동물의 등록 및 변경신고의무를 고지하지 아니한 영업자
17. 제78조제3항제2호를 위반하여 신고한 사항과 다른 용도로 동물을 사용한 영업자
18. 제78조제5항제2호를 위반하여 등록대상동물의 사체를 처리한 후 신고하지 아니한 영업자
19. 제78조제6항에 따라 동물의 보호와 공중위생상의 위해 방지를 위하여 농림축산식품부령으로 정하는 준수사항을 지키지 아니한 영업자
20. 제79조를 위반하여 등록대상동물의 등록을 신청하지 아니하고 판매한 영업자
21. 제82조제2항 또는 제3항을 위반하여 교육을 받지 아니하고 영업을 한 영업자
22. 제86조제1항제1호에 따른 자료제출 요구에 응하지 아니하거나 거짓 자료를 제출한 동물의 소유자등
23. 제86조제1항제2호에 따른 출입·검사를 거부·방해 또는 기피한 동물의 소유자등
24. 제86조제2항에 따른 보고·자료제출을 하지 아니하거나 거짓으로 보고·자료제출을 한 자 또는 같은 항에 따른 출입·조사·검사를 거부·방해·기피한 자
25. 제86조제1항제3호 또는 같은 조 제7항에 따른 시정명령 등의 조치에 따르지 아니한 자
26. 제88조제4항을 위반하여 동물보호관의 직무 수행을 거부·방해 또는 기피한 자

④ 다음 각 호의 어느 하나에 해당하는 자에게는 50만원 이하의 과태료를 부과한다.

1. 제15조제2항을 위반하여 정해진 기간 내에 신고를 하지 아니한 소유자
2. 제15조제3항을 위반하여 소유권을 이전받은 날부터 30일 이내에 신고를 하지 아니한 자
3. 제16조제1항을 위반하여 소유자등 없이 등록대상동물을 기르는 곳에서 벗어나게 한 소유자등
4. 제16조제2항제1호에 따른 안전조치를 하지 아니한 소유자등
5. 제16조제2항제2호를 위반하여 인식표를 부착하지 아니한 소유자등
6. 제16조제2항제3호를 위반하여 배설물을 수거하지 아니한 소유자등
7. 제94조제2항을 위반하여 정당한 사유 없이 자료 및 정보의 제공을 하지 아니한 자

⑤ 제1항부터 제4항까지의 과태료는 대통령령으로 정하는 바에 따라 농림축산식품부장

관, 시·도지사 또는 시장·군수·구청장이 부과·징수한다.

본 조는 동물보호법에서 금지하는 행위를 한 자에 대한 과태료를 규정하고 있다. 과태료는 행정벌에 불과하고 형사처벌에 해당하지 않으므로 본 조에는 상대적으로 경미한 동물보호법 위반행위가 규정되게 된다. 개정 동물보호법은 개정 전 동물보호법과 비교하여 과태료의 상한 액수가 대부분 상향 조정되었고 기존의 과태료 부과 대상이었던 위반 행위가 벌금 부과 대상이 되는 등, 동물보호법 위반 및 준수사항 위반에 대한 처벌이 강화되었다.

제1항은 제51조 제1항을 위반하여 윤리위원회를 설치 운영하지 아니하거나, 제51조 제3항을 위반하여 윤리위원회의 심의를 거치지 아니하거나 또는 제51조 제4항을 위반하여 변경심의를 거치지 아니하고 동물실험을 한 동물실험시행기관의 장(제1항 제1호 내지 제3호) 또는 제55조 제1항을 위반하여 심의 후 감독을 요청하지 아니하거나, 제55조 제3항을 위반하여 정당한 사유 없이 실험 중지 요구를 따르지 아니하거나, 제55조 제4항을 위반하여 윤리위원회의 심의 또는 변경심의를 받지 않고 동물실험을 재개하거나, 제58조 제2항을 위반하여 개선명령을 이행하지 아니한 동물실험시행기관의 장(제1항 제4호 내지 제7호), 제67조제1항 제4호 가목을 위반하여 동물복지축산물 표시를 한 자, 제78조 제1항 제7호를 위반하여 영업별 시설 및 인력 기준을 준수하지 아니한 영업자에 대하여 '500만원 이하의 과태료'를 부과하고 있다.

제2항은 '300만원 이하의 과태료'를 부과할 수 있는 대상으로서, 제17조 제1항을 위반하여 맹견수입신고를 하지 아니한 자(제1호), 제21조 제1항 각 호를 위반한 맹견의 소유자등(제2호), 제21조 제3항을 위반하여 맹견의 안전한 사육 및 관리에 관한 교육을 받지 아니한 자(제3호), 제22조를 위반하여 맹견을 출입하게 한 소유자등(제4호), 제23조 제1항을 위반하여 보험에 가입하지 아니한 소유자(제5호), 제24조 제5항에 따른 교육이수명령 또는 개의 훈련 명령에 따르지 아니한 소유자(제6호), 제37조 제4항을 위반하여 시설 및 운영 기준 등을 준수하지 아니하거나 시설정비 등의 사후관리를 하지 아니한 자(제7호), 제37조 제5항에 따른 신고를 하지 아니하고 보호시설의 운영을 중단하거나 보호시설을

폐쇄한 자(제8호), 제38조 제1항에 따른 중지명령이나 시정명령을 3회 이상 반복하여 이행하지 아니한 자(제9호), 제48조 제1항을 위반하여 전임수의사를 두지 아니한 동물실험시행기관의 장(제10호), 제67조 제1항 제4호 나목 또는 다목을 위반하여 동물복지축산물 표시를 한 자(제11호), 제70조 제3항을 위반하여 맹견 취급의 사실을 신고하지 아니한 영업자(제12호), 제76조 제1항을 위반하여 휴업·폐업 또는 재개업의 신고를 하지 아니한 영업자(제13호), 제76조 제2항을 위반하여 동물처리계획서를 제출하지 아니하거나 같은 조 제3항에 따른 처리결과를 보고하지 아니한 영업자(제14호), 제78조 제1항 제3호를 위반하여 노화나 질병이 있는 동물을 유기하거나 폐기할 목적으로 거래한 영업자(제15호), 제78조 제1항 제4호를 위반하여 동물의 번식, 반입·반출 등의 기록, 관리 및 보관을 하지 아니한 영업자(제16호), 제78조 제1항 제5호를 위반하여 영업허가번호 또는 영업등록번호를 명시하지 아니하고 거래금액을 표시한 영업자(제17호), 제78조 제3항 제1호를 위반하여 수입신고를 하지 아니하거나 거짓이나 그 밖의 부정한 방법으로 수입신고를 한 영업자(제18호)를 규정하고 있다.

제3항은 제11조 제1항 제4호 또는 제5호를 위반하여 동물을 운송한 자(제1호), 제11조 제1항을 위반하여 제69조 제1항의 동물을 운송한 자(제2호), 제12조를 위반하여 반려동물을 전달한 자(제3호), 제15조 제1항을 위반하여 등록대상동물을 등록하지 아니한 소유자(제4호), 제27조 제4항을 위반하여 정당한 사유 없이 출석, 자료제출요구 또는 기질평가와 관련한 조사를 거부한 자(제5호), 제36조 제6항에 따라 준용되는 제35조 제5항을 위반하여 교육을 받지 아니한 동물보호센터의 장 및 그 종사자(제6호), 제37조 제2항에 따른 변경신고를 하지 아니하거나 같은 조 제5항에 따른 운영재개신고를 하지 아니한 자(제7호), 제50조를 위반하여 미성년자에게 동물 해부실습을 하게 한 자(제8호), 제57조 제1항을 위반하여 교육을 이수하지 아니한 윤리위원회의 위원(제9호), 정당한 사유 없이 제66조제3항에 따른 조사를 거부·방해하거나 기피한 자(제10호), 제68조 제2항을 위반하여 인증을 받은 자의 지위를 승계하고 그 사실을 신고하지 아니한 자(제11호), 제69조 제4항 단서 또는 제73조 제4항 단서를 위반하여 경미한 사항의 변경을 신고하지 아니한 영업자(제12호), 제75조 제3항을 위반하여 영업자의 지위를 승계하고 그 사실을 신고하지 아니한 자(제13호), 제78조 제1항 제8호를

위반하여 종사자에게 교육을 실시하지 아니한 영업자(제14호), 제78조 제1항 제9호를 위반하여 영업실적을 보고하지 아니한 영업자(제15호), 제78조 제1항 제10호를 위반하여 등록대상동물의 등록 및 변경신고의무를 고지하지 아니한 영업자(제16호), 제78조 제3항 제2호를 위반하여 신고한 사항과 다른 용도로 동물을 사용한 영업자(제17호), 제78조 제5항 제2호를 위반하여 등록대상동물의 사체를 처리한 후 신고하지 아니한 영업자(제18호), 제78조 제6항에 따라 동물의 보호와 공중위생상의 위해 방지를 위하여 농림축산식품부령으로 정하는 준수사항을 지키지 아니한 영업자(제19호), 제79조를 위반하여 등록대상동물의 등록을 신청하지 아니하고 판매한 영업자(제20호), 제82조 제2항 또는 제3항을 위반하여 교육을 받지 아니하고 영업을 한 영업자(제21호), 제86조 제1항 제1호에 따른 자료제출 요구에 응하지 아니하거나 거짓 자료를 제출하거나, 제86조 제1항 제2호에 따른 출입·검사를 거부·방해 또는 기피한 동물의 소유자등(제22호, 제23호), 제86조 제2항에 따른 보고·자료제출을 하지 아니하거나 거짓으로 보고·자료제출을 한 자 또는 같은 항에 따른 출입·조사·검사를 거부·방해·기피한 자(제24호), 제86조 제1항 제3호 또는 같은 조 제7항에 따른 시정명령 등의 조치에 따르지 아니한 자(제25호), 제88조 제4항을 위반하여 동물보호관의 직무 수행을 거부·방해 또는 기피한 자(제26호)에 대하여 '100만원 이하의 과태료'를 부과하도록 규정하고 있다.

제4항은 제15조 제2항을 위반하여 정해진 기간 내에 신고를 하지 아니한 소유자(제1호), 제15조 제3항을 위반하여 소유권을 이전받은 날부터 30일 이내에 신고를 하지 아니한 자(제2호), 제16조 제1항을 위반하여 소유자등 없이 등록대상동물을 기르는 곳에서 벗어나게 하거나, 제16조 제2항 제1호에 따른 안전조치를 하지 아니하거나, 제16조 제2항 제2호를 위반하여 인식표를 부착하지 아니하거나, 제16조 제2항 제3호를 위반하여 배설물을 수거하지 아니한 소유자 등(제3호 내지 제6호), 제94조 제2항을 위반하여 정당한 사유 없이 자료 및 정보의 제공을 하지 아니한 자(제7호)에게 '50만 원 이하의 과태료'를 부과하도록 하고 있다.

제5항은 제1항부터 제4항까지의 과태료의 부과권자에 관한 구체적 사항을 대통령령으로 위임하고 있다. 이에 따라 동물보호법 시행령 제35조는 동물보호

법 제101조 제1항부터 제4항까지의 규정에 따른 과태료 부과기준을 [별표4]로 규정하고 있다. 그 구체적인 내용은 아래와 같다.

■ **동물보호법 시행령** [별표 4]

과태료의 부과기준(제35조 관련)

1. 일반기준

　가. 위반행위의 횟수에 따른 과태료의 가중된 부과기준은 최근 2년간 같은 위반행위로 과태료 부과처분을 받은 경우에 적용한다. 이 경우 기간의 계산은 위반행위에 대하여 과태료 부과처분을 받은 날과 그 처분 후 다시 같은 위반행위를 하여 적발된 날을 기준으로 한다.

　나. 가목에 따라 가중된 부과처분을 하는 경우 가중처분의 적용 차수는 그 위반행위 전 부과처분 차수(가목에 따른 기간 내에 과태료 부과처분이 둘 이상 있었던 경우에는 높은 차수를 말한다)의 다음 차수로 한다.

　다. 부과권자는 다음의 어느 하나에 해당하는 경우에는 제2호의 개별기준에 따른 과태료 금액의 2분의 1 범위에서 그 금액을 줄여 부과할 수 있다. 다만, 과태료를 체납하고 있는 위반행위자에 대해서는 그렇지 않다.

　　1) 위반행위자가 자연재해·화재 등으로 재산에 현저한 손실이 발생하거나 사업 여건의 악화로 사업이 중대한 위기에 처하는 등의 사정이 있는 경우

　　2) 위반행위가 사소한 부주의나 오류 등 과실로 인한 것으로 인정되는 경우

　　3) 위반행위자가 같은 위반행위로 다른 법률에 따라 과태료·벌금·영업정지 등의 처분을 받은 경우

　　4) 위반행위자가 위법행위로 인한 결과를 시정하거나 해소한 경우

　　5) 그 밖에 위반행위의 정도, 위반행위의 동기와 그 결과 등을 고려하여 그 금액을 줄일 필요가 있다고 인정되는 경우

2. 개별기준

(단위: 만원)

위반행위	근거 법조문	과태료 금액		
		1차 위반	2차 위반	3차 이상 위반
가. 법 제11조제1항제4호 또는 제5호를 위반하여 동물을 운송한 경우	법 제101조 제3항제1호	20	40	60
나. 법 제11조제1항을 위반하여 법 제69조제1항의 동물을 운송한 경우	법 제101조 제3항제2호	20	40	60
다. 법 제12조를 위반하여 반려동물을 전달한 경우	법 제101조 제3항제3호	20	40	60
라. 소유자가 법 제15조제1항을 위반하여 등록대상동물을 등록하지 않은 경우	법 제101조 제3항제4호	20	40	60
마. 소유자가 법 제15조제2항을 위반하여 정해진 기간 내에 신고를 하지 않은 경우	법 제101조 제4항제1호	10	20	40
바. 법 제15조제3항을 위반하여 소유권을 이전받은 날부터 30일 이내에 신고를 하지 않은 경우	법 제101조 제4항제2호	10	20	40
사. 소유자등이 법 제16조제1항을 위반하여 소유자등이 없이 등록대상동물을 기르는 곳에서 벗어나게 한 경우	법 제101조 제4항제3호	20	30	50
아. 소유자등이 법 제16조제2항제1호에 따른 안전조치를 하지 않은 경우	법 제101조 제4항제4호	20	30	50
자. 소유자등이 법 제16조제2항제2호를 위반하여 인식표를 부착하지 않은 경우	법 제101조 제4항제5호	5	10	20
차. 소유자등이 법 제16조제2항제3호를 위반하여 배설물을 수거하지 않은 경우	법 제101조 제4항제6호	5	7	10
카. 소유자등이 법 제21조제1항제1호[법률 제18853호 동물보호법 전부개정법률 부칙 제12조에 따라 같은 법 제21조의 개정규정이 시행되기 전까지는 종전의 「동물보호법」(법률 제18853호로 개정되기 전의 것을 말한다. 이하 타목부터 하목까지에서 같다) 제13조의2제1항제1호를 말한다]를 위반하여 소유자등이 없이 맹견을 기르는 곳에서 벗어나게 한 경우	법 제101조 제2항제2호	100	200	300

위반행위	근거 법조문	과태료 금액		
		1차 위반	2차 위반	3차 이상 위반
타. 소유자등이 법 제21조제1항제2호(법률 제18853호 동물보호법 전부개정법률 부칙 제12조에 따라 같은 법 제21조의 개정규정이 시행되기 전까지는 종전의 「동물보호법」 제13조의2제1항제2호를 말한다)를 위반하여 월령이 3개월 이상인 맹견을 동반하고 외출할 때 안전장치를 하지 않거나 맹견의 탈출을 방지할 수 있는 적정한 이동장치를 하지 않은 경우	법 제101조 제2항제2호	100	200	300
파. 소유자등이 법 제21조제1항제3호(법률 제18853호 동물보호법 전부개정법률 부칙 제12조에 따라 같은 법 제21조의 개정규정이 시행되기 전까지는 종전의 「동물보호법」 제13조의2제1항제3호를 말한다)를 위반하여 사람에게 신체적 피해를 주지 않도록 관리하지 않은 경우	법 제101조 제2항제2호	100	200	300
하. 법 제21조제3항(법률 제18853호 동물보호법 전부개정법률 부칙 제12조에 따라 같은 법 제21조의 개정규정이 시행되기 전까지는 종전의 「동물보호법」 제13조의2제3항을 말한다)을 위반하여 맹견의 안전한 사육 및 관리에 관한 교육을 받지 않은 경우	법 제101조 제2항제3호	100	200	300
거. 소유자등이 법 제22조를 위반하여 맹견을 출입하게 한 경우	법 제101조 제2항제4호	100	200	300
너. 소유자가 법 제23조제1항을 위반하여 보험에 가입하지 않은 경우	법 제101조 제2항제5호			
1) 가입하지 않은 기간이 10일 이하인 경우		10		
2) 가입하지 않은 기간이 10일 초과 30일 이하인 경우		10만원에 11일째부터 계산하여 1일마다 1만원을 더한 금액		
3) 가입하지 않은 기간이 30일 초과 60일 이하인 경우		30만원에 31일째부터 계산하여 1일마다 3만원을 더한 금액		

위반행위	근거 법조문	과태료 금액		
		1차 위반	2차 위반	3차 이상 위반
4) 가입하지 않은 기간이 60일 초과인 경우		120만원에 61일째부터 계산하여 1일마다 6만원을 더한 금액. 다만, 과태료의 총액은 300만원을 초과할 수 없다.		
더. 동물보호센터의 장 및 그 종사자가 법 제36조제6항에 따라 준용되는 법 제35조제5항을 위반하여 교육을 받지 않은 경우	법 제101조제3항제6호	30	50	100
러. 법 제37조제2항에 따른 변경신고를 하지 않거나 같은 조 제5항에 따른 운영재개신고를 하지 않은 경우	법 제101조제3항제7호	30	50	100
머. 법 제37조제4항을 위반하여 시설 및 운영기준 등을 준수하지 않거나 시설정비 등의 사후관리를 하지 않은 경우	법 제101조제2항제7호	100	200	300
버. 법 제37조제5항에 따른 신고를 하지 않고 보호시설의 운영을 중단하거나 보호시설을 폐쇄한 경우	법 제101조제2항제8호	50	100	200
서. 법 제38조제1항에 따른 중지명령이나 시정명령을 3회 이상 반복하여 이행하지 않은 경우	법 제101조제2항제9호	100	200	300
어. 동물실험시행기관의 장이 법 제48조제1항을 위반하여 전임수의사를 두지 않은 경우	법 제101조제2항제10호	50	100	200
저. 법 제50조를 위반하여 미성년자에게 동물해부실습을 하게 한 경우	법 제101조제3항제8호	30	50	100
처. 동물실험시행기관의 장이 법 제51조제1항을 위반하여 윤리위원회를 설치·운영하지 않은 경우	법 제101조제1항제1호	500		
커. 동물실험시행기관의 장이 법 제51조제3항을 위반하여 윤리위원회의 심의를 거치지 않고 동물실험을 한 경우	법 제101조제1항제2호	100	300	500
터. 동물실험시행기관의 장이 법 제51조제4항을 위반하여 윤리위원회의 변경심의를 거치지 않고 동물실험을 한 경우	법 제101조제1항제3호	100	300	500

위반행위	근거 법조문	과태료 금액		
		1차 위반	2차 위반	3차 이상 위반
퍼. 동물실험시행기관의 장이 법 제55조제1항을 위반하여 심의 후 감독을 요청하지 않은 경우	법 제101조 제1항제4호	100	300	500
허. 동물실험시행기관의 장이 법 제55조제3항을 위반하여 정당한 사유 없이 실험 중지 요구를 따르지 않고 동물실험을 한 경우	법 제101조 제1항제5호	100	300	500
고. 동물실험시행기관의 장이 법 제55조제4항을 위반하여 윤리위원회의 심의 또는 변경 심의를 받지 않고 동물실험을 재개한 경우	법 제101조 제1항제6호	100	300	500
노. 윤리위원회의 위원이 법 제57조제1항을 위반하여 교육을 이수하지 않은 경우	법 제101조 제3항제9호	30	50	100
도. 동물실험시행기관의 장이 법 제58조제2항을 위반하여 개선명령을 이행하지 않은 경우	법 제101조 제1항제7호	100	300	500
로. 영업자가 법 제69조제4항 단서 또는 법 제73조제4항 단서를 위반하여 경미한 사항의 변경을 신고하지 않은 경우	법 제101조 제3항제12호	30	50	100
모. 법 제75조제3항을 위반하여 영업자의 지위를 승계하고 그 사실을 신고하지 않은 경우	법 제101조 제3항제13호	30	50	100
보. 영업자가 법 제76조제1항을 위반하여 휴업·폐업 또는 재개업의 신고를 하지 않은 경우	법 제101조 제2항제13호	50	100	200
소. 영업자가 법 제76조제2항을 위반하여 동물처리계획서를 제출하지 않거나 같은 조 제3항에 따른 처리결과를 보고하지 않은 경우	법 제101조 제2항제14호	50	100	200
오. 영업자가 법 제78조제1항제3호를 위반하여 노화나 질병이 있는 동물을 유기하거나 폐기할 목적으로 거래한 경우	법 제101조 제2항제15호	100	200	300
조. 영업자가 법 제78조제1항제4호를 위반하여 동물의 번식, 반입·반출 등의 기록, 관리 및 보관을 하지 않은 경우	법 제101조 제2항제16호	50	100	200
초. 영업자가 법 제78조제1항제5호를 위반하여 영업허가번호 또는 영업등록번호를 명시하지 않고 거래금액을 표시한 경우	법 제101조 제2항제17호	50	100	200

위반행위	근거 법조문	과태료 금액		
		1차 위반	2차 위반	3차 이상 위반
코. 영업자가 법 제78조제1항제7호를 위반하여 영업별 시설 및 인력 기준을 준수하지 않은 경우	법 제101조 제1항제9호	100	300	500
토. 영업자가 법 제78조제1항제8호를 위반하여 종사자에게 교육을 실시하지 않은 경우	법 제101조 제3항제14호	30	50	100
포. 영업자가 법 제78조제1항제9호를 위반하여 영업실적을 보고하지 않은 경우	법 제101조 제3항제15호	30	50	100
호. 영업자가 법 제78조제1항제10호를 위반하여 등록대상동물의 등록 및 변경신고의무를 고지하지 않은 경우	법 제101조 제3항제16호	30	50	100
구. 영업자가 법 제78조제3항제1호를 위반하여 수입신고를 하지 않거나 거짓이나 그 밖의 부정한 방법으로 수입신고를 한 경우	법 제101조 제2항제18호	50	100	200
누. 영업자가 법 제78조제3항제2호를 위반하여 신고한 사항과 다른 용도로 동물을 사용한 경우	법 제101조 제3항제17호	30	50	100
두. 영업자가 법 제78조제5항제2호를 위반하여 등록대상동물의 사체를 처리한 후 신고하지 않은 경우	법 제101조 제3항제18호	30	50	100
루. 영업자가 법 제78조제6항에 따라 동물의 보호와 공중위생상의 위해 방지를 위하여 농림축산식품부령으로 정하는 준수사항을 지키지 않은 경우	법 제101조 제3항제19호	30	50	100
무. 영업자가 법 제79조를 위반하여 등록대상동물의 등록을 신청하지 않고 판매한 경우	법 제101조 제3항제20호	30	50	100
부. 영업자가 법 제82조제2항 또는 제3항을 위반하여 교육을 받지 않고 영업을 한 경우	법 제101조 제3항제21호	30	50	100
수. 동물의 소유자등이 법 제86조제1항제1호에 따른 자료제출 요구에 응하지 않거나 거짓 자료를 제출한 경우	법 제101조 제3항제22호	20	40	60
우. 동물의 소유자등이 법 제86조제1항제2호에 따른 출입·검사를 거부·방해 또는 기피한 경우	법 제101조 제3항제23호	20	40	60

위반행위	근거 법조문	과태료 금액		
		1차 위반	2차 위반	3차 이상 위반
주. 법 제86조제1항제3호 또는 같은 조 제7항에 따른 시정명령 등의 조치에 따르지 않은 경우	법 제101조 제3항제25호	30	50	100
추. 법 제86조제2항에 따른 보고·자료제출을 하지 않거나 거짓으로 보고·자료제출을 한 경우 또는 같은 항에 따른 출입·조사·검사를 거부·방해·기피한 경우	법 제101조 제3항제24호	20	40	60
쿠. 법 제88조제4항을 위반하여 동물보호관의 직무 수행을 거부·방해 또는 기피한 경우	법 제101조 제3항제26호	20	40	60
투. 법 제94조제2항을 위반하여 정당한 사유 없이 자료 및 정보의 제공을 하지 않은 경우	법 제101조 제4항제7호	10	20	40

부 록

상고심 제출 의견의 요지

변호사 박주연, 서국화 외 6인은 제9면 이하에 기재된 본 의견 개진에 앞서 그 요지를 아래와 같이 정리합니다.

아   래

1. 인천지방법원 제15형사부는 2017. 6. 23. 개농장 내 도축시설에서 수십 마리의 개를 전기도살 한 피고인에 대하여 무죄를 선고하였고, 이에 대해 항소심(서울고등법원 2017노2030 사건)인 원심 역시 "동물보호법은 동물을 죽이는 것 자체를 금지하지 않으며, '목을 매다는 등의 잔인한 방법으로 죽이는 행위' 등을 금지하고 있을 뿐인데, 동물을 죽이는 것은 그 자체로 잔인성을 내포하므로 '잔인한 방법'은 극히 제한적으로 해석해야 한다는" 취지로 검사의 항소를 기각하였습니다.

2. **동물보호법과 축산물 위생관리법에서 정하는 '전살법'과 이 사건의 개 전기도살 행위는 본질적으로 다른 것이므로, 이를 같게 취급한 원심 판결은 부당합니다.**

가. 원심이 유추적용하고 있는 동물보호법 제10조 제2항, 같은 법 시행규칙 제6조 제1항의 '전살법'은 축산물 위생관리법, 가축전염병 예방법 등에 따라 동물에 대한 합법적 도살이 가능한 경우, 그 도살 '방법'에 관한 예시에 불과합니다.

나. 이 사건과 같이 식용 목적으로 동물을 도살하는 행위는 축산물 위생관리법의 규율을 받게 되는데, 위 축산물 위생관리법이 적용되는 '가축'의 범위에서 개는 제외되므로(개는 원래 위 '가축'의 범위에 포함되어 있었으나 1985. 6. 28. 축산물가공처리법시행령을 전부개정하면서 입법자에 의해 제외되었습니다) 식용 목적으로 개를

도살하는 행위 자체가 아무런 합법적인 근거가 없는 것이며, 결국 합법적 도살이 가능한 경우를 전제로 하는 '전살법'이 적용될 여지가 없습니다.

다. 더구나 동물보호법 제10조 제2항, 같은 법 시행규칙 제6조 제1항에서 규정한 '전살법'은 동물의 고통을 최소화할 수 있도록 최단 시간 내 기절에 이르게 하는 축종별 구체적 기준과 안전 절차(예를 들어, 돼지의 경우 어떤 전압에서도 최소 1.25A 이상의 전류로 뇌 부위를 2~4초간 통전시킬 것)를 규정하고 있습니다. 이러한 기준에 따라 돼지의 경우 규격화된 전살기를 통해 0.5초 내 무의식 상태에 이르게 되고 곧바로 방혈 절차로 이어져, 죽음에 이르기까지 겪는 고통이 거의 없다고 볼 수 있는 반면, 이 사건과 같은 개 전기도살은 개를 즉시 기절에 이르게 하는 최소 전류량이나 전압이 규격화되어 있지 않은, 시중에서 흔히 구할 수 있는 전기봉으로 단순히 개를 '감전'시키는 것에 불과합니다. 그 마저 한 번에 기절하지 않아 전기봉으로 개의 주둥이에 수차례 통전을 하게 되며, 죽음에 이르기까지 개가 겪어야 하는 고통과 공포감이 매우 크고 완전히 무의식에 이르기까지 2분 이상이 걸리며 그 시간을 채 기다리지도 않고 살아 있는 상태에서 가죽을 벗겨내는 작업에 나아가는 경우도 상당수입니다.

라. 이처럼 법에 규정된 '전살법'과 개 전기도살의 구체적인 행위 태양이 서로 다르므로, 원심은 축종의 특성, 죽음에 이르는 시간, 고통 유발, 고통을 최소화하는 안전절차 구비 여부 등을 종합적으로 판단하여 두 '전살법'이 본질적으로 동일한지 여부를 판단하였어야 함에도 이를 해태하였으며, "현실적으로 식용으로 이용되는 동물이므로 다른 동물과 본질적으로 다르지 않다."는 법규에도 없는 법관의 주관적인 판단을 반영하여 본질적으로 다른 것을 같게 취급하였습니다.

마. 보다 근본적으로 '전살법'은 축산물 위생관리법이 적용되는 경우 그 방법을 예시해 놓은 것에 불과하므로, 원심은 축산물 위생관리법의 적용대상도 아닌 개에 대한 식용 목적의 전기도살 행위 자체가 합법적인 것인지부터 판단하였어야 하며, 합법적이지 않다면 피고인에게 동물보호법위반의 죄책을 지웠어야 합니다.

바. 원심 판결은 '전살법'이 법에 규정되어 있다는 이유로 동물에 대한 전기도살을 일반적으로 허용하는 것과 마찬가지의 결론을 내리고 말았는바, 이는 아래 항에서 보듯이 동물에 대한 전기사용을 대부분 금지하는 국제적 추세에 반하는 것입니다.

사. 또한 동물의 고통을 유발하는 도살이나 정당한 사유 없는 도살을 금지하고, 축종별로 고통을 최소화하는 세세한 절차를 규정하고 있는 동물보호법령을 유명무실하게 하는 동시에, '동물의 무차별적 도살을 금지하고, 법률이 정하는 적법한 검사 등을 거친 축산물만을 유통하여 국민들을 방역, 위생상의 위험으로부터 보호하려는' 축산물 위생관리법의 입법취지 또한 무의미하게 만드는 것입니다.

아. 나아가 원심 판결이 그대로 확정될 경우, 축산물 위생관리법이 적용되지도 않는 다른 많은 동물들에 대한 전기도살(전살법이 아닌 법상 아무런 기준이 없는 전기감전을 통한 도살)을 막을 수 없는 재앙을 가져오게 될 것입니다.

3. 동물보호법 제8호 제1항 제1호 규정 자체로도 충분히 문언적 해석이 가능하며, 이 사건과 같은 개 전기도살은 위 규정의 '잔인한 방법'에 해당합니다.

가. 동물보호법 제8조 제1항 제1호의 '목을 매다는 등 잔인한 방법으로 죽이는 행위'는 '목을 매다는 등'이라는 대표적 행태의 구체적 예시로써 문언 해석 기준을 제시하고 있고, 이미 여러 판결(대법원 2014도2477 판결 등)을 통해 그 문언 자체로 충분히 해석, 적용되어 왔습니다. 더구나 동물보호법 제10조의 규정 체계와 함께 해석할 경우, '잔인한 방법'의 의미는 '동물에게 불필요한 고통과 공포, 스트레스를 주는 방법', 즉 '가해 순간 곧바로 죽음에 이르지 않고, 고통을 온전히 느끼면서 죽게 하는 행위 또는 가해 행위 전후로 불필요한 공포와 스트레스를 주는 행위'로 정의될 수 있습니다. 또한 위 조문의 입법연혁을 보면, 구 동물보호법(2007. 1. 26. 법률 제8282호로 개정되기 전의 것) 제6조에서 "누구든지 동물을 합리적인 이유없이 죽이거나, 잔인하게 죽이거나, 타인에게 혐오감

을 주는 방법으로 죽여서는 아니된다."고 규정하고 있었으나, "금지행위 내용을 구체화함으로써 동물에 대한 학대행위를 감소하고자" 하는 이유로 현행 동물보호법의 위 조문 내용과 같이 개정되었습니다.

나. 한편, 이 사건과 같이 개를 감전사시킨 사안에 있어, 국내의 경우 광주지방법원 순천지원에서 2016. 9. 이미 동물보호법 제8조 제1항 제1호를 적용하여 피고인에게 유죄를 선고한 바 있고, 국제적으로도 개를 감전사하는 것은 지극히 잔인한 방법이라는 것이 정설입니다.

다. 미국 판례는 싸움에서 패한 개를 '전살'하는 것은 '특별히 잔인한 행위(extraordinary cruelty)'라고 해석하고 있으며 캐나다 알버타주 법원 또한 소에게 사용되는 전기봉을 개에게 '훈련'용으로 사용한 것에 대해서도 동물에게 불필요한 고통을 초래한 것으로 보아 동물학대 유죄 판결을 내렸습니다. 이 외 독일의 동물복지법, 동물의 보호를 위한 국제 협약 등에서 동물에 상당한 고통을 가하는 전기사용을 일반적으로 금지하고 있습니다.

라. 나아가 원심과 같은 판단으로는 동물보호법 제8조의 조문 체계상으로도 처벌불균형에 이르게 되는데, 전기봉(도구)을 사용하여 동물에게 상해를 입히는 경우에는 동물보호법 제8조 제2항 제1호에 해당하여 처벌되는 반면, 이 사건과 같이 전기봉을 사용하여 동물을 죽이는 경우에는 그 죄질이 상해를 입히는 것보다 더 중함에도 불구하고 이를 처벌할 수 없다는 결론이 되어 현저히 부당합니다.

마. 이처럼 해당 법률문언의 통상적인 의미 내에서 형벌법규의 해석이 얼마든지 가능하고, 단순히 전기로 동물을 감전시키는 행위는 지극히 잔인한 방법이며, 동물이 고통 없이 죽게 하는 도살방법이 아니라는 것이 학계의 입장이자 일반적인 상식임에도, 원심은 '잔인한 방법'의 문언적 의미만으로는 해석이 어렵다고 하며 이 사건 피고인의 행위를 '잔인한 방법'으로 보지 않았으며, 다른 안전장치나 고통을 최소화하는 장치 등이 있었는지, 당시 전기봉의 전류량, 전문가 의견 등을 더 심리하지도 않은 채 그 결론에 이른 위법이 존재합니다.

4. 만에 하나 동물보호법 제8조 제1항 제1호의 '잔인한 방법'으로 죽인 것이 아니라고 하더라도, 이 사건은 동물보호법 제8조 제1항 제2호의 '노상 등 공개된 장소에서 죽이거나 같은 종류의 다른 동물이 보는 앞에서 죽이는 행위'에도 해당하므로 피고인의 동물보호법위반 유죄의 결론에는 변함이 없습니다.

가. 동물보호법 제8조 제1항 제2호는 '같은 종류의 다른 동물이 보는 앞에서 죽이는 행위'를 제1호와 동일하게 처벌하고 있으며, 이는 도축 대상이 아닌 다른 동물에게까지도 그 도살행위가 극심한 공포와 스트레스를 유발하기 때문입니다.

나. 그런데 이 사건과 같이 식용 목적으로 개를 기르고 계류, 도축하는 개 농장겸 도축장에서 개를 도살하는 행위는 위 조항 위반에 해당함이 명백하므로, 결론적으로 피고인에게 제8조 제1항의 동물학대죄가 인정된다고 할 것입니다.

5. 결론

가. 개의 전기도살에 대한 원심의 무죄판결은 동물보호법 문언에 따른 해석 및 형벌의 일반예방적 목적을 너무 가볍게 여겨, 오히려 처벌의 필요성이 있는 행위까지도 벌하지 못하는 결과에 이르렀습니다.

나. 이러한 원심 판단은 법적 근거 없는 동물의 무차별적 도살을 금지하고 국민들이 섭취하는 축산물의 위생 안전성을 보호하는 법률의 체계를 완전히 무너뜨린 판결이며, 식용을 목적으로 한 개 도살을 금지하는 세계적인 추세 및 이러한 추세에 발맞춰 가고 있는 국민의식과 여타 다른 판결에 완전히 역행하는 판결이라 평하지 않을 수 없습니다.

다. 이하 '의견서'에서 위 '상고심 제출 의견의 요지'에 관한 상세한 법적 근거 및 해석에 관한 의견을 드리오니, 상세히 살피시어 위법한 원심 판결을 파기하여 주시기를 간곡히 바랍니다.

의 견 서

사   건   2017도16732 동물보호법위반
피 고 인   △△△

위 사건에 관하여 변호사 박주연, 서국화 외 6인은 동물권연구단체 피엔알
(PNR) 소속으로서 아래과 같이 의견서를 제출합니다.

아 래

I. 원심 판결의 요지

원심은 피고인이 2011.경부터 2016. 7.경까지 피고인이 운영하는 개농장
내 도축시설에서 개를 묶은 상태에서 전기가 흐르는 쇠꼬챙이를 개의 주둥이에
대어 감전시키는 방법으로 죽여서 도축하는 등 연간 30두 상당의 개를 도살한
사실(이하 "**이 사건 공소사실**"이라고 합니다)에 대하여 무죄를 선고한 1심 판결에 대
해 "① 동물보호법은 동물을 죽이는 것 자체를 금지하지 않으며, '목을 매다는
등의 잔인한 방법으로 죽이는 행위' 등을 금지하고 있을 뿐인데, 동물을 죽이는
것은 그 자체로 잔인성을 내포하므로 '잔인한 방법'은 극히 제한적으로 해석해
야 하고 ② 관련 법령에서 정한 도살 방법이나 그 유사 방법을 사용한 경우에
는 목을 매달아 죽이는 경우에 겪는 고통 등의 정도에 이른다는 특별한 사정이
없는 이상 잔인한 방법에 해당한다고 볼 수 없으며, ③ 전기꼬챙이로 개를 죽이
는 것은 목을 매다는 경우에 겪는 고통과 같은 정도의 고통을 유발한다는 점에
대한 증거가 없다"는 이유로 검사의 항소를 기각하였습니다.

그러나 원심의 위와 같은 판결은, 동물보호법과 축산물 위생관리법 명문
조항의 입법취지와 해석 범위를 벗어나는 것으로서 아래와 같이 법리를 오인하
고 심리를 다하지 않은 위법이 있습니다.

Ⅱ. 원심 판결의 위법성 - 피고인에 대한 동물보호법위반죄의 성립

1. 문제의 요지

동물보호법 제8조 제1항, 제10조 제1항 및 그 입법취지에 따르면 누구든지 정당한 사유 없이 동물을 죽이거나 잔인한 방법으로 도살하여서는 아니 되고, 위 행위는 원칙적으로 동물보호법위반의 구성요건에 해당하게 됩니다. 다만 동물보호법이 '동물의 도살'을 예외적으로 허용하는 경우로서 제10조 제2항이 규정한 요건, 즉 ① 축산물 위생관리법에 따라 동물을 죽이는 경우로서, ② 가스법·전살법 등 농림축산식품부령으로 정하는 방법을 이용하여 ③ 고통을 최소화하고, 반드시 의식이 없는 상태에서 다음 도살 단계로 넘어가는 경우에는 동물보호법위반에 해당하지 아니합니다. 따라서 만일 피고인의 행위가 위 요건을 충족하지 않는다면 다른 동물보호법상 예외 사유가 없는 한 원칙으로 돌아가 동물보호법위반의 죄책을 지워야 합니다.

그런데 이 사건 공소사실은, ① **축산물 위생관리법의 적용이 명백히 배제된 동물인 '개'를 현행법상 근거 없이 식용 목적으로 죽인 경우로서, 그 자체로 동물보호법 제10조 제2항의 적용 대상이 아닙니다.** 더구나 식용 목적은 정당한 사유에 해당하지 않으므로 동물보호법위반의 예외인 제8조 제1항 제4호가 적용되지도 않습니다. 그렇다면 원칙으로 돌아가 동물의 도살을 금지하는 동물보호법 제10조 제1항 및 동물보호법 제8조 제1항 제1호를 적용하여야 합니다.

또한 ② 이 사건 공소사실의 행위 태양이 동물보호법 제10조 제1항 및 동물보호법 제8조 제1항 제1호에서 규정하는 '잔인한 방법'인지 여부와 관련하여, **개를 전기봉으로 감전시켜 죽이는 방식은 축산물 위생관리법이 예정한 전살법과는 본질적으로 다른 것**이므로, 동물보호법 제10조 제2항, 같은 법 시행규칙 제6조 제1항 및 축산물 위생관리법에서 규정하는 도살 방법의 요건도 충족하지 않으며, 오히려 (확인되지 않은 전류량, 전압과 설비로 전기를 통하게 하여) **동물이 불필요한 고통을 겪게 하고 즉시 죽음에 이르게 하지 않는 비인도적 방법으로서 동물보호법 제8조 제1항의 '잔인한 방법'으로 동물을 죽이는 행위에 해당**합니다.

③ 나아가 현재 개 도축자들은 통상적으로 별도 도축장이나 도축설비를

마련하지 않은 채(이 또한 '허가 받은 작업장'에서 도축하도록 정하고 있는 축산물 위생관리법과 배치됩니다) 개 농장이 있는 동일한 장소에서 다른 개들이 보는 앞에서 개를 감전시켜 수 분간 고통을 받게 하고, 종종 개가 완전히 무의식에 이르지 않은 상태에서도 도축으로 나아가는바, 이러한 과정을 목격하는 다른 개들에게 극도의 공포와 스트레스를 조성합니다. 이 사건 공소사실도 이와 다르지 않으므로, 결국 **동물보호법 제8조 제1항 제2호의 노상 등 공개된 장소에서 죽이거나 같은 종류의 다른 동물이 보는 앞에서 죽이는 행위에도 해당**합니다.

그런데 원심 판결은 단순히 피고인이 전기를 이용하여 개를 죽인 사실에만 주목하여, 위 행위가 동물보호법과 축산물 위생관리법이 규정한 '전살법'과 동일하다는 근거 없는 전제하에 비인도적인 방법이 아니라고 단정하였습니다. 이러한 원심 판결은 "축산물 위생관리법의 적용대상인 가축을 식용 목적으로 도살하는 것과 위 법의 적용대상이 아닌 동물을 식용 목적으로 도살하는 것이 본질적으로 동일한 것인지, 위 법이 정하는 '전살법'과 이 사건 공소사실이 본질적으로 동일한 것인지, 또한 이 사건 공소사실이 동물보호법 제10조 제1항에서 규정한 '불필요한 고통이나 공포, 스트레스를 주지 않는 방법'에 해당하는 방법인지" 여부에 대하여 충분히 심리를 하지 않은 채, 그 결론에 이른 것으로서 심리미진의 위법이 있다고 할 것입니다.

또한 식용을 목적으로 한 개 도살은 현행법상 아무런 근거가 없으므로 원심은 위 도살 자체의 위법성 여부를 따져 보았어야 하고, 이 사건 공소사실이 동물보호법 제10조 제2항이나 제8조 제1항 제4호의 예외사유에 해당하지 않는 한 동물보호법 제8조 제1항 제1호에 해당하는 것임에도, 식용 목적 개 도살 자체의 위법 여부나 동물보호법위반 예외 사유의 해당 여부에 대하여는 판단하지 않은 채, 단순히 '전살법'이 동물보호법과 축산물 위생관리법에 규정되어 있다는 이유로 피고인에게 무죄를 선고하고 말았습니다. 이러한 판결은 동물보호법과 축산물 위생관리법조항의 문언적 해석의 범위를 벗어나고 입법취지에도 반하는 해석으로, 법리를 오인하여 피고인에게 지나치게 유리하게 결론을 내린 위법이 있습니다.

이하 자세히 살펴보도록 하겠습니다.

2. 이 사건 공소사실은 동물보호법과 축산물 위생관리법에서 정한 '전살법' 을 행한 것과는 본질적으로 다른 행위입니다.

가. 동물보호법의 입법취지 및 조문의 체계

동물보호법은 동물에 대한 학대행위를 방지하고 동물을 보호하며, 동물의 생명 존중 의식을 함양할 목적으로(동물보호법 제1조) 1991. 5. 31. 제정된 후, 16 회의 개정을 거쳐 현행 동물보호법에 이르게 되었습니다. 동물보호법의 적용 대상은 식용을 목적으로 하는 파충류, 양서류, 어류만을 제외하고 모든 '고통을 느낄 수 있는 신경체계가 발달한 척추동물'이며(동물보호법 제2조 제1호, 같은 법 시 행령 제2조), 동물보호법은 동물의 생명, 신체의 안전을 보장하는 거의 유일한 법 이자 일반법으로 기능하고 있습니다.

동물보호법 (법률 제13023호)
제2조(정의)
1의2. "동물학대"란 동물을 대상으로 정당한 사유 없이 불필요하거나 피할 수 있는 신체 적 고통과 스트레스를 주는 행위 및 굶주림, 질병 등에 대하여 적절한 조치를 게을리하 거나 방치하는 행위를 말한다.

제8조(동물학대 등의 금지)
① 누구든지 동물에 대하여 다음 각 호의 행위를 하여서는 아니 된다.
  1. 목을 매다는 등의 잔인한 방법으로 죽이는 행위
  2. 노상 등 공개된 장소에서 죽이거나 같은 종류의 다른 동물이 보는 앞에서 죽이는 행위
  3. 고의로 사료 또는 물을 주지 아니하는 행위로 인하여 동물을 죽음에 이르게 하는 행위
  4. 그 밖에 수의학적 처치의 필요, 동물로 인한 사람의 생명·신체·재산의 피해 등 농림축산식품부령으로 정하는 정당한 사유 없이 죽이는 행위

제10조(동물의 도살방법)
① 모든 동물은 혐오감을 주거나 잔인한 방법으로 도살되어서는 아니 되며, 도살과정에 불필요한 고통이나 공포, 스트레스를 주어서는 아니 된다.

② 「축산물위생관리법」 또는 「가축전염병예방법」에 따라 동물을 죽이는 경우에는 가스법·전살법(電殺法) 등 농림축산식품부령으로 정하는 방법을 이용하여 고통을 최소화하여야 하며, 반드시 의식이 없는 상태에서 다음 도살 단계로 넘어가야 한다. 매몰을 하는 경우에도 또한 같다.

③ 제1항 및 제2항의 경우 외에도 동물을 불가피하게 죽여야 하는 경우에는 고통을 최소화할 수 있는 방법에 따라야 한다.

제46조(벌칙) ① 제8조제1항부터 제3항까지의 규정을 위반한 자는 1년 이하의 징역 또는 1천만원 이하의 벌금에 처한다.

동물보호법의 주된 입법취지인 금지되는 '동물학대'와 관련하여 동물보호법 제2조 제1의2호는 "동물을 대상으로 정당한 사유 없이 불필요하거나 피할 수 있는 신체적 고통과 스트레스를 주는 행위 및 굶주림, 질병 등에 대하여 적절한 조치를 게을리하거나 방치하는 행위"라고 규정하고 있고, 제8조는 제1항에서 동물을 죽이는 행위를, 제2항에서 학대(실제로는 상해)행위를 규정하고 있습니다. 그리고 제46조 제1항에서는 제8조 제1항부터 제3항의 규정을 위반한 경우 동일한 법정형(1년 이하의 징역 또는 1천만원 이하의 벌금)을 정하고 있습니다.

위 조항 중 제8조의 입법연혁을 보면, 구 동물보호법(2007. 1. 26. 법률 제8282호로 개정되기 전의 것, 이하 '**구 동물보호법**'이라 합니다)은 동물학대등의 금지를 규정한 제6조에서 "누구든지 동물을 합리적인 이유없이 죽이거나, 잔인하게 죽이거나, 타인에게 혐오감을 주는 방법으로 죽여서는 아니된다."라고 정하고 있었습니다. 그러던 중 2007. 1. 26. 전부개정을 통하여 현행 동물보호법 제8호 제1항 제1호와 동일한 규정을 제7조 제1항 제1호로 규정하면서, 그 개정이유에 관하여 "**동물에 대한 금지행위가 추상적으로 규정되어 있어 위반 여부의 판단에 어려움이 있음/ 목을 매다는 등 잔인한 방법으로 죽이는 행위 및 살아있는 동물의 체액을 채취하는 행위 등 금지되는 행위를 구체적으로 규정함/ 금지행위의 내용이 구체화되고 그 범위도 확대됨으로써 동물에 대한 학대행위가 감소될 것으로 기대됨**"이라고 밝힌 바 있습니다.

즉, 현행 동물보호법 제8조 제1항 제1호의 '목을 매다는 등의 잔인한 방법으로 죽이는 행위'는, '잔인한'이라는 개념에 다소 추상성이 존재하더라도 '목을 매다는 등'이라는 대표적인 행태의 구체적 예시로써 문언해석의 기준을 제시하고 있고, 여러 법원의 해석을 통해 해당 개념 자체로 충분히 해석되어 왔습니다.1 동물을 죽이는 사례를 구체적으로 한정하여 열거하는 것은 원래 불가능하고 부적절하기 때문에,2 동물보호법 제8조 제1항 제1호는 '목을 매다는' 방법을 대표적으로 예시하였을 뿐이므로 '잔인한 방법'이란 비단 목을 매다는 방법에 한정되지 않고, 이와 동일한 정도로 잔인성을 띠는 방법으로 동물을 죽게 하는 행위 모두가 금지되는 것입니다. 즉, 해당 법률문언의 통상적인 의미 내에서 형벌법규의 목적론적 해석이 얼마든지 가능한 바, 이처럼 법률이 제시하는 기준에 따라 법규를 해석하고 적용하는 것이 법원의 역할이자 책무라고 할 것입니다.

　'잔인한 방법'의 해석과 관련하여 동물보호법의 다른 규정을 좀 더 살펴보면, 동물보호법 제10조 제1항은 "모든 동물은 혐오감을 주거나 잔인한 방법으로 도살되어서는 아니 되며, 도살과정에 불필요한 고통이나 공포, 스트레스를 주어서는 아니 된다."고 규정하고 있습니다. 특별한 사정이 없는 한, 여기서의 '잔인한 방법'은 동물보호법 제8조 제1항 제1호의 그것과 동일하게 해석될 것인데, 위 제10조 제1항 후단에서 금지하는 도살방법은 '불필요한 고통이나 공포, 스트레스를 주는' 방법입니다. 이러한 문언과 함께 동물학대의 개념과 법원의 해석3을 종합하여 본다면, 결국 '잔인한 방법으로 죽이는 행위'라 함은 동물에게 불필요한 고통과 공포, 스트레스를 주는 방법으로 죽이는 행위, 즉 가해 순간 곧바로 죽음에 이르지 않고, 고통을 온전히 느끼면서 죽게 하는 행위 또는 가해 행위 전후로 불필요한 공포와 스트레스를 주는 행위라고 볼 수 있습니다.

　또한, 동물보호법 제8조 제1항 제2호는 "노상 등 공개된 장소에서 죽이거나 같은 종류의 다른 동물이 보는 앞에서 죽이는 행위"를, 제3호는 "고의로 사

1　대법원 2016. 1. 28. 선고 2014도2477 판결, 수원지방법원 2010. 11. 25. 선고 2010고단3204 판결 등 참조.
2　판결의 취지 참조: 서울고등법원 1996. 12. 16. 선고 96노1892 판결[반란수괴·반란모의참여·내란중요임무종사·불법진퇴·지휘관계엄지역수소이탈·상관살해·상관살해미수·초병살해·내란수괴·내란모의참여·내란중요임무종사·내란목적살인·특정범죄가중처벌등에관한법률위반(뇌물)]
3　기계톱을 이용하여 피해견의 등부터 배까지를 절단한 행위를 '잔인한 방법'으로 죽이는 행위로 판단한 대법원 2016. 1. 28. 선고 2014도2477 판결 참조.

료 또는 물을 주지 아니하는 행위로 인하여 동물을 죽음에 이르게 하는 행위"
를, 제4호는 "그 밖에 수의학적 처치의 필요, 동물로 인한 사람의 생명·신체·
재산의 피해 등 농림축산식품부령으로 정하는 정당한 사유 없이 죽이는 행위"
를 각 금지하고 있습니다. 이러한 규정 체계 및 각호 위반 시 법정형의 차등이
없는 사실을 보면, 동물보호법 제8조 제1항의 취지는 제1호 내지 제3호에서 동
물을 죽이는 행위의 태양을 예시로 드는 한편, 여기에 해당하지 않는 행위라고
하더라도 정당한 사유 없이 동물을 죽이는 행위를 금지하고 있는 것입니다.

한편, 동물의 도살방법을 규정한 동물보호법 제10조는 제1항에서 모든 동
물에 대하여 혐오감을 주거나 잔인한 방법으로 도살하지 않을 원칙을 천명하고
있으며, 제2항에서 "축산물위생관리법 또는 가축전염병예방법에 따라" 동물을
죽이는 경우 그 요건을 규정함으로써, 동물의 도살을 허용하는 근거법령을 열
거하고 있습니다. 제3항은 동물을 불가피하게(이는 동물보호법 제8조 제1항 제4호 등
의 '정당한 사유'와 유사한 의미로 해석됩니다) 죽여야 하는 경우에도 고통을 최소화
하는 방법에 따를 것을 정하고 있는 바, 결국 제10조는 잔인한 방법 외의 방법
이라면 동물을 도살할 수 있다는 내용이 아니라, 동물보호법이 금지하고 있는
'동물의 도살'이 특별히 다른 법에 의해서 허용되는 경우라도 그 방법에 있어
동물보호법에 반하는 정도를 최소화하도록 문언 그대로 그 '도살방법'만을 정하
고 있는 것입니다. (이렇게 해석하지 않을 경우 제10조는 잔인한 방법 외에도 여러 행위
태양을 규정하고 있는 제8조 규정과 양립할 수 없을 뿐만 아니라, 동물의 생명을 보호하고자
하는 입법취지 자체에도 반하게 됩니다.) 따라서 동물의 도살에 대하여는 먼저 ① 도
살이 허용되는 경우인지를 판단한 다음, ② 허용되는 경우라도 도살방법이 그
요건에 반하는 것이 아닌지를 따져보아야 합니다.

즉, 이 사건 공소사실과 같이 식용 목적으로 개를 도살하는 사안의 경우,
먼저 식용을 목적으로 개를 도살하는 것을 허용하는 근거법령이 있는지를 살펴
보아야 할 것이며, 식용 목적의 도살에 관하여는 축산물 위생관리법에서 규정
하고 있으므로(이에 관하여는 다음 항에서 설명드리겠습니다), 위 법의 적용 여부를
따져본 뒤, 만일 위 법이 적용되지 않는 경우라면 그 도살 행위 자체는 정당성
이 없으므로 결국 원칙인 동물보호법 제8조 제1항을 적용해야 합니다.

나. 축산물 위생관리법의 입법취지 및 관련 조항

축산물 위생관리법(구 축산물가공처리법)은 1962. 1. 20. 도축장 이외에서의 수축의 도살해체를 금지하는 등 일관된 축산물검사제도를 확립하고 국민보건 향상에 기여하기 위한 목적으로 제정되었고, 축산물의 위생적인 관리와 그 품질의 향상을 도모하기 위하여 **가축의 사육·도살·처리와 축산물의 가공·유통 및 검사에 필요한 사항**을 정하고 있습니다(축산물 위생관리법 제1조).

축산물 위생관리법 (법률 제14026호)

제2조(정의) 이 법에서 사용하는 용어의 뜻은 다음과 같다.

1. "가축"이란 소, 말, 양(염소 등 산양을 포함한다. 이하 같다), 돼지(사육하는 멧돼지를 포함한다. 이하 같다), 닭, 오리, 그 밖에 식용(食用)을 목적으로 하는 동물로서 대통령령으로 정하는 동물을 말한다.

제4조(축산물의 기준 및 규격) ① 가축의 도살·처리 및 집유의 기준은 총리령으로 정한다.

제7조(가축의 도살 등) ① 가축의 도살·처리, 집유, 축산물의 가공·포장 및 보관은 제22조제1항에 따라 허가를 받은 작업장에서 하여야 한다. 다만, 다음 각 호의 어느 하나에 해당하는 경우에는 그러하지 아니하다.

1. 학술연구용으로 사용하기 위하여 도살·처리하는 경우
2. 특별시장·광역시장·특별자치시장·도지사 또는 특별자치도지사(이하 "시·도지사"라 한다)가 소와 말을 제외한 가축의 종류별로 정하여 고시하는 지역에서 그 가축을 자가소비(自家消費)하기 위하여 도살·처리하는 경우
3. 시·도지사가 소·말·돼지 및 양을 제외한 가축의 종류별로 정하여 고시하는 지역에서 그 가축을 소유자가 해당 장소에서 소비자에게 직접 조리하여 판매(이하 "자가 조리·판매"라 한다)하기 위하여 도살·처리하는 경우

제45조(벌칙) ① 다음 각 호의 어느 하나에 해당하는 자는 10년 이하의 징역 또는 1억원 이하의 벌금에 처한다.

1. 제7조제1항을 위반하여 허가받은 작업장이 아닌 곳에서 가축을 도살·처리한 자

축산물 위생관리법 시행령

제2조(가축의 범위 등) ① 「축산물 위생관리법」(이하 "법"이라 한다) 제2조제1호에서 "대통령령으로 정하는 동물"이란 다음 각 호의 동물을 말한다.

   1. 사슴

   2. 토끼

   3. 칠면조

   4. 거위

   5. 메추리

   6. 꿩

   7. 당나귀

축산물 위생관리법 시행규칙

제2조(가축의 도살·처리 및 집유의 기준) 법 제4조 제1항에 따른 가축의 도살·처리 및 집유의 기준은 별표 1과 같다.

〈별표 1〉

1. 소·말·양·돼지 등 포유류(토끼는 제외한다)

   가. 도살방법

      1) 도살 전에 가축의 몸 표면에 묻어 있는 오물을 제거한 후 깨끗하게 물로 씻어야 한다.

      2) 도살은 타격법전살법총격법자격법 또는 CO_2가스법을 이용하여야 하며, 방혈 전후 연수 또는 척수를 파괴할 목적으로 철선을 사용하는 경우 그 철선은 스테인리스철재로서 소독된 것을 사용하여야 한다.

      3) 방혈법

         가) 방혈은 목동맥을 절단하여 실시한다.

         나) 목동맥 절단 시에는 식도 및 기관이 손상되어서는 아니 된다.

         다) 방혈 시에는 뒷다리를 매달아 방혈함을 원칙으로 한다.

2. 닭·오리·칠면조 등 가금류

   가. 도살방법

      1) 도살은 전살법, 자격법 또는 CO_2가스법을 이용한다.

      2) 방혈은 목동맥을 절단하여 실시하며, 도체에 상처나 울혈이 생기지 아니하도록 하여야 한다.

축산법이 가축의 개량·증식 등 포괄적인 목적의 가축사육을 규정하고 있
는 것과 구별하여, 축산물 위생관리법은 '식용 목적의 동물 사육, 도축, 처리 및
유통행위'에 대하여 구체적으로 규율하고 있습니다. 따라서 식용 목적으로 동물
을 도살하는 사안은 축산물 위생관리법의 규율에 따라야 합니다.

그런데 축산물 위생관리법이 적용되는 '가축'의 범위에는 소, 말, 양, 돼지,
닭, 오리, 그 밖에 식용을 목적으로 하는 동물로서 대통령령으로 정하는 동물
(사슴, 토끼, 칠면조, 거위, 메추리, 꿩, 당나귀)만이 한정적으로 열거되어 있으므로
이 외 동물(개, 고양이 등)은 축산물 위생관리법이 예정한 '가축'에서 제외됩니다.
원래 위 법은 '개'를 그 적용대상으로 하고 있었으나(축산물가공처리법시행규칙4 제
2조) 1985. 6. 28. 축산물가공처리법시행령을 전부개정하면서 '개'를 가축의 범
위에서 일부러 제외하였는바,5 위 개정을 통한 입법자의 의도는 개를 식용 목적
으로 도살하는 것을 금지하는 것으로 충분히 해석할 수 있습니다.

한편, 축산물 위생관리법은 동물을 도살하는 경우에도 그 기준을 시행규칙
등을 통해 상세히 규정하는 한편, 학술연구용 등의 예외 사유가 아니라면 반드
시 허가를 받은 작업장에서 하도록 하고 이를 위반하면 10년 이하의 징역 또는
1억원 이하의 벌금에 처해질 수 있도록 엄격히 규율하고 있습니다.

다. 식용 목적 개 도살이 허용되는 것인지 여부

축산물 위생관리법은 그 적용 대상 '가축의 범위'를 한정적으로 열거하고
있고, 상기 말씀 드린 바와 같이 개는 위 '가축의 범위'에 포함되어 있지 않습
니다. 위 법은 도살의 기준, 방법과 그 처리 및 유통행위 등에 대하여 규율하고
있는 유일한 법이므로, 위 법의 적용대상인 가축에 해당함을 전제로 하여 식용

---

4 농수산부령 제640호, "제2조(수축의 범위) 시행령 제2조 제1항 제3호의 규정에 의한 동물은 개 및 사
  양하는 사슴과 비둘기로 한다."
5 대통령령 제11712호, "제2조(수축의 범위) 법 제2조제1호에서 '기타 대통령령으로 정하는 동물'이라
  함은 다음 각호의 것을 말한다.
  1. 거위·칠면조·메추리 및 꿩. 다만, 메추리와 꿩은 사육하는 것에 한한다.
  2. 토끼"

목적 도살을 허용하고 있다고 보아야 할 것입니다.

즉, 위 법이 구체적으로 제시한 가축 외의 동물(이 사건 공소사실의 경우 '개')
을 식용 목적으로 도살하는 것은 위 법이 전제하고 있는 도살이 아니며, 동물보
호법 제8조 제1항 제4호의 정당한 사유6에도 해당하지 아니하므로, 결국 도살
의 방법에 관계없이 도살행위 그 자체가 동물보호법위반행위에 해당합니다.

라. 이 사건 공소사실이 동물보호법과 축산물 위생관리법이 정하는 도살방법(전살법)과 본질적으로 동일한지 여부

만에 하나 식용 목적 개 도살이 허용된다고 가정하더라도 이 사건 공소사
실과 같이 전기봉으로 감전사시키는 행위는 동물보호법과 축산물 위생관리법이
정한 '전살법'과는 본질적으로 다른 것입니다.

동물보호법이 규정하는 구체적인 도살의 요건은 다음과 같습니다.

동물보호법 시행규칙
제6조(동물의 도살방법)
① 법 제10조제2항에서 "농림축산식품부령으로 정하는 방법"이란 다음 각 호의 어느 하
나의 방법을 말한다.
　1. 가스법, 약물 투여
　2. **전살법(電殺法)**, 타격법(打擊法), 총격법(銃擊法), 자격법(刺擊法)
② 농림축산식품부장관은 제1항 각 호의 도살방법 중 「축산물위생관리법」에 따라 도축
하는 경우에 대하여 고통을 최소화하는 방법을 정하여 고시할 수 있다.

동물도축세부규정[농림축산검역본부고시 제2016-77호]
제1조(목적) 이 고시는 동물보호법 제10조제1항 및 같은 법 시행규칙 제6조제2항의 규
정에 따라 동물을 도축하는 경우에 관한 세부사항을 규정함을 목적으로 한다.

6　이와 관련하여 동물보호법 제8조 제1항 제4호는 '수의학적 처치의 필요, 동물로 인한 사람의 생명·신
　체·재산의 피해' 등을 예시하고 있습니다.

제2조(용어의 정의) 이 고시에서 사용하는 용어의 정의는 다음과 같다.

   4. "기절"이라 함은 물리적, 전기적, 화학적, 혹은 기타 방식으로 **동물의 의식을 상실케 하는 것**을 말한다.

제3조(적용범위) 이 고시에 적용되는 동물의 범위는 동물보호법 시행령 제2조제1호의 '포유류' 중 소, 돼지와 제2호의 '조류' 중 닭과 오리에 한한다.

제4호(인력 및 책무) 도축업에 종사하는 자는 해당업무와 관련된 동물보호법을 비롯한 관련법규의 내용을 숙지하여야 하며, **도축되는 동물의 특성을 이해하여 도축과정 중에 동물이 겪을 수 있는 고통을 최소화하도록** 한다.

제8조(동물 기절 시 준수사항) ① 동물을 기절시키기 전에, 사용될 기절방법에 따른 적합한 보정법으로 동물을 보정하여야 한다.

② 기절 시 사용되는 모든 기구 및 시설은 적절하게 조립·운용되어야 하며 주 1회 이상 정기점검을 실시하고 문제 발생 시에는 적절한 조치를 취해야 한다.

③ 기절은 가축의 특성에 적합한 방법으로 최대한 신속하게 이루어져야 하며, **축종별 기절방법은 별표 1과 같다.**

④ 최초의 시도로 동물이 완전하게 기절하지 않았거나 의식을 회복한 경우에는 즉시 동일방법으로 재시도하거나 보조방법을 실시하여 동물이 신속하게 기절상태에 이르도록 하여야 한다.

제9조(방혈 시 준수사항) ① 방혈은 반드시 완전하게 기절한 상태의 동물에 한하여 실시되어야 한다.

② 기절방법에 따른 방혈 시작 시간은 다음과 같다.

   1. 비관통형 타격법 및 전기법을 이용하여 기절시킨 경우에는 20초 이내

[별표 1] 축종별 기절방법

2. 돼지

  나. 전살법

    1) 어떤 전압에서도 최소 1.25A 이상의 전류로 뇌 부위를 2~4초간 통전시켜야 한다.

3. 닭

가. 전살법(전기수조)

1) 전기수조에 입수하기 전에 누전으로 인한 감전이 발생해서는 안 된다.

2) **60Hz 싸인파 교류전류 이용 시 전압에 관계없이 최소 100mA의 전류로 4초 이상 통전**시켜야 한다.

3) 날개 죽지 앞부분까지 충분히 입수되어야 한다.

4. 오리

가. 전살법(전기수조)

1) 전기수조에 입수하기 전에 누전으로 인한 감전 등이 발생하여서는 안 된다.

2) **60Hz 싸인파 교류전류 이용 시 전압에 관계없이 최소 130mA의 전류로 4초 이상 통전**시켜야 한다.

　동물보호법 제10조 제2항은 "축산물 위생관리법 또는 가축전염병예방법에 따라 동물을 죽이는 경우"로 한정하여 고통을 최소화하는 방법으로써 도살하는 방법을 구체적으로 규정토록 농림축산식품부령에 위임하고 있고, 이에 따라 동물보호법 시행규칙 제6조 제1항은 가스법, 약물 투여, 전살법, 타격법, 총격법, 자격법을 들고 있으며[7] 제2항은 위 각 도살방법 중 "축산물 위생관리법에 따라 도축하는 경우에 대하여 고통을 최소화하는 방법을 정하여 고시"하도록 하고 있습니다. 즉, 위 규정의 해석만으로도 축산물 위생관리법의 적용을 받는 가축들에 대하여 도살에 관한 위 규정들이 적용되는 것으로 넉넉히 해석할 수 있고, 다른 가축(동물)들에 대하여도 위 도살방법 등을 사용할 수 있음을 허용하는 규정이 아님을 알 수 있습니다.

　더구나 축산물 위생관리법에 따라 도축하는 경우(즉, 가스법, 약물 투여, 전살법, 타격법, 총격법, 자격법으로 도살하는 경우)에도 그 세부사항은 동물도축세부규정에서 정하고 있는바(동물도축세부규정 제1조), 위 규정은 소, 돼지, 닭, 오리에 대하여만 규정하면서 **축종별로 고통을 최소화하는 방법을 세부적으로 달리 정하고 있고, 하차, 계류, 보정, 기절, 방혈 등 도살의 과정 하나하나에 대하여 동물의 고통을 최소화할 수 있도록** 정하고 있습니다.

7　위 방법은 동물을 도살할 수 있는 거의 모든 방법을 열거한 것으로, 축산물 위생관리법 시행규칙 별표 1 '가축의 도살·처리 및 집유의 기준'에 제시된 도살방법과 동일합니다.

예를 들어 위 규정은 동물을 도살장으로 이동, 하차 시에는 '큰 소리를 내거나 폭력 및 전기몰이 도구를 사용하여서는 안 된다'라거나 도축 전 '자유롭게 서거나 누워서 휴식을 취할 수 있고 적절한 밝기의 조명과 환기장치'가 있는 계류시설에 두어야 한다거나 도살 직전 동물의 몸을 묶거나 고정하는 '보정' 시에도 고통을 유발할 수 있는 보정방법의 사용을 금지하여 동물에게 불필요한 고통이나 스트레스를 주지 않도록 세부적으로 규정하고 있으며, 식용을 위하여 어쩔 수 없이 도축을 하더라도 하나하나의 과정을 최대한 인도적인 방식으로 진행하라는 입법자의 의지가 반영되어 있습니다.

즉, 동물보호법과 축산물 위생관리법이 정하고 있는 '전살법'이라 함은 단순히 전기를 이용하여 죽이는 방법을 의미하는 것이 아니라, 동물의 고통을 최소화할 수 있도록 최단 시간 내 기절에 이르게 하는 방혈 전 절차로서 축종에 따라 별도의 기준과 안전 절차가 규정되어 있습니다. 구체적으로 소는 '타격법'을 이용하여 기절시키되, 이 경우에도 "눈의 바깥쪽 부위와 반대방향의 뿔 사이의 교차점을 수직방향으로 타격하여야" 하며,8 돼지의 경우 타격법, 전살법, CO_2 가스법을 이용하여 기절시키되 '전살법'의 경우에는 "어떤 전압에서도 최소 1.25A 이상의 전류로 뇌 부위를 2~4초간 통전"시켜야 하고, 닭과 오리의 경우에는 '전살법(전기수조)'으로 기절시키되 "60Hz 싸인파 교류전류 이용 시 전압에 관계없이 최소 100mA(오리의 경우 최소 130mA)의 전류로 4초 이상 통전"시켜야 합니다(동물도축세부규정 별표1 축종별 기절방법).

이 사건 공소사실과 같은 '개 전살'의 경우 축산물 위생관리법상 전살이 허용되는 동물이 아니므로 그 구체적인 기준이 어디에도 마련되어 있지 않으나, 법에 규정된 '전살법'과 동일하게 볼 수 있는지를 판단하기 위하여 통상 돼지에 사용되는 전살법과 비교해 보면 다음과 같습니다.9

돼지에 대한 전살은 돼지를 순식간에 기절시키기에 적합한 적정 전류와 전

---

8 실제로 도축업자들은 소의 경우 총으로 정수리를 타격하는 방식을 사용하고 이 경우 소가 기절에 이르기까지 단 1초도 소요되지 않습니다(약 0.05초 소요).

9 전살법은 통상 돼지, 닭, 오리에 사용되는데, 이 중 닭과 오리에 사용되는 전살은 전기수조에 입수시키는 형태여서 비교에 적절치 않습니다.

압10으로 규격화된 설비(전살기)에 돼지를 한 마리씩 넣은 뒤 2~4초간 통전을 하게 되며, 이때 돼지는 0.5초 만에 기절하여 무의식 상태에 이르게 됩니다.11 전살기는 돼지의 앞머리와 심장에 동시에 전류를 통하게 하는 구조로 통전 즉 시 돼지가 순식간에 무의식에 빠지게 되며, 이후 곧바로 방혈 절차로 나아가게 되므로 돼지가 죽음에 이르기까지 겪는 고통은 거의 없습니다(첨부자료1. 돼지 전 살영상 캡처사진).

반면, 이 사건 공소사실과 같은 소위 개 '전살법'은, 개를 즉시 기절에 이 르게 하는 최소 전류량이나 전압도 규격화되어 있지 않은, 시중에서 흔히 구할 수 있는 전기봉으로 단순히 개를 '감전'시키는 것에 불과합니다. 최소 통전시간 도 제각각이고, 그 마저도 한 번에 기절하지 않아 전기봉으로 개의 주둥이에 수 차례 통전을 하는 경우가 많습니다. 따라서 죽음에 이르기까지 개가 겪어야 하 는 고통과 공포감이 크고, 완전히 기절하기까지의 시간도 2분 이상이 걸리며, 그 시간을 채 기다리지도 않고 살아 있는 상태에서 가죽을 벗겨 내는 작업에 나아가는 경우도 상당수입니다. 즉, 기절부터 죽음에 완전히 이르기까지 수 초 도 걸리지 않는 돼지 전살과는 완전히 다른 방법입니다.

축종마다 죽음에 이르는 시간, 느끼는 고통 등이 모두 다른 바, 이러한 점 을 반영하여 동물보호법과 축산물 위생관리법은 축종별로 기절방법과 최소 전류 량, 방법 등 구체적인 절차를 서로 다르게 규정하고 있습니다. 즉, **법에서 정하는 '전살법'은 단순히 전기를 이용하여 감전시키거나 죽이는 행위가 아님은 명백**하 며, 축종과 해당 축종에 따른 구체적인 전살 조건, 기타 법에서 정하는 안전 절차 등을 종합하여 이해하여야 하는 것입니다. 따라서 다른 가축들에 대한 전살법이 규정되어 있다고 하더라도, 이와 다른 종인 (더구나 축산물 위생관리법의 적용대상도 아닌) 개에 대한 임의의 전기 도살을 축산물 위생관리법 등에서 정하는 전살법과 본질적으로 동일한 것이라고는 볼 수 없습니다. 나아가 단순히 전살법이 법에 규 정되어 있다는 이유로 이를 축종별로 무관하게 허용할 경우, 축산물 위생관리법

---

10 주로 저전압 전살(고압의 경우 돼지의 체내 손상 등을 유발하기 때문).

11 무의식 여부는 동공 반응, 고개를 드는지 여부 등으로 확인할 수 있으며, 즉시 무의식에 빠질 수 있는 전류량과 전압이 정해져 있어 이에 따라 전살기가 동일·유사하게 제작됩니다.

이 적용되지도 않는 다른 많은 동물들에 대한 전기 도살을 막을 수 없게 되는 바, 이러한 결론은 동물보호법 제8조 제1항 및 제10조를 형해화하는 동시에, 동물보호법과 축산물 위생관리법의 입법 목적 자체에도 심히 반하는 것입니다.

또한 축산물 위생관리법상 도살이 허용되어 있는 다른 가축들[12]의 경우 고통을 최소화하도록 최소 전류량과 여러 인도적인 취급을 법적으로 보장받고 있으며, **실제로 위 가축들에 대한 전살은 고통을 수 초 이상 가하지 않게** 되어 있습니다. 반면, 축산물 위생관리법상 도살이 허용되어 있지도 않은[13] 개의 경우 개 도살자가 쓰는 전기 도축방법은 대부분 **개에게 즉시 죽음을 유발하지 않고 죽기까지 수 분간 온전히 고통을 겪게 하는 방법**인 바(첨부자료3. 개 도축업자 진술 영상 캡처화면), 그 방법만을 놓고 보더라도 축산물 위생관리법상 '전살'과 개에 행해지는 '전살'이 본질적으로 동일한 것으로는 결코 볼 수 없습니다. 만일 이를 동일한 것으로 본다면 다른 가축들과 달리 개에게는 불필요한 고통이나 스트레스를 주는 방식으로 도축되는 것을 허용하는 결과가 되어, 오히려 개를 다른 가축들보다 불리하게 처우하는 것으로서 동물들 간 형평에도 맞지 않습니다. 나아가 전 세계에서 돼지, 닭과 같은 가축에 전살법을 허용하는 반면, 개나 여우(개과 동물)에 대하여 전기 충격을 가하거나 전살하는 것을 비인도적 도축(inhumane slaughter)이라고 선언하고 있는 것과는 정반대의 결론에 이르는 것입니다.[14]

그런데 원심 판결은 축산물 위생관리법에서 합법적 도살을 허용한 가축들

---

12 특히 동물도축세부규정 별표1의 적용을 받는 소, 돼지, 닭, 오리.

13 더구나 개 도축장의 경우 다른 가축들과는 달리 축산물 위생관리법상 허가받은 도축 작업장에도 해당하지 않습니다.

14 "The evidence shows that dogs raised under such awful, cramped conditions were **slaughtered inhumanely, with nothing done to prevent them from suffering.** The most common method of slaughter was by hanging – a method that apparently causes suffering for about ten minutes before death. **The other common method of slaughtering dogs was by electrocution, in which case the dog dies after two or three minutes of suffering.**"(번역: 개들이 끔찍하고 갑갑한 환경에서 길러지다가, **고통을 방지하는 아무런 대책 없이 비인도적으로 도살을 당하는 사실**은 증거를 통해 드러난다. 가장 흔히 사용되는 도살 방법은 개들이 죽음에 이르기까지 10분 정도의 고통 시간을 초래하는 '목을 매다' 방법이다. **또 다른 흔한 도살 방법은 전기도살인데, 이때 개들은 2분 내지 3분 동안 고통을 겪다가 죽게 된다.**) Rakhyun E. Kim, "Dog Meat in Korea: A Socio-Legal Challenge", Animal Law, Vol. 14:201, 2008, p.216(첨부자료4).

과 본질적으로 다를 수밖에 없는 개에 대한 식용 목적 도살을 본질적으로 동일한 것으로 보면서, 그 근거는 '현실적으로 식용으로 이용되는 동물이므로 다른 동물과 본질적으로 다르지 않다'는 점만을 들고 있는 바, 이러한 해석은 동물 간 종(種)의 차이를 간과하고 법규와 현실상황을 혼동한 나머지 법률의 입법취지와 문언적 의미를 벗어나 법관의 주관적인 가치를 반영하고만 판단입니다.

3. 이 사건 공소사실은 동물보호법 제8조 제1항 제1호의 잔인한 방법으로 죽이는 행위에 해당합니다.

원심은 "동물보호법 제8조 제1항 제1호는 '잔인한 방법으로 죽이는 행위'에 대한 예시로 목을 매다는 행위를 들고 있을 뿐, '잔인한 방법'에 대한 구체적인 판단기준은 마련해 두고 있지 않은데, '잔인'의 사전적 의미는 '인정이 없고 모짊'으로 개념이 추상적이고 가치평가가 필요한 것이므로, '잔인한 방법으로 죽이는 행위'에 해당하는지 여부는 동물보호법의 입법 취지, 규정체계, 관련 규정 등을 종합적으로 고려하여 엄격하게 해석하여야 하고, 만연히 '잔인'의 사전적 의미만을 적용하여 해석할 것은 아니"라고 판단하였습니다. 그러면서 원심은 단순히 동물보호법과 축산물 위생관리법이 전살법을 규정하고 있다는 이유로 이 사건 공소사실의 개 전살 행위도 위와 같은 전살법과 동일한 것이라고 단정하고, 동물보호법 제8조 제1항 제1호의 '잔인한 방법'에 해당하지 않는다고 판단하였습니다.

형벌법규는 엄격하게 해석·적용하여야 한다는 원심의 지적은 죄형법정주의 원칙상 당연하나 죄형법정주의가 곧 처벌하지 않는 것이 능사라는 의미는 아니므로 규정의 문언 자체로 충분히 해석, 적용이 가능하다면 그 해석에 따라 규율하여야 합니다. 또한 명문 규정이 허용하는 해석의 범위 내에서 해석하여야 하고 해당 규정이 예정하고 있지 않은 상황에 대해서까지 확장하여, 지나치게 피고인에게 유리하게 해석하는 것 또한 죄형법정주의 원칙에 반한다 할 것입니다. 그런데 위와 같은 원심 판결은 문언 자체로도 충분히 해석이 가능한 동물보호법 조문(제8조 제1항 제1호)을 추상적이라고 전제하면서 지나치게 엄격하게 해석한 반면, 위 법의 예외사유로 규정된 축산물 위생관리법은 동물보호법과 입법취지와 행위 태양이 전혀 다름에도 불구, 문언이 예정한 범위를 벗어나 지나치게 확장해석하여 이 사건 공소사실에 적용하였습니다.

위 제2의 가.항에서 말씀 드린 바와 같이 동물보호법 제8조 제1항 제1호의 '목을 매다는 등'의 방법은 '잔인한 방법'의 예시에 불과하고, '잔인한 방법'이라 함은 즉시 죽음에 이르도록 하지 않고, 불필요한 고통을 유발하는 비인도적인 방법으로 충분히 해석할 수 있습니다. 따라서 이러한 문언(사전적 의미)적 해석이 법률 해석의 가장 기본적인 기준이 되어야 하며, 이에 따라 위 조항을 해석할 경우 이 사건 공소사실의 '전살'은 개에게 즉시 죽음에 이르게 하지 않고, 축산물 위생관리법상 다른 가축들에 비해 상당히 긴 시간 동안 고통을 받게 하는 방법이므로, 동물보호법 제8조 제1항 제1호의 '잔인한 방법으로 죽이는 행위'이자 동물보호법 제10조를 위반한 비인도적인 도살행위에 해당합니다.

이 사건 공소사실과 같이 개를 감전사시킨 사안에 대하여, 국내에서는 이미 광주지방법원 순천지원이 2016. 9. "누구든지 동물을 목을 매다는 등의 잔인한 방법으로 죽이는 행위를 하여서는 아니 된다. 그런데도 피고인은 위와 같은 일시, 장소에서 하루 평균 2~3마리의 개를 전기충격기 또는 칼을 이용하는 등의 잔인한 방법으로 죽이는 행위를 하였다."고 판시하며 피고인에게 동물보호법위반의 유죄를 선고한 바 있습니다. 이러한 판결은 '잔인한 방법'의 문언과 일반적인 상식에 따라, 동물보호법이 예정한 금지행위를 올바로 해석한 지극히 타당한 판결이라 할 것이므로, 원심의 판결 또한 이러한 선행 판례를 고려하여 잔인한 방법 여부를 판단하였어야 합니다.

더구나 이 사건 공소사실과 같이 전기로 개를 감전시켜 죽이는(또는 죽이지 못한 채 도살에 나아가는) 행위는 지극히 잔인한 방식이라는 것이 국제적인 정설입니다. 미국의 경우, 싸움에서 패배하거나 다치게 된 개에 수차례 전기를 가하여 감전사시킨 사안에서 주 법원 및 항소법원은 "비록 양형기준에 명시적으로 '특별히 잔인한 행위(extraordinary cruelty)'를 정의하고 있지 않고, '특별히'라는 용어의 사전적 개념이 광범위하다고 하더라도 피고인의 행위(싸움에서 패하거나 다친 개를 버리거나 잔인하게 죽이는 행위)는 극도로 잔인하다"고 판단한 바 있습니다 (첨부자료5. 미시간주대학 동물법저널).[15] 캐나다 알버타주 항소법원 또한 소에게 사

15　United States v. Hackman, 630 F.3d 1078 (8th Cir. 2011).

용되는 전기봉을 개에게 '훈련'용으로 사용한 것에 대하여도 동물에게 불필요한 고통을 초래한 것으로 보아 동물학대의 유죄 판결을 내렸습니다(첨부자료6. 기사 출력물).

나아가 동물의 보호를 위한 국제 협약 제10조 제2항은 "다음의 도살 방법 은 금지된다. (c) 즉각적으로 무의식에 빠뜨리지 않는 감전사"라고 규정하고 있 으며,16 독일의 동물복지법 제3조 제11항 또한 "연방 또는 지역 규정의 허가가 없는 한, 직접 감전을 적용하여 해당 종 특성의 움직임을 제한하거나 움직이도 록 강요함으로써 동물에게 상당한 고통과 스트레스, 해를 가하는 장치를 사용 하는 것은 금지된다."고 명시하고 있습니다.17 핀란드의 동물보호법령은 "**개와 고양이 등 소동물은 수의사가 적절한 마취제나 치명적 물질로 죽이거나, 두부 에 총을 발사하거나 즉각적인 무의식 또는 죽음에 이를 수 있는 가스 주입을 통하여만 죽이도록**" 규정하고 있습니다(첨부자료7. 핀란드 동물복지법령 발췌본)[18]

한편, 미국 변호사 <u>Steven M. Wise는 개에게 육체적·정신적 고통을 초래하는 행위로서 목매달기, 고 춧가루 먹이기, 때리기와 함께 '감전사(electrocution)'를 포함</u>시켰습니다. "Dogs used for fighting are subjected to abuses of physical and emotional torture—hangings, feeding hot peppers, beatings and electrocutions—in order to predispose the animals to violence and condition them to fight to their deaths. Unlike the victims of child pornography, animals are not continually psychologically harmed by the existence and circulation of these materials; however, animals are physiologically abused for the material's creation."부분, J. Alexandra Bruce, "STEVENS, R.A.V., AND ANIMAL CRUELTY SPEECH: WHY CONGRESS'S NEW STATUTE REMAINS CONSTITUTIONALLY PROBLEMATIC", The Corporation of Gonzaga University, 2016, 501 2.

16 International Convention for the Protection of Animals 1988, article 10 (2) The following methods of killing shall be prohibited: <u>(c) electrocution unless preceded by immediate induction of loss or consciousness.</u>

17 Article 3. It shall be prohibited: 11. <u>to use a device which by applying direct electrocution</u> considerably restricts the species-specific behaviour of an animal, in particular its movement, or forces it to move thereby causing the animal considerable pain, suffering or harm, unless federal or Land provisions authorize such practices.

18 Animal Welfare Decree, Section 32(1) A cat and dog and other similar small-sized pet or hobby animal may be killed, unless it is killed by a veterinarian by an appropriate anaesthetic or lethal substance, only by shooting into the brain or by using gas which causes immediate loss of consciousness and death. If carbon monoxide is used for killing, it must be appropriately frozen and filtered, and it main contain no irritating substances.

이처럼 **축종별로 각 고통을 최소화시킬 수 있는 방법을 정하여 이를 따르도록 규제하고, 단순히**(아무런 규제 없이) **전기로 동물을 감전시키는 행위는 지극히 잔인한 방법으로서 허용치 아니하는 것이 국제적인 추세입니다.** 또한 이 사건 공소사실과 같은 단순한 감전 행위는 동물이 고통 없이 죽게 하는 도살방법이 아니라는 것이 학계의 입장이자 일반적인 상식임에도, 원심은 '잔인한 방법'의 범위를 극도로 한정하면서, 그 해석에 있어 '목을 매다는 것과 같은 정도의 고통'이라는 매우 불명확하고도 엄격한 요건을 창설하였습니다.

이러한 판단은 '어떠한 행위가 목을 매다는 등 잔인한 방법에 해당하는 것인지'를 더욱 어렵게 하여, 재판부가 추구하는 형벌법규의 명확성을 오히려 침해하고 있으며, 향후 법령에 따르지 않는 동물 살해 행위에 대한 규제도 거의 불가능하게 만들었습니다. 나아가 개를 전기꼬챙이로 죽이는 것은 잔인한 방법에 해당한다는 광주지방법원 순천지원의 이전 판결과도 정반대로 판단함으로써 법원의 통일된 해석과 법적 안정성 또한 저해하였습니다.

무엇보다 '도구를 이용하여 동물에게 상해를 입히는 행위'는 동물보호법 제8조 제2항 제1호에 의하여 처벌되는데, 원심의 판단에 따르면 도구(전기봉)를 이용하여 개가 감전으로 인한 상처만 입는 경우에는 처벌되는 반면, 이에 나아가 죽음에 이르게 되는 경우에는 처벌되지 않는다는 불균형·비합리적인 결과에도 이르게 되었는바, 원심 판결에는 '잔인한 방법'의 문언적 의미만으로는 해석이 어렵다고 하며 지나치게 좁게 해석한 결과, 이 사건 공소사실을 잔인한 방법으로 보지 않은 법리 오인의 위법이 존재합니다.

나아가 원심은 '개'가 명백히 적용대상에서 제외된 축산물 위생관리법에 도살방법 중 하나로 '전살법'이 규정되어 있다는 이유만으로 개 전살 시 사용되는 전기봉의 전류량, 고통을 최소화하는 안전장치의 유무, 전문가 의견 등을 더 심리하지도 않은 채, '당초 이 사건 공소사실이 축산물 위생관리법의 적용 대상이 되는지 여부', '이 사건 공소사실의 구체적인 행위 태양이 동물보호법과 축산물 위생관리법이 규정한 전살법의 방법과 요건을 충족한 것인지 여부'에 대한 판단을 해태하였으므로, 심리 미진의 위법 또한 존재합니다.

즉, '관련 법령에서 정한 도살 방법이나 그 유사 방법을 사용한 경우' 특별한 사정이 없는 한 잔인한 방법에 해당한다고 볼 수 없다고 하면서도 **정작 관**

련 법령이 정한 전살법과 피고인의 개 전기도살 방식이 유사한지 여부에 대한 심리나 판단을 하지 않은 것입니다.

개 전기도살과 관련하여 축산물 위생관리법, 동물보호법 등 관련 법령상 근거가 없고, 동물도축세부규정상의 최소전류나 개가 죽는 데 걸린 시간 등에 대한 어떠한 자료도 없다면 법령에서 정한 전살법과 피고인의 방법은 유사한 것으로 볼 수 없음에도 **원심 재판부는 양 방법이 '유사하다'는 근거 없는 전제하에 피고인의 전기도살이 잔인하지 않은 방법이라고 단정**한 것입니다.

상기 말씀드린 것처럼, 원심과 같이 판단을 하게 되면 동물보호법 제8조의 조문 체계상 처벌불균형에도 이르게 됩니다. 동물보호법 제8조 제2항 제1호는 "도구·약물 등 물리적·화학적 방법을 사용하여 상해를 입히는 행위"를, 제4호는 "그 밖에 수의학적 처치의 필요, 동물로 인한 사람의 생명·신체·재산의 피해 등 농림축산식품부령으로 정하는 정당한 사유 없이 신체적 고통을 주거나 상해를 입히는 행위"를 금지하는 한편, 이를 위반할 경우 제8조 제1항의 위반의 경우와 마찬가지로 처벌하고 있습니다. 그런데 식용을 목적으로(즉, 정당한 사유 없이) 동물에게 상해를 입히는 경우 또는 **전기봉(도구)을 사용하여 동물에게 상해를 입히는 경우에는 위 두 조항 중 어느 하나에 해당하여 처벌받게 되는 반면, 이 사건 공소사실과 같이 (식용을 목적으로) 전기봉을 사용하여 동물을 죽이는 경우에는 그 죄질이 상해를 입히는 것보다 더 중함에도 불구하고 이를 처벌할 수 없다는 결론**이 되어 현저히 부당합니다.

4. 만에 하나 '잔인한 방법'으로 죽인 것이 아니더라도, 이 사건 공소사실은 동물보호법 제8조 제1항 제2호의 노상 등 공개된 장소에서 죽이거나 같은 종류의 다른 동물이 보는 앞에서 죽이는 행위 및 동물보호법 제8조 제1항 제4호의 '정당한 사유 없이 죽이는 행위'에 해당합니다.

동물보호법 제8조 제1항 제2호는 "노상 등 공개된 장소에서 죽이거나 같은 종류의 다른 동물이 보는 앞에서 죽이는 행위"를 제1호와 동일하게 처벌하고 있습니다. 그중 "같은 종류의 다른 동물이 보는 앞에서 죽이는 행위"를 금지하는 이유는 그 행위 자체가 도축 대상이 되지 않는 다른 동물에게까지도 극심한 공포와 스트레스를 유발하기 때문입니다.

그런데 위 2의 라.항에서 살펴본 바와 같이 **식용 목적으로 개를 기르고 계류, 도축하는 개 농장겸 개 도축장의 경우 대부분 별도의 도축장이나 도축설비를 갖추지 아니한 채, 도축 대상이 아닌 다른 개들이 보는 앞에서 도축 대상 개를 죽이고 있으며, 이 사건 공소사실의 경우에도 마찬가지입니다.** 그러므로 만에 하나 이 사건 공소사실이 동물보호법 제8조 제1항 제1호의 '잔인한 방법으로 죽이는 행위'에 해당하지 않는다고 하더라도 제2호의 '같은 종류의 다른 동물이 보는 앞에서 죽이는 행위'에는 명백히 해당한다고 할 것입니다.

한편, 식용을 목적으로 한 개의 도살이 빈번하게 발생하는 현실과 별개로, 식용을 목적으로 개를 죽이는 것은 현행 법령상 그 근거가 없습니다. 이는 식용 목적의 가축 도살과 축산물의 처리 등은 축산물 위생관리법에서 규율하고 있는데 위 법은 가축의 범위에서 개를 제외하였기 때문입니다. 더구나 동물보호법 제8조 제1, 2항에서 동물을 죽이거나 상해를 입히는 행위를 금지하면서 그 예외 사유로 정하고 있는 경우는 수의학적 처치의 필요나 사람의 생명, 신체, 재산의 피해 등 불가피한 경우만이 해당되므로, 식용 목적으로 동물을 도살하는 것은 어디에도 그 근거 법령이 없는, 동물보호법 제8조 제1항 제4호의 정당한 사유 없이 죽이는 경우에 해당합니다. 그러므로 이 사건 공소사실이 동물보호법 제8조 제1항 제1호의 '잔인한 방법으로 죽이는 행위' 또는 제2호의 '같은 종류의 다른 동물이 보는 앞에서 죽이는 행위'에 해당하지 않는다고 하더라도, 제4호에서 규정하는 '정당한 사유 없이 죽이는 행위'에 해당한다고 할 것입니다.

Ⅲ. 결 론

이 사건 공소사실은 동물보호법과 축산물 위생관리법에서 예정한 '전살법'과는 본질적으로 다른 방법으로서, 불필요한 고통과 공포를 유발하는 방식으로 개를 전기봉으로 감전사시킨 것입니다. 더구나 식용 목적으로 개를 도살한 것 자체가 현행법상 근거가 없고 동물보호법상 예외 사유(동물보호법 제10조 제2항의 '축산물 위생관리법'에 따라 동물을 죽이는 경우 또는 동물보호법 제8조 제1항 제4호의 '정

당한 사유')에도 해당하지 아니합니다. 그렇다면 이 사건 공소사실은 응당 동물
보호법 제8조 제1항 제1호, 제46조 제1항에서 정한 법의 규율을 받아야 합니다.

그럼에도 원심은 문언적 해석이 충분히 가능한 '잔인한 방법'을 지나치게
좁고 엄격하게 해석한 반면, 축산물 위생관리법의 적용 대상도 아닌 이 사건 공
소사실에 동물보호법 제10조 제2항을 확장하여 적용함으로써 동물보호법위반
행위의 예외를 '창설'하는 정도로 지나치게 피고인에게 유리하게 해석하였습니
다. 또한 원심의 판결은 '가능한 동물을 죽이지 말고, 죽이더라도 고통을 최소
화하는 방법으로 인도적으로 도축하도록'하는 **동물보호법 및 축산물 위생관리
법의 입법취지와, 이러한 목적으로 상세히 규정된 도살요건을 무의미하게 하고
말았으며, 동물보호법 문언에 따른 해석 및 형벌의 일반 예방적 목적을 너무 가
벼이 여겨, 오히려 처벌의 필요성이 있는 행위까지도 벌하지 못하는 결과**에 이
르렀습니다.

**원심의 판결에 따르면, 전살의 구체적 행위 태양, 최소 전류량, 무의식에
이르게 되는 시간, 고통을 최소화하는 안전 조치가 있는지 여부 등에 관계없이,
어떠한 동물을 전기를 이용해 죽이더라도 동물보호법위반이 아니라는 결론에
이를 수밖에 없습니다. 이러한 결론은 향후 <u>축산물 위생관리법의 적용을 받지
도 않는 무수한 동물들의 생명을 직접적으로 위협할 것이며, 동물보호법과 축
산물 위생관리법의 명문을 유명무실하게 만들어, 동물복지국가로 나아가고 동
물보호 의식이 선진화되어 가고 있는 현 사회적 추세와 국민정서에도 반하게
될 것</u>**입니다.

나아가 이 사건을 계기로 돼지 등 합법적 도살이 허용된 가축이라 할지라
도 인간이 힘과 자본의 논리로 무분별하게 이용하고 생명을 착취하는 현실에
대한 문제인식과 철학적 고민을 시작할 필요가 있습니다.

앞에서 말씀드린바와 같이 우리 동물보호법은 그나마 인도적 도축에 관한
규정을 두고 있으나, 인용한 사진자료는 위와 같은 규정을 준수하고 있는 복지
농장의 사례입니다. 실제로는 인간의 과도한 육식에 따른 수요를 맞추기 위한
공장식 축산으로 인해 엄청난 수의 가축들이 평생 고통에 시달리고, 최소한의
인도적 도살을 규정한 법률과 달리 비용절감 및 효율성을 핑계로 무차별 도축
되는 경우가 허다합니다.

공장식 축산 이후로 발생하기 시작한 AI, 광우병 등 인간에게 재앙에 가까운 질병은 현재 인간이 동물을 이용하고 있는 행위가 계속되고, 증가할 경우 어떤 결과가 발생할지를 짐작케 하는바, **'이윤'을 이유로 생명을 무차별하게 이용하던 인간의 윤리의식을 이제라도 회복하여야만 할 것입니다.**

이러한 상황에 기존 축산물 위생관리법이 적용되지 않는 동물에게까지 이를 확대·적용하여, 아무런 규제방안이 없는 상태에서의 도살을 허용한다면 이는 기존의 문제를 더욱 심각하게 만들 것이며, 동물보호법의 입법 목적인 '동물복지' 측면에서는 가히 '재앙'이라 할 만큼 그 취지를 몰각하는 처사가 될 것입니다.

특히 도축 전 살기 위해 저항하는 개를 끌고 가는 행위를 보면, 힘의 논리에 따라 자신보다 약한 존재를 철저하게 짓밟는 인간의 폭력적인 모습이 고스란히 드러나며, 우리는 같은 모습을 얼마 전 부산의 구포시장에서 일어난 개 학대 사건 등 **무수히 발생하고 있는 동물학대 사건들에서 계속 확인**하고 있습니다.

이러한 폭력을 허용하고 처벌하지 않을 때 그 폭력의 용인은 무의식적으로 사람들에게 교육되고, 충격으로부터 무감각해지게 하여 결국 더 큰 폭력을 낳을 것입니다. 대부분의 연쇄살인범이 동물학대의 경험이 있다는 점에서도 알 수 있듯, **이는 단순히 동물 대 인간의 문제가 아니라, 인간사회의 위험성에 관한 문제**이기도 합니다.

이 사건을 통해 우리 인간이 생명을 어떻게 다루어 왔는지, 앞으로 어떻게 다룰 것인지 돌아보고 반성할 필요가 있습니다. 동물을 필요에 의해 이용할 수밖에 없다 하더라도 최소한 살아 있는 동안 본연의 습성에 따라 살 수 있도록 하는, 그리고 한 생명이 인간의 필요에 의해 생(生)을 중단 당할 때 덜 고통스럽게 죽는 문제에 대한 고민을 결코 가볍게 여기지 말아주시기를 바랍니다.

위와 같은 사정을 헤아리시어 피고인의 동물학대 여부를 다시 판단해 주시기 바라며, 원심 판결에는 사실과 법리를 오인하고 심리 미진으로 인하여 결론에 이른 위법이 존재하므로 부디 원심 판결을 파기하고 피고인에게 동물보호법 위반의 유죄판결을 내려 주시기를 간곡히 요청드립니다.

첨 부 자 료

1. 돼지 전살영상 캡처사진

2. 개 전살영상 캡처사진

3. 개 도축업자 진술 영상 캡처화면

4. 논문 "Dog Meat in Korea"

5. 미시간주대학 동물법저널

6. 기사 출력물

7. 핀란드 동물복지법령 발췌본

2018.   3.   5.

(이하 생략)

해당 QR코드를 스캔하시면 「동물보호법」을 보실 수 있습니다.

대법원 2016. 1. 28. 선고 2014도2477 판결   48, 297, 305

대법원 2016. 11. 24. 선고, 2015도18765호   183

대법원 2018. 9. 13. 선고 2017도16732 판결   49

대법원 2020. 4. 9. 선고 2020도1132 판결   50

서울고등법원 1996. 12. 16. 선고 96노1892 판결   305

서울고등법원 2017. 9. 28. 선고 2017노2030 판결   49, 295

서울고등법원 2019. 12. 19. 선고 2018노2595 판결   49

광주지방법원 2017. 11. 24. 선고 2017고정1583 판결   53

광주지방법원 2023. 12. 7. 선고 2022노1901 판결   52

광주지방법원 목포지원 2018. 1. 22. 선고 2017고단1415 판결   57

광주지방법원 순천지원 2016. 9. 8. 선고 2016고단877 판결   49

광주지방법원 순천지원 2017. 2. 13. 선고 2016고정555 판결   52

광주지방법원 장흥지원 2018. 3. 8. 선고 2017고정53 판결   56

대구지방법원 2017. 11. 1. 선고 2017고정1777 판결   57

대구지방법원 2019. 7. 26. 선고 2019고합152 판결   54

대구지방법원 2019. 9. 3. 선고 2019고단2662, 3802(병합) 판결   56

대구지방법원 2022. 11. 25. 선고 2022노3628 판결   69

대구지방법원 김천지원 2018. 7. 19. 선고 2018고정190 판결   59

대구지방법원 포항지원 2022. 9. 21. 선고 2022고단774 판결   69

대전지방법원 공주지원 2018. 6. 5. 선고 2018고단142 판결   56

대전지방법원 서산지원 2017. 2. 24. 선고 2017고정1 판결   57

대전지방법원 천안지원 2018. 6. 25. 선고 2018고단791 판결   56

대전지방법원 천안지원 2018. 7. 13. 선고 2018고단530 판결   69

대전지방법원 천안지원 2019. 8. 29. 선고 2018고단2730 판결   59

대전지방법원 홍성지원 2017. 5. 2. 선고 2017고단127 판결   68

부산지방법원 2019. 11. 12. 선고 2019고정859 판결   68

부산지방법원 동부지원 2017. 1. 25. 선고 2016고정1241 판결   54, 68

부산지방법원 서부지원 2018. 4. 24. 선고 2017고단2001 판결   56

부산지방법원 서부지원 2018. 5. 8. 선고 2017고단1870 판결   60

부산지방법원 서부지원 2018. 9. 18. 선고 2018고단998 판결   53

부산지방법원 서부지원 2019. 7. 18. 선고 2019고단537, 1028(병합) 판결   52

서울북부지방법원 2017. 10. 21. 선고 2017고단3153 판결   53

서울북부지방법원 2018. 10. 23. 선고 2018고정1193 판결   59

서울북부지방법원 2018. 10. 23. 선고 2018고정1235 판결   59

서울서부지방법원 2019. 11. 21. 선고 2019고단2803 판결   69

서울서부지방법원 2020. 2. 13. 선고 2019노1696판결   69

서울서부지방법원 2020. 4. 20. 선고 2020노158 판결   69

수원지방법원 2010. 11. 25. 선고 2010고단3204 판결   305

수원지방법원 2014. 1. 22. 선고 2013노5055 판결   48

수원지방법원 2016. 8. 12. 선고 2016노755 판결   49

수원지방법원 성남지원 2018. 6. 27. 선고 2018고단857 판결   57

수원지방법원 안산지원 2017. 4. 13. 선고 2017고단290 판결   57

수원지방법원 여주지원 2017. 10. 30. 선고 2017고정270 판결   52

울산지방법원 2020. 5. 8. 선고 2019고단3906 판결   70

의정부지방법원 고양지원 2017. 6. 8. 선고 2017고정370 판결   52, 68

의정부지방법원 고양지원 2017. 7. 6. 선고 2017고정553 판결   63

인천지방법원 2017. 6. 23. 선고 2017고합70 판결   49

인천지방법원 2017. 6. 8. 선고 2017고단3152 판결   54

인천지방법원 2017. 8. 10. 선고 2017고단1211 판결   53

인천지방법원 2018. 6. 28. 선고 2018고단2062 판결   54

인천지방법원 부천지원 2017. 11. 17. 선고 2017고합197 판결   56

인천지방법원 부천지원 2018. 2. 21. 선고 2018고정36 판결   57

인천지방법원 부천지원 2018. 4. 16. 선고 2018고약1653 사건   54

창원지방법원 마산지원 2017. 4. 5. 선고 2017고단194 판결   52

창원지방법원 마산지원 2017. 7. 14. 선고 2017고정274 판결   59

청주지방법원 2017. 11. 29. 선고 2017고단1969 판결   54

청주지방법원 2018. 2. 1. 선고 2017고정421 판결   53

춘천지방법원 속초지원 2018. 12. 19. 선고 2018고단162 판결   56

춘천지방법원 원주지원 2017. 1. 23. 선고 2016고단1110 판결   56

[저자 소개]

박주연 변호사

부산대학교 법과대학 졸업
영국 University College London(LL.M.) 졸업
제51회 사법시험 합격/사법연수원 41기 수료
(현) 법무법인 방향 변호사
(현) 동물권연구변호사단체 PNR 이사
(전) 경기도 동물복지위원회 위원
동물보호법, 축산법 등 개정 작업
서울시 동물보호과 동물권 특강
서울지방경찰청 동물보호법 강의
논문: 반려동물 의료체계의 문제점 및 제도개선방안(환경법과 정책 제19권, 2017. 9.)

서국화 변호사

이화여자대학교 법과대학 졸업
제52회 사법시험 합격/사법연수원 42기 수료
(현) 법무법인 울림 변호사
(현) 동물권연구변호사단체 PNR 대표
(현) 동물권행동 KARA 법제이사
(현) 녹색법률센터 운영위원
동물보호법, 축산법 등 개정 작업
사육곰증식금지 법제화 연구
서울시 동물보호과 동물권 특강
서울지방경찰청 동물보호법 강의
'동물원 및 수족관의 관리에 관한 법률' 개정안 연구 전문가 자문위원
야생동물판매 개인소유 관리 방안 마련을 위한 연구(환경부) 공동연구원

김슬기 변호사

서울대학교 법과대학 졸업
제52회 사법시험 합격/사법연수원 42기 수료
(현) 동물권연구변호사단체 PNR 이사

이혜윤 변호사

연세대학교 법과대학 졸업
연세대학교 일반대학원 법학과 석사과정
제53회 사법시험 합격/사법연수원 44기 수료
(현) 법무법인 영 변호사
(현) 동물권연구변호사단체 PNR 이사

안나현 변호사

이화여자대학교 법과대학 졸업
제53회 사법시험 합격/사법연수원 44기 수료
(현) 법무법인 하신 대표 변호사
(현) 동물권연구변호사단체 PNR 이사

제2판
동물보호법 강의

초판발행	2020년 7월 24일
제2판발행	2024년 1월 31일
지은이	박주연·서국화·김슬기·이혜윤·안나현
펴낸이	안종만·안상준
편 집	윤혜경
기획/마케팅	김한유
표지디자인	이은지
제 작	고철민·조영환
펴낸곳	(주) **박영사**
	서울특별시 금천구 가산디지털2로 53, 210호(가산동, 한라시그마밸리)
	등록 1959. 3. 11. 제300-1959-1호(倫)
전 화	02)733-6771
f a x	02)736-4818
e-mail	pys@pybook.co.kr
homepage	www.pybook.co.kr
I S B N	979-11-303-4617-5 93360

copyright©박주연·서국화·김슬기·이혜윤·안나현, 2024, Printed in Korea

* 파본은 구입하신 곳에서 교환해 드립니다. 본서의 무단복제행위를 금합니다.

정 가   22,000원